实用版法规专辑

商 法

中国法治出版社
CHINA LEGAL PUBLISHING HOUSE

我国的立法体系[①]

主体	立法权限
全国人民代表大会	修改宪法，制定和修改刑事、民事、国家机构的和其他的基本法律。
全国人民代表大会常务委员会	制定和修改除应当由全国人民代表大会制定的法律以外的其他法律；在全国人民代表大会闭会期间，对全国人民代表大会制定的法律进行部分补充和修改；根据全国人民代表大会授权制定相关法律；解释法律。
国务院	根据宪法、法律和全国人民代表大会及其常务委员会的授权，制定行政法规。
省、自治区、直辖市的人民代表大会及其常务委员会	根据本行政区域的具体情况和实际需要，在不同宪法、法律、行政法规相抵触的前提下，制定地方性法规。
设区的市、自治州的人民代表大会及其常务委员会	在不同上位法相抵触的前提下，可对城乡建设与管理、生态文明建设、历史文化保护、基层治理等事项制定地方性法规。
经济特区所在地的省、市的人民代表大会及其常务委员会	根据全国人民代表大会的授权决定，制定法规，在经济特区范围内实施。
上海市人民代表大会及其常务委员会	根据全国人民代表大会常务委员会的授权决定，制定浦东新区法规，在浦东新区实施。
海南省人民代表大会及其常务委员会	根据法律规定，制定海南自由贸易港法规，在海南自由贸易港范围内实施。
民族自治地方的人民代表大会	依照当地民族的政治、经济和文化的特点，制定自治条例和单行条例。对法律和行政法规的规定作出变通的规定，但不得违背法律或者行政法规的基本原则，不得对宪法和民族区域自治法的规定以及其他有关法律、行政法规专门就民族自治地方所作的规定作出变通规定。
国务院各部、委员会、中国人民银行、审计署和具有行政管理职能的直属机构以及法律规定的机构	根据法律和国务院的行政法规、决定、命令，在本部门的权限范围内，制定规章。
省、自治区、直辖市和设区的市、自治州的人民政府	根据法律、行政法规和本省、自治区、直辖市的地方性法规，制定规章。设区的市、自治州人民政府制定的地方政府规章限于城乡建设与管理、生态文明建设、历史文化保护、基层治理等方面的事项。
中央军事委员会	根据宪法和法律制定军事法规，在武装力量内部实施。
中国人民解放军各战区、军兵种和中国人民武装警察部队	根据法律和中央军事委员会的军事法规、决定、命令，在其权限范围内制定军事规章，在武装力量内部实施。
国家监察委员会	根据宪法和法律、全国人民代表大会常务委员会的有关决定，制定监察法规。
最高人民法院、最高人民检察院	作出属于审判、检察工作中具体应用法律的解释。

[①] 本图表为编者根据《立法法》相关规定编辑整理，供参考。

■实用版法规专辑·新8版

编辑说明

运用法律维护权利和利益，是读者选购法律图书的主要目的。法律文本单行本提供最基本的法律依据，但单纯的法律文本中的有些概念、术语，读者不易理解；法律释义类图书有助于读者理解法律的本义，但又过于繁杂、冗长。

基于上述理念，我社自 2006 年 7 月率先出版了"实用版"系列法律图书；2008 年 2 月，我们将与社会经济生活密切相关的领域所依托的法律制度以专辑形式汇编出版了"实用版法规专辑"，并在2012 年、2014 年、2016 年、2018 年、2020 年、2022 年全面更新升级再版。这些品种均深受广大读者的认同和喜爱。

2025 年，本着"以读者为本"的宗旨，适应实践变化需要，我们第八次对"实用版法规专辑"增订再版，旨在为广大公民提供最新最高效的法律学习及法律纠纷解决方案。

鲜明特点，无可替代：

1. **出版权威**。中国法治出版社是中华人民共和国司法部所属的中央级法律类图书专业出版社，是国家法律、行政法规文本的权威出版机构。

2. **法律文本规范**。法律条文利用了我社法律单行本的资源，与国家法律、行政法规正式版本完全一致，确保条文准确、权威。

3. **条文注释专业、权威**。本书中的注释都是从全国人大常委会法制工作委员会、中华人民共和国司法部、最高人民法院等对条文的权威解读中精选、提炼而来，简单明了、通俗易懂，涵盖百姓日常生活中经常遇到的纠纷与难题。

4. **案例典型指引**。本书收录数件典型案例，均来自最高人民法院指导案例、公报案例、各地方高级人民法院判决书等，点出适用要点，展示解决法律问题的实例。

5. **附录实用**。书末收录经提炼的法律流程图、诉讼文书、办案常用数据（如损害赔偿金额标准）等内容，帮助您大大提高处理法律纠纷的效率。

6. **"实用版法规专辑"** 从某一社会经济生活领域出发，收录、解读该领域所涉重要法律制度，为解决该领域法律纠纷提供支持。

商法法律制度理解与适用

企业是人类社会发展到一定阶段的产物,是由一定的生产要素有机组合而成,依法从事生产、流通和服务性活动,进行独立核算的经营性的经济实体。作为社会财富的创造者和消费者,企业是现代经济关系中最重要、最活跃的主体。在企业这个社会最活跃的经济体的带动下,我们每一个人都可能是企业职工、企业的股东、企业的债权人、企业产品的消费者等。因此,了解和掌握我国公司企业的基本知识,能够更好地解决以公司企业为主的现代经济社会中的各种复杂问题。

一、我国企业法律制度的概况

在我国,调整企业组织关系的专门法律主要包括:《公司法》[1]《合伙企业法》《个人独资企业法》《外商投资法》《外商投资法实施条例》《优化营商环境条例》《市场主体登记管理条例》等;此外,《反不正当竞争法》《反垄断法》《证券法》《票据法》则是规制企业经营行为的法律,为保障经济活动中当事人的合法权益、维护社会经济秩序提供了法律依据;《企业所得税法》涉及作为主要市场经济主体的各种类型的企业的直接利益,《企业破产法》是规范企业这一商事主体主体资格消灭的重要方式,这两部法律对于经济发展和投资者的利益保护意义重大,也是企业法的重要内容。

---

[1] 本书中引用的《中华人民共和国公司法》统一简称为《公司法》,全书其他法律法规采用同样的处理方式。

二、我国企业法律简介

《公司法》《合伙企业法》《个人独资企业法》三部法律构成了我国市场主体基本法律框架，是当今我国市场经济最典型的三种企业形式。

《公司法》于1993年12月29日由第八届全国人大常委会第五次会议通过，自1994年7月1日起施行。《公司法》历经1999年、2004年、2005年、2013年、2018年、2023年六次修改，修改后更方便了人们投资、更强调股东权益和债权人利益的保护。

2013年《公司法》修改主要涉及三方面。第一，将注册资本实缴登记制改为认缴登记制。除法律、行政法规以及国务院决定对公司注册资本实缴另有规定的外，取消了关于公司股东（发起人）应当自公司成立之日起两年内缴足出资，投资公司可以在五年内缴足出资的规定；取消了一人有限责任公司股东应当一次足额缴纳出资的规定。第二，放宽注册资本登记条件。除法律、行政法规以及国务院决定对公司注册资本最低限额另有规定的外，取消了有限责任公司最低注册资本3万元、一人有限责任公司最低注册资本10万元、股份有限公司最低注册资本500万元的限制；不再限制公司设立时股东（发起人）的首次出资比例；不再限制股东（发起人）的货币出资比例。第三，简化登记事项和登记文件。有限责任公司股东认缴出资额、公司实收资本不再作为公司登记事项。公司登记时，不需要提交验资报告。2018年《公司法》修改，补充完善了允许股份回购的情形；适当简化了股份回购的决策程序，提高公司持有本公司股份的数额上限，延长公司持有所回购股份的期限；补充了上市公司股份回购的规范要求。

2023年《公司法》修订，旨在为便利公司投融资、优化治理机制提供更为丰富的制度选择，规范公司的组织和行为，强化各方主体责任，切实维护公司、股东、职工和债权人的合法权益。主要内容包括：

1. 完善公司资本制度

一是完善注册资本认缴登记制度。规定有限责任公司股东出资期限不得超过五年。根据国家市场监督管理总局的意见，授权国务院制定具体办法，对新法施行前已登记设立且出资期限超过本法规定期限的公司设置过渡期，要求其将出资期限逐步调整至本法规定的期限以内。二是在股份有限公司中引入授权资本制，允许公司章程或者股东会授权董事会发行股份，同时要求发起人全额缴纳股款，既方便公司设立、提高筹资灵活性，又减少注册资本虚化等问题。三是规定股份有限公司可以发行优先股和劣后股、特殊表决权股、转让受限股等类别股。四是允许公司根据章程择一采用面额股或者无面额股。五是允许公司按照规定使用资本公积金弥补亏损。六是规定简易减资制度，允许公司按照规定通过减少注册资本方式弥补亏损，但不得向股东分配，也不得免除股东缴纳出资或者股款的义务。七是增加股东未按期缴纳出资的失权制度、股东认缴出资加速到期制度，规定股权转让后转让人、受让人的责任。

2. 优化公司治理

一是允许公司只设董事会、不设监事会，公司只设董事会的，应当在董事会中设置审计委员会行使监事会职权。二是简化公司组织机构设置。对于规模较小或者股东人数较少的公司，可以不设董事会，设一名董事，不设监事会，设一名监事；对于规模较小或者股东人数较少的有限责任公司，经全体股东一致同意，可以不设监事。三是为更好保障职工参与公司民主管理，规定职工人数三百人以上的公司，除依法设监事会并有公司职工代表的外，其董事会成员中应当有公司职工代表。公司董事会成员中的职工代表可以成为审计委员会成员。四是对股份有限公司董事会审计委员会和上市公司董事会审计委员会的议事方式和表决程序作了规定。

3. 加强股东权利保护

一是强化股东知情权。扩大股东查阅材料的范围，允许有限责任公司股东查阅会计凭证，股份有限公司符合条件的股东查阅会计账簿和会计凭证，允许股东查阅、复制全资子公司相关材料。二是完善股份有限公司股东请求召集临时股东会会议的程序，完善股东临时提案权规定，强化股东民主参与公司治理。三是对于公司的控股股东滥用股东权利，严重损害公司或者其他股东利益的，规定其他股东有权请求公司按照合理的价格收购其股权。四是规定公司减少注册资本，应当按照股东出资或者持有股份的比例相应减少出资额或者股份，法律另有规定、有限责任公司全体股东另有约定或者股份有限公司章程另有规定的除外。五是允许股东对公司全资子公司董事、监事、高级管理人员等提起代表诉讼。

4. 强化控股股东、实际控制人和董事、监事、高级管理人员的责任

一是完善忠实和勤勉义务的具体内容。二是加强对董事、监事、高级管理人员与公司关联交易等的规范，增加关联交易等的报告义务和回避表决规则。三是强化董事、监事、高级管理人员维护公司资本充实的责任。四是规定董事、高级管理人员执行职务存在故意或者重大过失，给他人造成损害的，应当承担赔偿责任。五是规定公司的控股股东、实际控制人不担任公司董事但实际执行公司事务的，对公司负有忠实义务和勤勉义务。六是规定公司的控股股东、实际控制人指示董事、高级管理人员从事损害公司或者股东利益的行为的，与该董事、高级管理人员承担连带责任。

5. 完善公司设立、退出制度

一是新设公司登记一章，明确公司设立登记、变更登记、注销登记的事项和程序；同时要求公司登记机关优化登记流程，提高登记效率和便利化水平。二是充分利用信息化建设成果，明确电子营业执照、通过国家企业信用信息公示系统发布公告、采用电子通信方式召开会议和表决的法律效力。三是扩大可用作出资的财产范围，明确股权、债权可以作价出资。四是放宽一人有限责任公司设立等限制，并允许

设立一人股份有限公司。五是完善公司清算制度,明确清算义务人及其责任。六是增加简易注销和强制注销制度,方便公司退出。

6. 完善国家出资公司相关规定

一是设国家出资公司组织机构的特别规定专章,将适用范围由国有独资有限责任公司,扩大到国有独资、国有资本控股的有限责任公司、股份有限公司。二是坚持党对国有企业的领导,强调国家出资公司中国共产党的组织的领导作用。三是要求国有独资公司董事会成员中外部董事应当过半数。四是规定国有独资公司在董事会中设置由董事组成的审计委员会行使监事会职权的,不设监事会或者监事。五是增加国家出资公司应当依法建立健全内部监督管理和风险控制制度的规定。

7. 完善公司债券相关规定

一是根据《关于国务院机构改革方案的决定》将国家发展改革委企业债券审核职责划入中国证监会的要求,删去国务院授权的部门对公开发行债券注册的规定。二是明确公司债券可以公开发行,也可以非公开发行。三是将发行可转债的公司由上市公司扩大到所有股份有限公司。四是增加债券持有人会议决议效力的规定,增加债券受托管理人相关规定。

《合伙企业法》自1997年2月公布、2006年8月修订。修订后的《合伙企业法》于2007年6月1日起施行。其主要内容如下:1. 合伙人的范围。合伙企业,是指自然人、法人和其他组织依照本法在中国境内设立的普通合伙企业和有限合伙企业。合伙企业中的合伙人分为两类:普通合伙人和有限合伙人,普通合伙人依法对合伙企业债务承担无限连带责任,有限合伙人依法对合伙企业债务以其认缴的出资额为限承担有限责任。本法对一些特定市场主体成为普通合伙人作出了限制性规定。国有独资公司、国有企业、上市公司以及公益性的事业单位、社会团体不得成为普通合伙人。2. 合伙企业缴纳所得税。合伙企业的生产经营所得和其他所得,按照国家有关税收规定,由合伙人分别缴纳所得税。3. 有限合伙企业。有限合伙是由普通合伙发展而来的一种合伙形式。二者的主要区别是,普通合伙的全体合伙人(普通合伙人)负责合伙的经营管理,并对合伙债务承担无限连带责任。有限合伙由两种合伙人组成,一是普通合伙人,负责合伙的经营管理,并对合伙债务承担无限连带责任;二是有限合伙人,通常不负责合伙的经营管理,仅以其出资额为限对合伙债务承担有限责任。4. 特殊的普通合伙。以专业知识和专门技能为客户提供有偿服务的专业服务机构,可以设立为特殊的普通合伙企业。一个合伙人或者数个合伙人在执业活动中因故意或者重大过失造成合伙企业债务的,应当承担无限责任或者无限连带责任,其他合伙人以其在合伙企业中的财产份额为限对合伙债务承担责任。

《个人独资企业法》于1999年8月30日公布,自2000年1月1日起施行。其主要内容为:1. 个人独资企业是由一个自然人投资的企业。这是个人独资企业的显著特征。2. 财产为投资人个人所有。个人独资企业投资人对所投资的财产,与其个人的财产并无本质上的区别,个人独资企业的经营成果归其个人所有。3. 投资人以其个人财产对企业债务承担无限责任。即个人独资企业的投资人要以其全部个人财产对其所投资的个人独资企业债务承担责任。4. 个人独资企业是一个经营实体。即是一个实际存在的从事生产经营的单位,能够实际享有权利和承担责任,而不能是一个虚构的市场主体。

商法法律要点提示

法律要点	法 条	页 码
公司名称	《公司法》6	第 5 页
公司登记事项	《公司法》32	第 16 页
营业执照	《公司法》33	第 16 页
有限公司设立责任	《公司法》44	第 20 页
有限公司出资方式	《公司法》48	第 22 页
有限公司董事会催缴出资	《公司法》51	第 23 页
有限公司股东失权	《公司法》52	第 23 页
股份公司设立方式	《公司法》91	第 39 页
累积投票制	《公司法》117	第 47 页
上市公司	《公司法》134	第 51 页
披露股东和实际控制人的信息及禁止股票代持	《公司法》140	第 53 页
股份转让	《公司法》157-167	第 59-63 页
合伙企业财产	《合伙企业法》20-25	第 101-103 页
合伙事务执行	《合伙企业法》26-36	第 103-105 页
入伙、退伙	《合伙企业法》43-54	第 108-111 页
特殊的普通合伙企业	《合伙企业法》55-59	第 111-112 页
有限合伙企业	《合伙企业法》60-84	第 112-116 页
合伙企业清算	《合伙企业法》86-91	第 117-118 页

法律要点	法　条	页　码
个人独资企业的投资人及责任	《个人独资企业法》16-18	第 123 页
破产管理人	《企业破产法》13、22-29	第 323、329-332 页
债权人会议	《企业破产法》59-69	第 345-350 页
重整	《企业破产法》70-94	第 351-363 页
和解	《企业破产法》95-106	第 363-367 页
破产清算	《企业破产法》107-124《最高人民法院关于适用〈中华人民共和国企业破产法〉若干问题的规定（三）》	第 367-373 页第 390 页

目 录

中华人民共和国公司法 ………………………………（1）
　　（2023年12月29日）
中华人民共和国合伙企业法 …………………………（96）
　　（2006年8月27日）
中华人民共和国个人独资企业法 ……………………（121）
　　（1999年8月30日）
中华人民共和国票据法 ………………………………（128）
　　（2004年8月28日）
中华人民共和国外商投资法 …………………………（144）
　　（2019年3月15日）
　中华人民共和国外商投资法实施条例 ………………（160）
　　（2019年12月26日）
　最高人民法院关于适用《中华人民共和国外商投资
　　法》若干问题的解释 ………………………………（170）
　　（2019年12月26日）
　最高人民法院关于审理外商投资企业纠纷案件若干
　　问题的规定（一） …………………………………（171）
　　（2020年12月29日）
　优化营商环境条例 ……………………………………（177）
　　（2019年10月22日）
　促进个体工商户发展条例 ……………………………（192）
　　（2022年9月26日）

最高人民法院关于适用《中华人民共和国公司法》
　　时间效力的若干规定 ·················· (197)
　　　（2024年6月29日）
最高人民法院关于《中华人民共和国公司法》第
　　八十八条第一款不溯及适用的批复 ········ (200)
　　　（2024年12月24日）
最高人民法院关于适用《中华人民共和国公司法》
　　若干问题的规定（一） ················ (201)
　　　（2014年2月20日）
最高人民法院关于适用《中华人民共和国公司法》
　　若干问题的规定（二） ················ (202)
　　　（2020年12月29日）
最高人民法院关于适用《中华人民共和国公司法》
　　若干问题的规定（三） ················ (208)
　　　（2020年12月29日）
最高人民法院关于适用《中华人民共和国公司法》
　　若干问题的规定（四） ················ (215)
　　　（2020年12月29日）
最高人民法院关于适用《中华人民共和国公司法》
　　若干问题的规定（五） ················ (220)
　　　（2020年12月29日）
国务院关于实施《中华人民共和国公司法》注册
　　资本登记管理制度的规定 ··············· (222)
　　　（2024年7月1日）
中华人民共和国市场主体登记管理条例 ········ (224)
　　　（2021年7月27日）
公司登记管理实施办法 ···················· (234)
　　　（2024年12月20日）
中华人民共和国反垄断法 ·················· (240)
　　　（2022年6月24日）

中华人民共和国反不正当竞争法 ················· (253)
　　（2019年4月23日）
公平竞争审查条例 ························· (260)
　　（2024年6月6日）
中华人民共和国证券法 ······················ (265)
　　（2019年12月28日）

中华人民共和国企业破产法 ················· (314)
　　（2006年8月27日）
　最高人民法院关于适用《中华人民共和国企业
　　破产法》若干问题的规定（一） ················ (376)
　　（2011年9月9日）
　最高人民法院关于适用《中华人民共和国企业
　　破产法》若干问题的规定（二） ················ (379)
　　（2020年12月29日）
　最高人民法院关于适用《中华人民共和国企业
　　破产法》若干问题的规定（三） ················ (390)
　　（2020年12月29日）

实用附录
　企业破产重整制度与和解制度的比较 ············· (395)

中华人民共和国公司法

（1993年12月29日第八届全国人民代表大会常务委员会第五次会议通过 根据1999年12月25日第九届全国人民代表大会常务委员会第十三次会议《关于修改〈中华人民共和国公司法〉的决定》第一次修正 根据2004年8月28日第十届全国人民代表大会常务委员会第十一次会议《关于修改〈中华人民共和国公司法〉的决定》第二次修正 2005年10月27日第十届全国人民代表大会常务委员会第十八次会议第一次修订 根据2013年12月28日第十二届全国人民代表大会常务委员会第六次会议《关于修改〈中华人民共和国海洋环境保护法〉等七部法律的决定》第三次修正 根据2018年10月26日第十三届全国人民代表大会常务委员会第六次会议《关于修改〈中华人民共和国公司法〉的决定》第四次修正 2023年12月29日第十四届全国人民代表大会常务委员会第七次会议第二次修订 2023年12月29日中华人民共和国主席令第15号公布 自2024年7月1日起施行）

第一章 总 则

第一条 【立法目的】* 为了规范公司的组织和行为，保护公司、股东、职工和债权人的合法权益，完善中国特色现代企业制度，弘扬企业家精神，维护社会经济秩序，促进社会主义市场经济的发展，根据宪法，制定本法。

---

* 条文主旨为编者所加，下同。

注释 2023年《公司法》修订，本条规定的变化主要有：一是增加"完善中国特色现代企业制度，弘扬企业家精神"的表述；二是增加"职工"作为本法应当依法保护的对象；三是明确根据宪法，制定本法。

第二条 【调整范围】 本法所称公司，是指依照本法在中华人民共和国境内设立的有限责任公司和股份有限公司。

注释 ［公司的类别］

《公司法》适用的公司有两种：一是有限责任公司，二是股份有限公司。公司可以按照不同的分类标准作不同的划分，如：以信用标准进行划分，可以分为人合公司、资合公司及人合兼资合公司；以规模标准进行划分，可以分为大型公司、中型公司、小型公司；以是否公开招股标准进行划分，可以分为公开型公司、封闭型公司；以公司支配关系标准进行划分，可以分为母公司、子公司；以登记标准进行划分，可以分为本国公司、外国公司；等等。

根据本条的规定，在我国只能设立两种公司，即有限责任公司和股份有限公司，而不允许设立无限公司和两合公司。

［有限责任公司］

所谓有限责任公司，是指由一定人数的股东组成、股东只以其出资额为限对公司承担责任、公司只以其全部资产对公司债务承担责任的公司。其主要特点是：所有的股东都是只以其对公司的出资额为限对公司承担责任；公司只以其全部资产来承担公司的债务；股东对超出公司全部资产的债务不承担责任。

［股份有限公司］

所谓股份有限公司，是指由一定人数的股东组成、公司全部资本分为等额股份、股东以其所认购股份为限对公司承担责任、公司以其全部资产对公司债务承担责任的公司。其主要特点是：公司的全部资本分成等额股份；股东只以其所认购的股份为限对公司承担责任；公司只以其全部资产来承担公司的债务。

第三条 【公司的法律地位】 公司是企业法人，有独立的法人财产，享有法人财产权。公司以其全部财产对公司的债务承担责任。

公司的合法权益受法律保护，不受侵犯。

注释 公司是企业法人，这既是公司的法律地位，也是公司的基本特征。所谓企业，其实是一个集合概念，泛指一切从事生产、流通或者服务性活动以谋取经济利益的经济组织，凡追求经济目的的经济组织，都属于企业的范畴，所以企业是指以营利为目的的组织。所谓法人，按照《民法典》的规定，是指具有民事权利能力和民事行为能力，依法独立享有民事权利和承担民事义务的组织。法人的民事权利能力和民事行为能力，从法人成立时产生，到法人终止时消灭。法人应当依法成立，有自己的名称、组织机构、住所、财产或者经费，以其全部财产独立承担民事责任。

第四条 【股东有限责任和基本权利】有限责任公司的股东以其认缴的出资额为限对公司承担责任；股份有限公司的股东以其认购的股份为限对公司承担责任。

公司股东对公司依法享有资产收益、参与重大决策和选择管理者等权利。

注释 出资者向公司投入资产，目的是取得收益。出资后，出资者已不占有该项资产，不能再直接支配已作投资的资产，所享有的权利在内容上也发生了变化，即由原来的对财产的占有、使用、收益和处分的权利，演变成从公司经营该资产的成果中获得收益、参与公司作出重大决策以及选择公司具体经营管理者等的权利。这时出资者就具有了公司股东的新身份，其所享有的权利也随之演变为股权，即对公司的控制权以及从公司生产经营成果中获得收益的权利。

案例 谢某与北京某科技投资有限公司股东权纠纷上诉案（北京市第一中级人民法院民事判决书〔2009〕一中民终字第19145号）

案件适用要点：股东资格是投资人取得和行使股东权利并承担股东义务的基础。《公司法》规定，有限责任公司的股东以其认缴的出资额为限对公司承担责任；公司股东依法享有资产收益、参与重大决策和选择管理者等权利；有限责任公司应当置备股东名册。

记载于股东名册的股东，可以依股东名册主张行使股东权利。公司应当将股东的姓名或者名称向公司登记机关登记；登记事项发生变更的，应当办理变更登记。未经登记或者变更登记的，不得对抗第三人。由此可见，股东应当依法履行出资义务，依据股东名册主张行使股东权利。同时，我国《公司法》对隐名投资人的股东资格并没有完全予以否定，只是规定未经登记的，不得对抗第三人。而工商登记记载的股东姓名或名称并无创设股东资格的效力，仅是宣示性登记，只具有对善意第三人的证权功能。

第五条 【公司章程】设立公司应当依法制定公司章程。公司章程对公司、股东、董事、监事、高级管理人员具有约束力。

注释 所谓公司章程，是指公司依法制定的，规定公司名称、住所、经营范围、经营管理制度等重大事项的基本文件。公司章程是公司组织和活动的基本准则，常被称作"公司的宪法"。

《公司法》明确规定，订立公司章程是设立公司的条件之一。审批机构和登记机关要对公司章程进行审查，以决定是否给予批准或者给予登记。公司没有公司章程，不能获得批准；公司没有公司章程，也不能获得登记。公司章程有违反法律、行政法规的内容的，公司登记机关有权要求公司作相应修改。公司章程一经有关部门批准，并经公司登记机关核准即对外产生法律效力。公司、公司股东以及董事、监事和高级管理人员都要受到公司章程的约束。

案例 某建材公司与某科技公司等担保合同纠纷案（北京市高级人民法院〔2009〕高民终字第1730号）

案件适用要点：有限责任公司的公司章程不具有对世效力，有限责任公司的公司章程作为公司内部决议的书面载体，它的公开行为不构成第三人应当知道的证据。强加给第三人对公司章程的审查义务不具有可操作性和合理性，第三人对公司章程不负有审查义务。第三人的善意是由法律所推定的，第三人无须举证自己善意；如果公司主张第三人恶意，应对此负举证责任。因此，不能仅凭公司章程的记载和备案就认定第三人应当知道公司的法定代表人超越权限，进而断定第三人恶意。

第六条 【公司名称】公司应当有自己的名称。公司名称应当符合国家有关规定。

公司的名称权受法律保护。

注释 本条是2023年《公司法》修订新增的条文。根据《民法典》第58条、第1013条的规定，法人应当有自己的名称。法人享有名称权，有权依法决定、使用、变更、转让或者许可他人使用自己的名称。

企业名称应当使用规范汉字。民族自治地方的企业名称可以同时使用本民族自治地方通用的民族文字。企业名称不得有下列情形：（一）损害国家尊严或者利益；（二）损害社会公共利益或者妨碍社会公共秩序；（三）使用或者变相使用政党、党政军机关、群团组织名称及其简称、特定称谓和部队番号；（四）使用外国国家（地区）、国际组织名称及其通用简称、特定称谓；（五）含有淫秽、色情、赌博、迷信、恐怖、暴力的内容；（六）含有民族、种族、宗教、性别歧视的内容；（七）违背公序良俗或者可能有其他不良影响；（八）可能使公众受骗或者产生误解；（九）法律、行政法规以及国家规定禁止的其他情形。

参见 《民法典》第58、1013条；《企业名称登记管理规定》；《企业名称登记管理规定实施办法》

第七条 【公司名称中的公司类型】依照本法设立的有限责任公司，应当在公司名称中标明有限责任公司或者有限公司字样。

依照本法设立的股份有限公司，应当在公司名称中标明股份有限公司或者股份公司字样。

注释 公司名称是市场主体登记一般事项，公司只能登记一个名称，经登记的公司名称受法律保护。公司名称由申请人依法自主申报。

参见 《市场主体登记管理条例》第10条

第八条 【公司住所】公司以其主要办事机构所在地为住所。

注释 公司在实际运营过程中可能存在多个办事机构或者经

营场所，但公司只能登记一个住所，即主要办事机构所在地。公司变更住所跨登记机关辖区的，应当在迁入新的住所前，向迁入地登记机关申请变更登记。迁出地登记机关无正当理由不得拒绝移交市场主体档案等相关材料。根据《市场主体登记管理条例》的规定，市场主体歇业期间，可以以法律文书送达地址代替住所或者主要经营场所。

参见 《市场主体登记管理条例》第11、27、30条

第九条 【经营范围】公司的经营范围由公司章程规定。公司可以修改公司章程，变更经营范围。

公司的经营范围中属于法律、行政法规规定须经批准的项目，应当依法经过批准。

注释 公司超越经营范围订立合同，人民法院不因此就认定合同无效。但违反国家限制经营、特许经营以及法律、行政法规禁止经营规定的除外。

参见 《民法典》第505条

案例 北京某新能源科技有限公司不服工商行政管理局登记驳回通知案（北京市第二中级人民法院行政判决书〔2007〕二中行终字第233号）

案件适用要点：公司的经营范围由公司章程规定，并依法登记，公司的经营范围用语应当参照国民经济行业分类标准。公司登记机关对决定予以受理的登记申请，应分情况在规定的期限内作出是否准予登记的决定。公司登记机关需要对申请文件、材料核实的，应当自受理之日起法定期限内作出是否准予登记的决定。

第十条 【担任法定代表人的主体范围】公司的法定代表人按照公司章程的规定，由代表公司执行公司事务的董事或者经理担任。

担任法定代表人的董事或者经理辞任的，视为同时辞去法定代表人。

法定代表人辞任的，公司应当在法定代表人辞任之日起三十日内确定新的法定代表人。

注释 依照《民法典》第 61 条第 1 款的规定,法人的法定代表人是依照法律或者法人章程的规定,代表法人从事民事活动的负责人。2023 年《公司法》修订,将有资格担任法定代表人的主体从原来规定的"董事长、执行董事或者经理"改为"代表公司执行公司事务的董事或者经理"。

担任法定代表人的董事或者经理辞任的,也无法继续担任法定代表人。法定代表人作为公司的意思表示机关,一旦辞任而又未及时确定新的法定代表人,势必对公司运营及交易安全带来较大影响。故而,公司应当在法定代表人辞任之日起三十日内确定新的法定代表人。

参见 《民法典》第 61 条

第十一条 【法定代表人行为的法律后果】 法定代表人以公司名义从事的民事活动,其法律后果由公司承受。

公司章程或者股东会对法定代表人职权的限制,不得对抗善意相对人。

法定代表人因执行职务造成他人损害的,由公司承担民事责任。公司承担民事责任后,依照法律或者公司章程的规定,可以向有过错的法定代表人追偿。

注释 本条是 2023 年《公司法》修订新增的条文,是《民法典》第 61 条、第 62 条关于法人的法定代表人行为之法律后果的规定在《公司法》上的体现。法定代表人只能在法律或公司章程规定的权限范围内行使代表权,但公司内部对法定代表人职权的限制,不得对抗善意相对人。

参见 《民法典》第 61、62 条

第十二条 【公司形式变更】 有限责任公司变更为股份有限公司,应当符合本法规定的股份有限公司的条件。股份有限公司变更为有限责任公司,应当符合本法规定的有限责任公司的条件。

有限责任公司变更为股份有限公司的,或者股份有限公司变更为有限责任公司的,公司变更前的债权、债务由变更后的公司承继。

注释 《公司法》赋予公司经营一定的灵活性,承认公司形式可以依法转化。但是,注意必须符合变更后公司形式的法定条件。变更前后的公司是一个市场主体,只是变更后的公司换了一种公司经营方式,所以前后公司之间是承继者和被承继者的关系,变更前公司的债权债务并不因变更而消灭,而是由变更后的公司承继。

第十三条 【子公司和分公司】公司可以设立子公司。子公司具有法人资格,依法独立承担民事责任。

公司可以设立分公司。分公司不具有法人资格,其民事责任由公司承担。

注释 [子公司与分公司的区别]

子公司是相对于母公司而言的,它是独立于向它投资的母公司而存在的主体。子公司具有如下特征:一是其一定比例以上的资本被另一公司持有或通过协议方式受到另一公司实际控制。对子公司有控制权的公司是母公司。子公司的重大事务都是由母公司实际决定的。二是子公司是独立的法人。子公司在经济上受母公司的支配与控制,但在法律上,它具有独立的法人资格。子公司的独立性主要表现为:拥有独立的公司名称和公司章程;具有独立的组织机构;拥有独立的财产,能够自负盈亏,独立核算;以自己的名义开展经营活动,从事各类民事活动;独立承担公司行为所带来的一切后果和责任。

分公司是相对于总公司而言的,它是总公司的分支机构,也可以说是总公司的一个组成部分。分公司不论是在经济上还是在法律上,都不具有独立性。分公司的非独立性主要表现在以下方面:一是分公司不具有法人资格,不能独立享有权利、承担责任,其一切行为的后果及责任由总公司承担;二是分公司没有独立的公司名称及章程,其对外从事经营活动必须以总公司的名义,遵守总公司的章程;三是分公司在人事、经营上没有自主权,其主要业务活动及主要管理人员由总公司决定并委任,并根据总公司的委托或授权进行业务活动;四是分公司没有独立的财产,其所有资产属于总公司,并作为总公司的资产列入总公司的资产负债表中。

参见 《民法典》第74条；《市场主体登记管理条例》第23、32条

案例 泛华工程有限公司西南公司与中国人寿保险（集团）公司商品房预售合同纠纷案（《中华人民共和国最高人民法院公报》2008年第2期）

案件适用要点：根据《公司法》规定，公司可以设立分公司，分公司不具有企业法人资格，其民事责任由公司承担。因此，公司分支机构于公司法人变更过程中是否已实际经工商部门注销完毕，不影响公司基于独立法人资格行使其分支机构所享有的民事权利、承担其分支机构所负有的民事义务。

第十四条　【转投资】 公司可以向其他企业投资。

法律规定公司不得成为对所投资企业的债务承担连带责任的出资人的，从其规定。

注释 本条规定的公司转投资，是指公司作为投资主体，以公司法人财产作为对另一企业的出资，从而使公司成为另一企业成员的行为。

第十五条　【转投资和为他人提供担保的内部程序】 公司向其他企业投资或者为他人提供担保，按照公司章程的规定，由董事会或者股东会决议；公司章程对投资或者担保的总额及单项投资或者担保的数额有限额规定的，不得超过规定的限额。

公司为公司股东或者实际控制人提供担保的，应当经股东会决议。

前款规定的股东或者受前款规定的实际控制人支配的股东，不得参加前款规定事项的表决。该项表决由出席会议的其他股东所持表决权的过半数通过。

注释 ［实际控制人］

实际控制人，是指虽不是公司的股东，但通过投资关系、协议或者其他安排，能够实际支配公司行为的人。

法律没有禁止公司为本公司股东或者实际控制人提供担保，但

是公司为本公司股东或者实际控制人提供担保的，应当由股东会作出决议。没有股东会的决议，以公司资产为本公司股东或者实际控制人提供的担保无效。需要注意的是，公司为他人提供担保是按照公司章程的规定，由董事会或者股东会决议；而公司为股东或实际控制人提供担保，是法律特别规定应当经股东会决议，公司章程不得对此作出相反的规定。

第十六条 【职工权益和教育培训】公司应当保护职工的合法权益，依法与职工签订劳动合同，参加社会保险，加强劳动保护，实现安全生产。

公司应当采用多种形式，加强公司职工的职业教育和岗位培训，提高职工素质。

第十七条 【工会和职工代表大会】公司职工依照《中华人民共和国工会法》组织工会，开展工会活动，维护职工合法权益。公司应当为本公司工会提供必要的活动条件。公司工会代表职工就职工的劳动报酬、工作时间、休息休假、劳动安全卫生和保险福利等事项依法与公司签订集体合同。

公司依照宪法和有关法律的规定，建立健全以职工代表大会为基本形式的民主管理制度，通过职工代表大会或者其他形式，实行民主管理。

公司研究决定改制、解散、申请破产以及经营方面的重大问题、制定重要的规章制度时，应当听取公司工会的意见，并通过职工代表大会或者其他形式听取职工的意见和建议。

注释 2023年《公司法》修订，增加了"建立健全以职工代表大会为基本形式的民主管理制度"的规定，并扩大了应当听取工会意见的重大事项范围。工会是中国共产党领导的职工自愿结合的工人阶级群众组织，是中国共产党联系职工群众的桥梁和纽带。工会依照法律规定通过职工代表大会或者其他形式，组织职工参与本单位的民主选举、民主协商、民主决策、民主管理和民主监督。

参见 《工会法》第2、6条

第十八条 【党组织】在公司中,根据中国共产党章程的规定,设立中国共产党的组织,开展党的活动。公司应当为党组织的活动提供必要条件。

第十九条 【公司基本义务】公司从事经营活动,应当遵守法律法规,遵守社会公德、商业道德,诚实守信,接受政府和社会公众的监督。

第二十条 【公司社会责任】公司从事经营活动,应当充分考虑公司职工、消费者等利益相关者的利益以及生态环境保护等社会公共利益,承担社会责任。

国家鼓励公司参与社会公益活动,公布社会责任报告。

> 注释 公司虽然以营利为目的,但其同时又是社会的成员,必须承担社会责任,如分担劳动就业的社会责任、维护经济秩序的社会责任、依法纳税的社会责任、依法为员工办理社会保险的社会责任、保护环境的社会责任等。

第二十一条 【不得滥用股东权利】公司股东应当遵守法律、行政法规和公司章程,依法行使股东权利,不得滥用股东权利损害公司或者其他股东的利益。

公司股东滥用股东权利给公司或者其他股东造成损失的,应当承担赔偿责任。

第二十二条 【关联交易】公司的控股股东、实际控制人、董事、监事、高级管理人员不得利用关联关系损害公司利益。

违反前款规定,给公司造成损失的,应当承担赔偿责任。

> 注释 [控股股东]
> 控股股东,是指其出资额占有限责任公司资本总额百分之五十以上或者其持有的股份占股份有限公司股本总额百分之五十以上的股东;出资额或者持有股份的比例虽然不足百分之五十,但依其出资额或者持有的股份所享有的表决权已足以对股东会的决议产生重大影响的股东。

[关联关系]

关联关系，是指公司控股股东、实际控制人、董事、监事、高级管理人员与其直接或者间接控制的企业之间的关系，以及可能导致公司利益转移的其他关系。

案例 某房地产实业公司等与某集团侵犯公司财产权和经营权纠纷上诉案（广西壮族自治区高级人民法院民事判决书〔2007〕桂民四终字第49号）

案件适用要点：关联关系人承担赔偿责任的前提为关联交易行为损害了公司的利益。涉案的抵债行为并未使公司的财产利益受损，不构成关联关系人的不当行为。

第二十三条 【公司人格否认】 公司股东滥用公司法人独立地位和股东有限责任，逃避债务，严重损害公司债权人利益的，应当对公司债务承担连带责任。

股东利用其控制的两个以上公司实施前款规定行为的，各公司应当对任一公司的债务承担连带责任。

只有一个股东的公司，股东不能证明公司财产独立于股东自己的财产的，应当对公司债务承担连带责任。

注释 针对一些股东滥用公司法人独立地位和股东有限责任损害公司债权人的利益，《公司法》确立了法人人格否认制度，打破股东有限责任，使得股东在特定情形下对公司债务承担连带责任。

本条在统合关于公司人格否认的原有规定基础上结合最高人民法院指导案例15号的裁判立场增加了所谓横向人格否认的情形；此外，此次修订取消"一人有限责任公司的特别规定"一节，同时删减与之相关的诸多规定，但关于只有一个股东的公司（即所谓一人公司）之股东就其个人财产与公司财产相互独立应负举证责任的规定予以保留。

案例 徐工集团工程机械股份有限公司诉成都川交工贸有限责任公司等买卖合同纠纷案（最高人民法院指导案例15号）

案件适用要点：关联公司的人员、业务、财务等方面交叉或混同，导致各自财产无法区分，丧失独立人格的，构成人格混同。关联公司人格混同,严重损害债权人利益的,关联公司相互之间对外部债务承担连带责任。

第二十四条 【电子通信方式开会和表决】公司股东会、董事会、监事会召开会议和表决可以采用电子通信方式,公司章程另有规定的除外。

第二十五条 【决议的无效】公司股东会、董事会的决议内容违反法律、行政法规的无效。

注释 本条规定只有在内容违反法律、行政法规的情形下,决议方为无效。至于决议内容违反公司章程或者决议存在程序瑕疵的,甚至未依法或依章程作出决议的,则可能导致决议的撤销不成立。

参见 《最高人民法院关于适用〈中华人民共和国公司法〉若干问题的规定(一)》第3条;《最高人民法院关于适用〈中华人民共和国公司法〉若干问题的规定(四)》①第1、3、6条

第二十六条 【决议的撤销】公司股东会、董事会的会议召集程序、表决方式违反法律、行政法规或者公司章程,或者决议内容违反公司章程的,股东自决议作出之日起六十日内,可以请求人民法院撤销。但是,股东会、董事会的会议召集程序或者表决方式仅有轻微瑕疵,对决议未产生实质影响的除外。

未被通知参加股东会会议的股东自知道或者应当知道股东会决议作出之日起六十日内,可以请求人民法院撤销;自决议作出之日起一年内没有行使撤销权的,撤销权消灭。

注释 相比于决议无效的情形,决议可撤销事由主要是违反程序性规则或者公司章程,对于公司法律关系各方主体的实质影响相对较小,为了尽可能确保公司决策效率及公司正常运营,2023年《公司法》修订,增加了轻微瑕疵不影响决议效力的规定,同时规

---

① 2020年12月,为贯彻实施《民法典》,最高人民法院根据《民法典》的相关精神对《公司法》司法解释(二)~(五)部分条文进行了相应的修改。因《公司法》于2023年全面修订,现有司法解释中对应的仍是旧《公司法》条文序号,请读者注意。

定了未被通知参加股东会会议的股东可依法请求撤销决议以及股东撤销权的除斥期间。

参见 《最高人民法院关于适用〈中华人民共和国公司法〉若干问题的规定（四）》第2~4、6条

案例 李建军诉上海佳动力环保科技有限公司公司决议撤销纠纷案（最高人民法院指导案例10号）

案件适用要点：《公司法》第22条（现为第25、26条）规定，公司股东会或者股东大会、董事会的决议内容违反法律、行政法规的无效。股东会或者股东大会、董事会的会议召集程序、表决方式违反法律、行政法规或者公司章程，或者决议内容违反公司章程的，股东可以自决议作出之日起六十日内，请求人民法院撤销。由此可知，公司股东申请法院撤销公司解聘其总经理职务的决议的，人民法院在审理中应当审查：会议召集程序、表决方式是否违反法律、行政法规或者公司章程，以及决议内容是否违反公司章程。至于解聘总经理职务的决议所依据的事实是否属实，理由是否成立，法院应当尊重公司自治，无需审查。

第二十七条 【决议的不成立】 有下列情形之一的，公司股东会、董事会的决议不成立：

（一）未召开股东会、董事会会议作出决议；

（二）股东会、董事会会议未对决议事项进行表决；

（三）出席会议的人数或者所持表决权数未达到本法或者公司章程规定的人数或者所持表决权数；

（四）同意决议事项的人数或者所持表决权数未达到本法或者公司章程规定的人数或者所持表决权数。

参见 《最高人民法院关于适用〈中华人民共和国公司法〉若干问题的规定（四）》第1、3、5条

第二十八条 【瑕疵决议的法律后果】 公司股东会、董事会决议被人民法院宣告无效、撤销或者确认不成立的，公司应当向公司登记机关申请撤销根据该决议已办理的登记。

股东会、董事会决议被人民法院宣告无效、撤销或者确认不成立的，公司根据该决议与善意相对人形成的民事法律关系不受影响。

第二章 公司登记

第二十九条　【设立登记的原则】设立公司，应当依法向公司登记机关申请设立登记。

法律、行政法规规定设立公司必须报经批准的，应当在公司登记前依法办理批准手续。

注释　申请人申请市场主体设立登记，登记机关依法予以登记的，签发营业执照。营业执照签发日期为市场主体的成立日期。法律、行政法规或者国务院决定规定设立市场主体须经批准的，应当在批准文件有效期内向登记机关申请登记。

申请办理设立登记，应当提交下列材料：（一）申请书；（二）申请人主体资格文件或者自然人身份证明；（三）住所（主要经营场所、经营场所）相关文件；（四）公司、非公司企业法人、农民专业合作社（联合社）章程或者合伙企业合伙协议。申请办理公司设立登记，还应当提交法定代表人、董事、监事和高级管理人员的任职文件和自然人身份证明。除前述规定的材料外，募集设立股份有限公司还应当提交依法设立的验资机构出具的验资证明；公开发行股票的，还应当提交国务院证券监督管理机构的核准或者注册文件。涉及发起人首次出资属于非货币财产的，还应当提交已办理财产权转移手续的证明文件。

参见　《市场主体登记管理条例》；《市场主体登记管理条例实施细则》

第三十条　【设立登记的申请材料】申请设立公司，应当提交设立登记申请书、公司章程等文件，提交的相关材料应当真实、合法和有效。

申请材料不齐全或者不符合法定形式的，公司登记机关应当一次性告知需要补正的材料。

注释 申请办理市场主体登记，应当提交下列材料：（一）申请书；（二）申请人资格文件、自然人身份证明；（三）住所或者主要经营场所相关文件；（四）公司、非公司企业法人、农民专业合作社（联合社）章程或者合伙企业合伙协议；（五）法律、行政法规和国务院市场监督管理部门规定提交的其他材料。国务院市场监督管理部门应当根据市场主体类型分别制定登记材料清单和文书格式样本，通过政府网站、登记机关服务窗口等向社会公开。登记机关能够通过政务信息共享平台获取的市场主体登记相关信息，不得要求申请人重复提供。

参见 《市场主体登记管理条例》第16条

第三十一条 【申请设立登记的法律效果】申请设立公司，符合本法规定的设立条件的，由公司登记机关分别登记为有限责任公司或者股份有限公司；不符合本法规定的设立条件的，不得登记为有限责任公司或者股份有限公司。

第三十二条 【公司登记事项】公司登记事项包括：

（一）名称；
（二）住所；
（三）注册资本；
（四）经营范围；
（五）法定代表人的姓名；
（六）有限责任公司股东、股份有限公司发起人的姓名或者名称。

公司登记机关应当将前款规定的公司登记事项通过国家企业信用信息公示系统向社会公示。

参见 《市场主体登记管理条例》第8条；《市场主体登记管理条例实施细则》第6条

第三十三条 【营业执照】依法设立的公司，由公司登记机关发给公司营业执照。公司营业执照签发日期为公司成立日期。

公司营业执照应当载明公司的名称、住所、注册资本、经营范围、法定代表人姓名等事项。

公司登记机关可以发给电子营业执照。电子营业执照与纸质营业执照具有同等法律效力。

注释 营业执照分为正本和副本，具有同等法律效力。电子营业执照与纸质营业执照具有同等法律效力。市场主体应当将营业执照置于住所或者主要经营场所的醒目位置。从事电子商务经营的市场主体应当在其首页显著位置持续公示营业执照信息或者相关链接标识。营业执照记载的信息发生变更时，市场主体应当于15日内完成对应信息的更新公示。市场主体被吊销营业执照的，登记机关应当将吊销情况标注于电子营业执照中。

参见 《市场主体登记管理条例》第21、22、36、37条；《市场主体登记管理条例实施细则》第23、64条；《公司登记管理实施办法》第4条

第三十四条 【变更登记和登记效力】 公司登记事项发生变更的，应当依法办理变更登记。

公司登记事项未经登记或者未经变更登记，不得对抗善意相对人。

注释 公司申请登记或者备案的事项存在下列情形之一的，公司登记机关不予办理设立登记或者相关事项的变更登记及备案：（一）公司名称不符合企业名称登记管理相关规定的；（二）公司注册资本、股东出资期限及出资额明显异常且拒不调整的；（三）经营范围中属于在登记前依法须经批准的许可经营项目，未获得批准的；（四）涉及虚假登记的直接责任人自登记被撤销之日起三年内再次申请登记的；（五）可能危害国家安全、社会公共利益的；（六）其他不符合法律、行政法规规定的情形。

案例 韦统兵与新疆宝塔房地产开发有限公司等请求变更公司登记纠纷案（《中华人民共和国最高人民法院公报》2022年第12期）

案件适用要点： 法定代表人是对外代表公司从事民事活动的公司负责人，法定代表人登记依法具有公示效力。就公司内部而言，公司与法定代表人之间为委托法律关系，法定代表人代表权的基础是公司的授权，自公司任命时取得至免除任命时终止。公司权力机关依公司章程规定免去法定代表人的职务后，法定代表人的代表权

即为终止。

有限责任公司股东会依据章程规定免除公司法定代表人职务的，公司执行机关应当执行公司决议，依法办理公司法定代表人工商变更登记。

> **参见**　《公司登记管理实施办法》第19条

第三十五条　【申请变更登记的材料】公司申请变更登记，应当向公司登记机关提交公司法定代表人签署的变更登记申请书、依法作出的变更决议或者决定等文件。

公司变更登记事项涉及修改公司章程的，应当提交修改后的公司章程。

公司变更法定代表人的，变更登记申请书由变更后的法定代表人签署。

第三十六条　【换发营业执照】公司营业执照记载的事项发生变更的，公司办理变更登记后，由公司登记机关换发营业执照。

第三十七条　【注销登记】公司因解散、被宣告破产或者其他法定事由需要终止的，应当依法向公司登记机关申请注销登记，由公司登记机关公告公司终止。

> **参见**　《市场主体登记管理条例》第31条

第三十八条　【分公司的设立登记】公司设立分公司，应当向公司登记机关申请登记，领取营业执照。

第三十九条　【公司登记的撤销】虚报注册资本、提交虚假材料或者采取其他欺诈手段隐瞒重要事实取得公司设立登记的，公司登记机关应当依照法律、行政法规的规定予以撤销。

> **参见**　《市场主体登记管理条例》第40条；《刑法》第158条

第四十条　【信息公示】公司应当按照规定通过国家企业信用信息公示系统公示下列事项：

（一）有限责任公司股东认缴和实缴的出资额、出资方式和出资日期，股份有限公司发起人认购的股份数；

（二）有限责任公司股东、股份有限公司发起人的股权、股份变更信息；

（三）行政许可取得、变更、注销等信息；

（四）法律、行政法规规定的其他信息。

公司应当确保前款公示信息真实、准确、完整。

注释　因公司未按期依法履行生效法律文书明确的登记备案事项相关法定义务，人民法院向公司登记机关送达协助执行通知书，要求协助涤除法定代表人、董事、监事、高级管理人员、股东、分公司负责人等信息的，公司登记机关依法通过国家企业信用信息公示系统向社会公示涤除信息。

2024年6月30日前登记设立的公司因被吊销营业执照、责令关闭、撤销，或者通过登记的住所、经营场所无法联系被列入经营异常名录，导致公司出资期限、注册资本不符合法律规定且无法调整的，公司登记机关对其另册管理，在国家企业信用信息公示系统作出特别标注并向社会公示。

参见　《企业信息公示暂行条例》第10条；《公司登记管理实施办法》第23、24条

第四十一条　【公司登记便利化】公司登记机关应当优化公司登记办理流程，提高公司登记效率，加强信息化建设，推行网上办理等便捷方式，提升公司登记便利化水平。

国务院市场监督管理部门根据本法和有关法律、行政法规的规定，制定公司登记注册的具体办法。

参见　《市场主体登记管理条例》第6条

第三章　有限责任公司的设立和组织机构

第一节　设　立

第四十二条　【股东人数】有限责任公司由一个以上五十个以下股东出资设立。

第四十三条 【设立协议】有限责任公司设立时的股东可以签订设立协议,明确各自在公司设立过程中的权利和义务。

> **注释** 本条是2023年《公司法》修订新增的条文。与股份有限公司发起人协议的规定不同,有限责任公司设立时的股东签订设立协议并不是强制的,而由当事人根据实际需要自行决定。

第四十四条 【设立责任】有限责任公司设立时的股东为设立公司从事的民事活动,其法律后果由公司承受。

公司未成立的,其法律后果由公司设立时的股东承受;设立时的股东为二人以上的,享有连带债权,承担连带债务。

设立时的股东为设立公司以自己的名义从事民事活动产生的民事责任,第三人有权选择请求公司或者公司设立时的股东承担。

设立时的股东因履行公司设立职责造成他人损害的,公司或者无过错的股东承担赔偿责任后,可以向有过错的股东追偿。

> **注释** 本条是2023年《公司法》修订新增的条文。根据《民法典》第75条,设立人为设立法人从事的民事活动,其法律后果由法人承受;法人未成立的,其法律后果由设立人承受,设立人为二人以上的,享有连带债权,承担连带债务。设立人为设立法人以自己的名义从事民事活动产生的民事责任,第三人有权选择请求法人或者设立人承担。
>
> **参见** 《民法典》第75条

第四十五条 【公司章程制定】设立有限责任公司,应当由股东共同制定公司章程。

第四十六条 【公司章程记载事项】有限责任公司章程应当载明下列事项:

(一)公司名称和住所;
(二)公司经营范围;
(三)公司注册资本;
(四)股东的姓名或者名称;
(五)股东的出资额、出资方式和出资日期;

（六）公司的机构及其产生办法、职权、议事规则；
（七）公司法定代表人的产生、变更办法；
（八）股东会认为需要规定的其他事项。

股东应当在公司章程上签名或者盖章。

注释 2023年《公司法》修订，在本条中明确公司法定代表人的产生、变更办法为公司章程记载事项；同时，将第2款中的"签名、盖章"改为"签名或者盖章"，从而避免是否应当同时签名及盖章的争议。

案例 上海大成资产评估有限公司诉楼建华等其他与公司有关的纠纷案（《中华人民共和国最高人民法院公报》2012年第5期）

案件适用要点：公司章程是公司组织及活动的基本准则。在作为特殊企业的资产评估公司章程规定股东退休时必须退股，退股时以退股月份上月为结算月份，退还其在公司享有的净资产份额时，股东与公司应该按章履行。

第四十七条 【注册资本】有限责任公司的注册资本为在公司登记机关登记的全体股东认缴的出资额。全体股东认缴的出资额由股东按照公司章程的规定自公司成立之日起五年内缴足。

法律、行政法规以及国务院决定对有限责任公司注册资本实缴、注册资本最低限额、股东出资期限另有规定的，从其规定。

注释 2023年《公司法》修订，增加了股东应当自公司成立之日起五年内缴足所认缴的出资额的规定。有限责任公司的注册资本，指的是公司在公司登记机关登记的全体股东认缴的出资额，而非股东实缴的出资额。其中既包括公司设立时的股东认缴的出资额，也包括公司增资时的股东认缴的出资额。股东应当在公司章程中根据公司及股东的实际情况自行确定不超过五年的出资期限。此外，依照本条第2款的规定，法律、行政法规以及国务院决定有权设置长于或短于五年的出资期限。

参见 《最高人民法院关于适用〈中华人民共和国公司法〉若干问题的规定（二）》第22条

第四十八条 【出资方式】股东可以用货币出资,也可以用实物、知识产权、土地使用权、股权、债权等可以用货币估价并可以依法转让的非货币财产作价出资;但是,法律、行政法规规定不得作为出资的财产除外。

对作为出资的非货币财产应当评估作价,核实财产,不得高估或者低估作价。法律、行政法规对评估作价有规定的,从其规定。

注释 出资人以其他公司股权出资,符合下列条件的,人民法院应当认定出资人已履行出资义务:(1)出资的股权由出资人合法持有并依法可以转让;(2)出资的股权无权利瑕疵或者权利负担;(3)出资人已履行关于股权转让的法定手续;(4)出资的股权已依法进行了价值评估。

参见 《最高人民法院关于适用〈中华人民共和国公司法〉若干问题的规定(三)》第7~11条

第四十九条 【股东履行出资义务】股东应当按期足额缴纳公司章程规定的各自所认缴的出资额。

股东以货币出资的,应当将货币出资足额存入有限责任公司在银行开设的账户;以非货币财产出资的,应当依法办理其财产权的转移手续。

股东未按期足额缴纳出资的,除应当向公司足额缴纳外,还应当对给公司造成的损失承担赔偿责任。

参见 《企业破产法》第35条;《市场主体登记管理条例实施细则》第13、26条

案例 中国长城资产管理公司乌鲁木齐办事处与新疆华电工贸有限责任公司、新疆华电红雁池发电有限责任公司、新疆华电苇湖梁发电有限责任公司等借款合同纠纷案(《中华人民共和国最高人民法院公报》2009年第2期)

案件适用要点:注册资本是公司最基本的资产,确定和维持公司一定数额的资本,对于奠定公司基本的债务清偿能力,保障债权人利益和交易安全具有重要价值。股东出资是公司资本确定、维持

原则的基本要求，出资是股东最基本、最重要的义务，股东应当按期足额缴纳公司章程中规定的各自所认缴的出资额，以货币出资的，应当将货币出资足额存入公司在银行开设的账户；以非货币财产出资的，应当依法办理财产权的转移手续。

第五十条　【公司设立时股东的资本充实责任】有限责任公司设立时，股东未按照公司章程规定实际缴纳出资，或者实际出资的非货币财产的实际价额显著低于所认缴的出资额的，设立时的其他股东与该股东在出资不足的范围内承担连带责任。

第五十一条　【董事会催缴出资】有限责任公司成立后，董事会应当对股东的出资情况进行核查，发现股东未按期足额缴纳公司章程规定的出资的，应当由公司向该股东发出书面催缴书，催缴出资。

未及时履行前款规定的义务，给公司造成损失的，负有责任的董事应当承担赔偿责任。

> **注释**　本条是2023年《公司法》修订新增的条文，旨在明确董事会有向股东催缴出资的职责。因董事会未及时履行催缴出资义务给公司造成损失的，未依法履行出资义务的股东应当依照本法第49条规定承担赔偿责任；负有责任的董事则因违反对公司的勤勉义务而应当承担赔偿责任。

第五十二条　【股东失权】股东未按照公司章程规定的出资日期缴纳出资，公司依照前条第一款规定发出书面催缴书催缴出资的，可以载明缴纳出资的宽限期；宽限期自公司发出催缴书之日起，不得少于六十日。宽限期届满，股东仍未履行出资义务的，公司经董事会决议可以向该股东发出失权通知，通知应当以书面形式发出。自通知发出之日起，该股东丧失其未缴纳出资的股权。

依照前款规定丧失的股权应当依法转让，或者相应减少注册资本并注销该股权；六个月内未转让或者注销的，由公司其他股东按照其出资比例足额缴纳相应出资。

股东对失权有异议的，应当自接到失权通知之日起三十日内，向人民法院提起诉讼。

注释 本条是2023年《公司法》修订新增的条文。股东失权并不等同于丧失股东资格。股东丧失的是其未缴纳出资的股权，股东已缴纳出资的股权不受影响。只有在股东完全没有履行出资义务的情形下，股东因其丧失全部股权，才可能丧失股东资格。

第五十三条 【抽逃出资】公司成立后，股东不得抽逃出资。

违反前款规定的，股东应当返还抽逃的出资；给公司造成损失的，负有责任的董事、监事、高级管理人员应当与该股东承担连带赔偿责任。

注释 公司成立后，公司、股东或者公司债权人以相关股东的行为符合下列情形之一且损害公司权益为由，请求认定该股东抽逃出资的，人民法院应予支持：（1）制作虚假财务会计报表虚增利润进行分配；（2）通过虚构债权债务关系将其出资转出；（3）利用关联交易将出资转出；（4）其他未经法定程序将出资抽回的行为。

参见 《最高人民法院关于适用〈中华人民共和国公司法〉若干问题的规定（三）》第12、14、16、17、19条

第五十四条 【股东提前缴纳出资】公司不能清偿到期债务的，公司或者已到期债权的债权人有权要求已认缴出资但未届出资期限的股东提前缴纳出资。

第五十五条 【出资证明书】有限责任公司成立后，应当向股东签发出资证明书，记载下列事项：

（一）公司名称；

（二）公司成立日期；

（三）公司注册资本；

（四）股东的姓名或者名称、认缴和实缴的出资额、出资方式和出资日期；

（五）出资证明书的编号和核发日期。

出资证明书由法定代表人签名，并由公司盖章。

注释 2023年《公司法》修订，增加了认缴的出资额作为出资证明书的记载事项；明确出资证明书除了由公司盖章外，还应当

由法定代表人签名。

出资证明书是有限责任公司向股东签发的证明其已经履行出资义务的法律文件，公司成立后向股东签发出资证明书是公司的一项法定义务。股东分期缴纳出资的，公司应当在股东每一次缴纳出资后向其签发出资证明书；新的出资证明书签发后，公司应当收回并注销原出资证明书。

第五十六条　【股东名册】有限责任公司应当置备股东名册，记载下列事项：

（一）股东的姓名或者名称及住所；

（二）股东认缴和实缴的出资额、出资方式和出资日期；

（三）出资证明书编号；

（四）取得和丧失股东资格的日期。

记载于股东名册的股东，可以依股东名册主张行使股东权利。

第五十七条　【股东查阅权】股东有权查阅、复制公司章程、股东名册、股东会会议记录、董事会会议决议、监事会会议决议和财务会计报告。

股东可以要求查阅公司会计账簿、会计凭证。股东要求查阅公司会计账簿、会计凭证的，应当向公司提出书面请求，说明目的。公司有合理根据认为股东查阅会计账簿、会计凭证有不正当目的，可能损害公司合法利益的，可以拒绝提供查阅，并应当自股东提出书面请求之日起十五日内书面答复股东并说明理由。公司拒绝提供查阅的，股东可以向人民法院提起诉讼。

股东查阅前款规定的材料，可以委托会计师事务所、律师事务所等中介机构进行。

股东及其委托的会计师事务所、律师事务所等中介机构查阅、复制有关材料，应当遵守有关保护国家秘密、商业秘密、个人隐私、个人信息等法律、行政法规的规定。

股东要求查阅、复制公司全资子公司相关材料的，适用前四款的规定。

注释 2023年《公司法》修订，增加了股东可以查阅、复制股东名册的规定；将股东可以查账的范围扩张至公司会计凭证；明确股东查阅公司文件材料时可以委托中介机构进行，同时需要遵守保密义务。

参见 《最高人民法院关于适用〈中华人民共和国公司法〉若干问题的规定（四）》第7~12条

案例 杨某与云南某光电有限公司股东知情权纠纷上诉案（云南省昆明市中级人民法院民事判决书〔2009〕昆民五终字第50号）

案件适用要点：《公司法》第33条（现为第57条）赋予了股东对公司章程、股东会会议记录、董事会会议决议、监事会会议决议和财务会计报告的查阅复制权，对会计账簿的查阅权，此为法律赋予股东的合法权利。为平衡公司与股东权利、保障公司经营及合法利益，《公司法》对股东查阅会计账簿的权利进行了一定程度的限制，即在股东查阅目的不正当可能损害公司合法利益的情况下限制股东该项权利的行使。也就是说股东行使法定权利为常态，只有在特定情况下才对其权利的行使进行限制。

第二节 组 织 机 构

第五十八条 【股东会的组成和定位】有限责任公司股东会由全体股东组成。股东会是公司的权力机构，依照本法行使职权。

注释 股东会，是指依照《公司法》和公司章程的规定设立的，由全体股东共同组成的，对公司经营管理和各种涉及公司及股东利益的事项拥有最高决策权的机构，是股东在公司内部行使股东权的法定组织。

第五十九条 【股东会的职权】股东会行使下列职权：

（一）选举和更换董事、监事，决定有关董事、监事的报酬事项；

（二）审议批准董事会的报告；

（三）审议批准监事会的报告；

（四）审议批准公司的利润分配方案和弥补亏损方案；

（五）对公司增加或者减少注册资本作出决议；

（六）对发行公司债券作出决议；

（七）对公司合并、分立、解散、清算或者变更公司形式作出决议；

（八）修改公司章程；

（九）公司章程规定的其他职权。

股东会可以授权董事会对发行公司债券作出决议。

对本条第一款所列事项股东以书面形式一致表示同意的，可以不召开股东会会议，直接作出决定，并由全体股东在决定文件上签名或者盖章。

案例 甘肃乾金达矿业开发集团有限公司与万城商务东升庙有限责任公司盈余分配纠纷案（《中华人民共和国最高人民法院公报》2023年第1期）

案件适用要点： 股东要求公司分配利润的必要条件是提交载明具体分配方案的股东会决议。具体的利润分配方案应当包括待分配利润数额、分配政策、分配范围以及分配时间等具体分配事项内容。判断利润分配方案是否具体，关键在于综合现有信息能否确定主张分配的权利人根据方案能够得到的具体利润数额。如公司股东会决议确定了待分配利润总额、分配时间，结合公司章程中关于股东按照出资比例分取红利的分配政策之约定，能够确定股东根据方案应当得到的具体利润数额的，该股东会决议载明的利润分配方案应当认为是具体的。

载明具体分配方案的股东会决议一经作出，抽象性的利润分配请求权即转化为具体性的利润分配请求权，从股东的成员权转化为独立于股东权利的普通债权。股东转让股权时，抽象性的利润分配请求权随之转让，而具体的利润分配请求权除合同中有明确约定外并不随股权转让而转让。当分配利润时间届至而公司未分配时，权利人可以直接请求公司按照决议载明的具体分配方案给付利润。

第六十条 【一人有限责任公司的股东决定】只有一个股东的

有限责任公司不设股东会。股东作出前条第一款所列事项的决定时，应当采用书面形式，并由股东签名或者盖章后置备于公司。

第六十一条 【首次股东会会议】首次股东会会议由出资最多的股东召集和主持，依照本法规定行使职权。

第六十二条 【股东会会议的类型和召开要求】股东会会议分为定期会议和临时会议。

定期会议应当按照公司章程的规定按时召开。代表十分之一以上表决权的股东、三分之一以上的董事或者监事会提议召开临时会议的，应当召开临时会议。

第六十三条 【股东会会议的召集和主持】股东会会议由董事会召集，董事长主持；董事长不能履行职务或者不履行职务的，由副董事长主持；副董事长不能履行职务或者不履行职务的，由过半数的董事共同推举一名董事主持。

董事会不能履行或者不履行召集股东会会议职责的，由监事会召集和主持；监事会不召集和主持的，代表十分之一以上表决权的股东可以自行召集和主持。

第六十四条 【股东会会议的通知和记录】召开股东会会议，应当于会议召开十五日前通知全体股东；但是，公司章程另有规定或者全体股东另有约定的除外。

股东会应当对所议事项的决定作成会议记录，出席会议的股东应当在会议记录上签名或者盖章。

案例 成都某电器有限公司与何某其他股东权纠纷上诉案（四川省成都市中级人民法院民事判决书〔2008〕成民终字第3445号）

案件适用要点：《公司法》第41条（现为第64条）第1款规定的通知程序，应包括在会议召开15日前将召开股东会会议的时间、地点、讨论的具体内容等通知全体股东，且对股东会内容的通知，应是具体明确的，不能事后确定或突然增加，以便于股东全面了解会议上需要讨论的问题、事前收集查阅资料，明确自己的态度和应对方案，更好地保护自己的合法权益。如准许公司召开股东会会议前不将会议的具体内容通知全体股东，则有可能造成通知人滥用通知权、部分大股东或公司高管人员控制股东会，剥夺小股东的发言权、损害小股东的利益。

第六十五条 【股东表决权】股东会会议由股东按照出资比例行使表决权；但是，公司章程另有规定的除外。

第六十六条 【股东会决议通过比例】股东会的议事方式和表决程序，除本法有规定的外，由公司章程规定。

股东会作出决议，应当经代表过半数表决权的股东通过。

股东会作出修改公司章程、增加或者减少注册资本的决议，以及公司合并、分立、解散或者变更公司形式的决议，应当经代表三分之二以上表决权的股东通过。

注释 ［议事方式］

议事方式，是指公司股东会以什么方式就公司的重大问题进行讨论并作出决议。

［表决程序］

表决程序，是指公司股东会决定事项如何进行表决和表决时需要多少股东赞成，才能通过某一特定的决议。

第六十七条 【董事会的职权】有限责任公司设董事会，本法第七十五条另有规定的除外。

董事会行使下列职权：

（一）召集股东会会议，并向股东会报告工作；

（二）执行股东会的决议；

（三）决定公司的经营计划和投资方案；

（四）制订公司的利润分配方案和弥补亏损方案；

（五）制订公司增加或者减少注册资本以及发行公司债券的方案；

（六）制订公司合并、分立、解散或者变更公司形式的方案；

（七）决定公司内部管理机构的设置；

（八）决定聘任或者解聘公司经理及其报酬事项，并根据经理的提名决定聘任或者解聘公司副经理、财务负责人及其报酬事项；

（九）制定公司的基本管理制度；

（十）公司章程规定或者股东会授予的其他职权。

公司章程对董事会职权的限制不得对抗善意相对人。

第六十八条　【董事会的组成】有限责任公司董事会成员为三人以上，其成员中可以有公司职工代表。职工人数三百人以上的有限责任公司，除依法设监事会并有公司职工代表的外，其董事会成员中应当有公司职工代表。董事会中的职工代表由公司职工通过职工代表大会、职工大会或者其他形式民主选举产生。

董事会设董事长一人，可以设副董事长。董事长、副董事长的产生办法由公司章程规定。

注释　董事会是公司的经营决策机构，受公司股东会的委托或者委任从事经营管理活动。2023年《公司法》修订，取消了董事会成员人数上限的规定。公司可以根据自身情况决定董事会成员中是否要有公司职工代表。然而，一旦职工人数达到一定规模，公司除了依法保护职工合法权益、组织工会并开展工会活动外，还应当依照本条规定有职工代表作为董事会成员。公司设董事会就必须设董事长，但副董事长的设置及人数则由公司根据自身情况决定。

第六十九条　【审计委员会和监事会的选择设置】有限责任公司可以按照公司章程的规定在董事会中设置由董事组成的审计委员会，行使本法规定的监事会的职权，不设监事会或者监事。公司董事会成员中的职工代表可以成为审计委员会成员。

第七十条　【董事的任期和辞任】董事任期由公司章程规定，但每届任期不得超过三年。董事任期届满，连选可以连任。

董事任期届满未及时改选，或者董事在任期内辞任导致董事会成员低于法定人数的，在改选出的董事就任前，原董事仍应当依照法律、行政法规和公司章程的规定，履行董事职务。

董事辞任的，应当以书面形式通知公司，公司收到通知之日辞任生效，但存在前款规定情形的，董事应当继续履行职务。

注释 2023年《公司法》修订，增加了董事辞任的规定，同时将原来规定中的"辞职"改为"辞任"。

第七十一条 【董事的解任】 股东会可以决议解任董事，决议作出之日解任生效。

无正当理由，在任期届满前解任董事的，该董事可以要求公司予以赔偿。

注释 董事与公司之间为委任关系。股东会作为公司的权力机构，有权在董事任期届满前随时解任董事。股东会解任董事的，应当依法作出股东会决议。

第七十二条 【董事会会议的召集和主持】 董事会会议由董事长召集和主持；董事长不能履行职务或者不履行职务的，由副董事长召集和主持；副董事长不能履行职务或者不履行职务的，由过半数的董事共同推举一名董事召集和主持。

第七十三条 【董事会的议事方式和表决程序】 董事会的议事方式和表决程序，除本法有规定的外，由公司章程规定。

董事会会议应当有过半数的董事出席方可举行。董事会作出决议，应当经全体董事的过半数通过。

董事会决议的表决，应当一人一票。

董事会应当对所议事项的决定作成会议记录，出席会议的董事应当在会议记录上签名。

注释 2023年《公司法》修订，增加了董事会会议最低出席人数和表决通过比例的内容。董事会决议应当一人一票，即董事会全体成员，不论是董事长、副董事长，还是普通的董事，在董事会决议的表决上，都只享有一票的权利，相互之间不存在表决权大小的问题。这表明董事长、副董事长在董事会中，与其他董事的法律地位是平等的，在董事会决议的表决上，既无加重表决权，也无最后决定权。董事会是一个集体行使职权的公司内部机构，而不是一个由董事长或者副董事长个人负责的机构，每个董事可以各负其责，但由董事会整体对股东会负责。

第七十四条 【经理及其职权】有限责任公司可以设经理,由董事会决定聘任或者解聘。

经理对董事会负责,根据公司章程的规定或者董事会的授权行使职权。经理列席董事会会议。

第七十五条 【不设董事会的董事及其职权】规模较小或者股东人数较少的有限责任公司,可以不设董事会,设一名董事,行使本法规定的董事会的职权。该董事可以兼任公司经理。

第七十六条 【监事会的组成、会议召集和主持】有限责任公司设监事会,本法第六十九条、第八十三条另有规定的除外。

监事会成员为三人以上。监事会成员应当包括股东代表和适当比例的公司职工代表,其中职工代表的比例不得低于三分之一,具体比例由公司章程规定。监事会中的职工代表由公司职工通过职工代表大会、职工大会或者其他形式民主选举产生。

监事会设主席一人,由全体监事过半数选举产生。监事会主席召集和主持监事会会议;监事会主席不能履行职务或者不履行职务的,由过半数的监事共同推举一名监事召集和主持监事会会议。

董事、高级管理人员不得兼任监事。

> **注释** 有限责任公司设立监事会,并通过监事会的监督活动,维护公司股东的利益和保护职工的合法权益。监事会对股东会负责并报告工作。

第七十七条 【监事的任期和辞任】监事的任期每届为三年。监事任期届满,连选可以连任。

监事任期届满未及时改选,或者监事在任期内辞任导致监事会成员低于法定人数的,在改选出的监事就任前,原监事仍应当依照法律、行政法规和公司章程的规定,履行监事职务。

> **注释** 与董事任期的规定不同,监事任期每届为三年,为固定任期。连选可以连任的规定与董事的规定相同。
>
> 与董事的情形类似,实践中也有监事任期届满未及时改选,或者监事在任期内辞任导致监事会成员低于法定人数的情形出现。为

了确保公司监事会正常运作，在改选出的监事就任前，原监事应当继续履行监事职务，这也是监事的一项法定义务。

第七十八条　【监事会的职权】监事会行使下列职权：

（一）检查公司财务；

（二）对董事、高级管理人员执行职务的行为进行监督，对违反法律、行政法规、公司章程或者股东会决议的董事、高级管理人员提出解任的建议；

（三）当董事、高级管理人员的行为损害公司的利益时，要求董事、高级管理人员予以纠正；

（四）提议召开临时股东会会议，在董事会不履行本法规定的召集和主持股东会会议职责时召集和主持股东会会议；

（五）向股东会会议提出提案；

（六）依照本法第一百八十九条的规定，对董事、高级管理人员提起诉讼；

（七）公司章程规定的其他职权。

注释　2023年《公司法》修订，将原来规定中的"罢免"改为"解任"。

第七十九条　【监事的质询建议权和监事会的调查权】监事可以列席董事会会议，并对董事会决议事项提出质询或者建议。

监事会发现公司经营情况异常，可以进行调查；必要时，可以聘请会计师事务所等协助其工作，费用由公司承担。

案例　上海某建筑装饰工程有限公司与董某其他所有权纠纷上诉案〔上海市第一中级人民法院民事判决书〔2009〕沪一中民三（商）终字第105号〕

案件适用要点：据法律规定，公司的监事，可以对公司董事、高级管理人员的经营行为和公司的财务状况进行监督，监事在履行其监督职责时，需要进行调查、必要时代表公司进行诉讼等活动。在其调查的过程中，还可能需要聘请有关机构协助进行。在这些活动中，不免会支出一些合理的费用，这些费用毫无疑问要由公司进行承担，以保证监事没有后顾之忧，积极运用有效的途径和手段履行职责。

第八十条　【董事、高级管理人员配合监事会行使职权】监事会可以要求董事、高级管理人员提交执行职务的报告。

董事、高级管理人员应当如实向监事会提供有关情况和资料，不得妨碍监事会或者监事行使职权。

> **注释**　2023年《公司法》修订，增加了监事会可以要求董事、高级管理人员提交执行职务的报告的规定。

第八十一条　【监事会的议事方式和表决程序】监事会每年度至少召开一次会议，监事可以提议召开临时监事会会议。

监事会的议事方式和表决程序，除本法有规定的外，由公司章程规定。

监事会决议应当经全体监事的过半数通过。

监事会决议的表决，应当一人一票。

监事会应当对所议事项的决定作成会议记录，出席会议的监事应当在会议记录上签名。

> **注释**　2023年《公司法》修订，将监事会决议的通过比例从原来的"半数以上"改为"过半数"；增加了监事会决议的表决应当一人一票的规定。

第八十二条　【监事会行使职权的费用承担】监事会行使职权所必需的费用，由公司承担。

第八十三条　【不设监事会的监事及其职权】规模较小或者股东人数较少的有限责任公司，可以不设监事会，设一名监事，行使本法规定的监事会的职权；经全体股东一致同意，也可以不设监事。

> **注释**　规模较小或者股东人数较少的有限责任公司，可以不设监事会，设一名监事。2023年《公司法》修订，将只设监事的监事人数从原来的"一至二名"改为"一名"；规定该类公司经全体股东一致同意，也可以不设监事。

第四章　有限责任公司的股权转让

第八十四条　【股权的自愿转让】有限责任公司的股东之间可以相互转让其全部或者部分股权。

股东向股东以外的人转让股权的，应当将股权转让的数量、价格、支付方式和期限等事项书面通知其他股东，其他股东在同等条件下有优先购买权。股东自接到书面通知之日起三十日内未答复的，视为放弃优先购买权。两个以上股东行使优先购买权的，协商确定各自的购买比例；协商不成的，按照转让时各自的出资比例行使优先购买权。

公司章程对股权转让另有规定的，从其规定。

注释　有限责任公司的股东自愿向他人转让其股权，既可能是向该有限责任公司的其他股东转让股权，也可能是向有限责任公司股东以外的人转让股权。

有限责任公司具有一定的人合性，股东向股东以外的人转让股权的，应当将股权转让的数量、价格、支付方式和期限等事项书面通知其他股东，其他股东在同等条件下有优先购买权。书面通知的具体事项，实际上也是判断何谓同等条件的要素。

参见　《最高人民法院关于适用〈中华人民共和国公司法〉若干问题的规定（四）》第16~22条

案例　广东达宝物业管理有限公司与广东中岱企业集团有限公司、广东中岱电讯产业有限公司、广州市中珊实业有限公司股权转让合作纠纷案（《中华人民共和国最高人民法院公报》2012年第5期）

案件适用要点：股权转让合同中，即使双方约定转让的股权系合同外的第三人所有，但只要双方的约定只是使一方负有向对方转让股权的义务，而没有实际导致股权所有人的权利发生变化，就不能以出让人对股权无处分权为由认定股权转让合同系无权处分合同进而无效。

第八十五条　【股权的强制转让】人民法院依照法律规定的强

制执行程序转让股东的股权时，应当通知公司及全体股东，其他股东在同等条件下有优先购买权。其他股东自人民法院通知之日起满二十日不行使优先购买权的，视为放弃优先购买权。

>**注释** 为确保公司及全体股东知悉人民法院依法强制转让作为被执行人的股东的股权之事宜，人民法院应当及时通知公司及全体股东。与股权的自愿转让类似，在股权的强制转让情形下其他股东在同等条件下也有优先购买权。本条明确规定优先购买权的行使期间是"二十日"。

第八十六条 【股权转让引起的变更股东名册和变更登记】 股东转让股权的，应当书面通知公司，请求变更股东名册；需要办理变更登记的，并请求公司向公司登记机关办理变更登记。公司拒绝或者在合理期限内不予答复的，转让人、受让人可以依法向人民法院提起诉讼。

股权转让的，受让人自记载于股东名册时起可以向公司主张行使股东权利。

>**注释** 本条是2023年《公司法》修订新增的条文。为了让公司及时变更股东名册及办理变更登记，股东转让其股权的，应当书面通知公司。公司在收到股东转让其股权的通知后，应当履行相应的程序性义务。除了本条规定的变更股东名册和向公司登记机关办理变更登记，公司还应当依照本法第87条的规定及时注销原股东的出资证明书，向新股东签发出资证明书，并相应修改公司章程。
>
>依照本法第56条第2款规定，记载于股东名册的股东，可以依股东名册主张行使股东权利。故而，股权转让的，受让人自记载于股东名册时起可以向公司主张行使股东权利。但股东名册并非设权文件，不应作为股权变动的效力依据。相反，即便股东名册并未变更相应记载，但其他证据已足以证明受让人为公司股东的，受让人有权向人民法院提起诉讼请求确认股东资格并要求公司变更股东名册。

第八十七条 【公司在股权转让后的义务】 依照本法转让股权

后,公司应当及时注销原股东的出资证明书,向新股东签发出资证明书,并相应修改公司章程和股东名册中有关股东及其出资额的记载。对公司章程的该项修改不需再由股东会表决。

注释 股权转让后尚未向公司登记机关办理变更登记,原股东将仍登记于其名下的股权转让、质押或者以其他方式处分,受让股东以其对于股权享有实际权利为由,请求认定处分股权行为无效的,人民法院可以参照《民法典》第311条的规定处理。

原股东处分股权造成受让股东损失,受让股东请求原股东承担赔偿责任,对于未及时办理变更登记有过错的董事、高级管理人员或者实际控制人承担相应责任的,人民法院应予支持;受让股东对于未及时办理变更登记也有过错的,可以适当减轻上述董事、高级管理人员或者实际控制人的责任。

《民法典》第311条规定,无处分权人将不动产或者动产转让给受让人的,所有权人有权追回;除法律另有规定外,符合下列情形的,受让人取得该不动产或者动产的所有权:(1)受让人受让该不动产或者动产时是善意;(2)以合理的价格转让;(3)转让的不动产或者动产依照法律规定应当登记的已经登记,不需要登记的已经交付给受让人。受让人依据前述规定取得不动产或者动产的所有权的,原所有权人有权向无处分权人请求损害赔偿。当事人善意取得其他物权的,参照适用前述规定。

参见 《最高人民法院关于适用〈中华人民共和国公司法〉若干问题的规定(三)》第27条;《民法典》第311条

第八十八条 【股权转让情形下的出资责任】股东转让已认缴出资但未届出资期限的股权的,由受让人承担缴纳该出资的义务;受让人未按期足额缴纳出资的,转让人对受让人未按期缴纳的出资承担补充责任。

未按照公司章程规定的出资日期缴纳出资或者作为出资的非货币财产的实际价额显著低于所认缴的出资额的股东转让股权的,转让人与受让人在出资不足的范围内承担连带责任;受让人不知道且不应当知道存在上述情形的,由转让人承担责任。

第八十九条 【股东股权收购请求权】有下列情形之一的,对股东会该项决议投反对票的股东可以请求公司按照合理的价格收购其股权:

(一)公司连续五年不向股东分配利润,而公司该五年连续盈利,并且符合本法规定的分配利润条件;

(二)公司合并、分立、转让主要财产;

(三)公司章程规定的营业期限届满或者章程规定的其他解散事由出现,股东会通过决议修改章程使公司存续。

自股东会决议作出之日起六十日内,股东与公司不能达成股权收购协议的,股东可以自股东会决议作出之日起九十日内向人民法院提起诉讼。

公司的控股股东滥用股东权利,严重损害公司或者其他股东利益的,其他股东有权请求公司按照合理的价格收购其股权。

公司因本条第一款、第三款规定的情形收购的本公司股权,应当在六个月内依法转让或者注销。

注释 有限责任公司是兼具资合性与人合性的公司,它不仅依靠股东的出资来保证公司的设立和运营,同时也需要依靠股东的共同努力来经营管理公司。因此,有限责任公司设立以后,其股东不得随意退出公司。但在现实生活中,有些有限责任公司的大股东利用其对公司的控制权,长期不向股东分配利润,并通过其他方式严重损害中小股东的权益。针对这种情况,《公司法》规定了股东在法定的条件下,通过法定的程序,可以退出公司。

第九十条 【股东资格继承】自然人股东死亡后,其合法继承人可以继承股东资格;但是,公司章程另有规定的除外。

注释 依照《民法典》继承编的规定,自然人股东死亡后,其遗留的个人合法财产依法由他人继承。股东的出资额是股东的个人合法财产,也将依照继承编的规定,由他人依法继承。但是,继承编规定的继承,仅限于财产权的范围,对于具有人身专属性的身份关系,继承编并没有作出规定。而有限责任公司具有人合性,要成为公司的股东,不仅需要有一定的出资额,而且需要与其他股东之间存在相互信任的关系。按照继承编继承了股东遗产的人，能否具有股东资格，成为公司的股东，还需要予以明确。为此，本条对股东资格的继承作出了专门的规定。

第五章 股份有限公司的设立和组织机构

第一节 设　　立

第九十一条　【设立方式】设立股份有限公司，可以采取发起设立或者募集设立的方式。

发起设立，是指由发起人认购设立公司时应发行的全部股份而设立公司。

募集设立，是指由发起人认购设立公司时应发行股份的一部分，其余股份向特定对象募集或者向社会公开募集而设立公司。

注释　发起人在设立股份有限公司时，可以根据发起人及公司的具体情况，决定在设立之时是否向社会公众发行股份。根据股份有限公司在设立时是否向社会公众发行股份，本条将股份有限公司的设立，分为发起设立和募集设立两种。

［发起设立］

以发起设立方式设立股份有限公司的，在设立时其股份全部由该公司的发起人认购，而不向发起人之外的任何社会公众发行股份。由于没有向社会公众公开募集股份，所以，以发起设立方式设立的股份有限公司，在其发行新股之前，其全部股份都由发起人持有，公司的全部股东都是设立公司的发起人。

发起设立不向社会公开募集股份，因此，以发起设立的方式设立股份有限公司比较简便，只要发起人认足了股份就可以向公司登记机关申请设立登记，但它要求各个发起人有比较雄厚的资金，仅发起人就能够认购公司应发行的全部股份。

［募集设立］

以募集设立方式设立股份有限公司的，在公司设立时，认购公司应发行股份的人不仅有发起人，而且还有发起人以外的人。以募集设立方式设立股份有限公司，发起人只需投入较少的资金，就能够从社会上聚集到较多的资金，从而使公司能够迅速聚集到较大的资本额。但是，由于募集设立涉及发起人以外的人，所以，法律对募集设立规定了较为严格的程序，以保护广大投资者的利益，保证正常的经济秩序。

第九十二条　【发起人的人数及住所要求】 设立股份有限公司，应当有一人以上二百人以下为发起人，其中应当有半数以上的发起人在中华人民共和国境内有住所。

注释　2023年《公司法》修订，将发起人的人数下限从"二人"改为"一人"，即发起人可设立一人股份有限公司。

发起人在中华人民共和国境内有住所，就中国公民而言，是指公民以其户籍所在地为居住地或者其经常居住地在中华人民共和国境内；就外国公民而言，是指其经常居住地在中华人民共和国境内；就法人而言，是指其主要办事机构所在地在中华人民共和国境内。因此，发起人是否在中华人民共和国境内有住所，要视其经常居住地或者主要办事机构所在地是否在中华人民共和国境内。

第九十三条　【发起人筹办公司的义务及发起人协议】 股份有限公司发起人承担公司筹办事务。

发起人应当签订发起人协议，明确各自在公司设立过程中的权利和义务。

注释　本条是强制性规范。首先，明确规定了发起人承担公司筹办事务的义务。公司的筹办是公司设立完成的重要前提。公司的筹办事务包括材料的准备、申请文件的提交、召集主持召开创立大会等程序性事务。其次，发起人签订发起人协议的规定突出了发起人协议在公司设立过程中的重要地位，此协议的内容除符合本法的相关规定外，还同时受到《民法典》等相关法律的规范。

发起人以设立中公司的名义对外签订合同，公司成立后合同相对人请求公司承担合同责任的，人民法院应予支持。公司成立后有证据证明发起人利用设立中公司的名义为自己的利益与相对人签订合同，公司以此为由主张不承担合同责任的，人民法院应予支持，但相对人为善意的除外。

参见 《最高人民法院关于适用〈中华人民共和国公司法〉若干问题的规定（三）》第1~6条

第九十四条 【公司章程制订】 设立股份有限公司，应当由发起人共同制订公司章程。

第九十五条 【公司章程记载事项】 股份有限公司章程应当载明下列事项：

（一）公司名称和住所；

（二）公司经营范围；

（三）公司设立方式；

（四）公司注册资本、已发行的股份数和设立时发行的股份数，面额股的每股金额；

（五）发行类别股的，每一类别股的股份数及其权利和义务；

（六）发起人的姓名或者名称、认购的股份数、出资方式；

（七）董事会的组成、职权和议事规则；

（八）公司法定代表人的产生、变更办法；

（九）监事会的组成、职权和议事规则；

（十）公司利润分配办法；

（十一）公司的解散事由与清算办法；

（十二）公司的通知和公告办法；

（十三）股东会认为需要规定的其他事项。

第九十六条 【注册资本】 股份有限公司的注册资本为在公司登记机关登记的已发行股份的股本总额。在发起人认购的股份缴足前，不得向他人募集股份。

法律、行政法规以及国务院决定对股份有限公司注册资本最低限额另有规定的，从其规定。

参见 《全国人民代表大会常务委员会关于〈中华人民共和

41

国刑法〉第一百五十八条、第一百五十九条的解释》

第九十七条 【发起人认购股份】以发起设立方式设立股份有限公司的，发起人应当认足公司章程规定的公司设立时应发行的股份。

以募集设立方式设立股份有限公司的，发起人认购的股份不得少于公司章程规定的公司设立时应发行股份总数的百分之三十五；但是，法律、行政法规另有规定的，从其规定。

第九十八条 【发起人履行出资义务】发起人应当在公司成立前按照其认购的股份全额缴纳股款。

发起人的出资，适用本法第四十八条、第四十九条第二款关于有限责任公司股东出资的规定。

> **注释** 2023年《公司法》修订，明确发起人认购的股份采取实缴制；增加有限责任公司股东出资的部分规定适用于股份有限公司发起人的出资。

第九十九条 【发起人瑕疵出资的违约责任】发起人不按照其认购的股份缴纳股款，或者作为出资的非货币财产的实际价额显著低于所认购的股份的，其他发起人与该发起人在出资不足的范围内承担连带责任。

第一百条 【公开募集股份的招股说明书和认股书】发起人向社会公开募集股份，应当公告招股说明书，并制作认股书。认股书应当载明本法第一百五十四条第二款、第三款所列事项，由认股人填写认购的股份数、金额、住所，并签名或者盖章。认股人应当按照所认购股份足额缴纳股款。

> **注释** 招股说明书是公司或发起人向社会公开募集股份时向社会公众公开的书面说明文件。招股说明书属于《民法典》第473条规定的要约邀请。
>
> 认股书由于明确记载了认购股份数、金额等内容，实为发起人向认股人发出的要约。认股人填写认股书并签名或者盖章是一种承诺，表明认股人同意认购股份，自此认购股份的合同成立，发起人

和认股人都应当履行合同义务。

参见　《民法典》第 473 条

第一百零一条　【公开募集股份的验资】向社会公开募集股份的股款缴足后，应当经依法设立的验资机构验资并出具证明。

第一百零二条　【股东名册】股份有限公司应当制作股东名册并置备于公司。股东名册应当记载下列事项：

（一）股东的姓名或者名称及住所；

（二）各股东所认购的股份种类及股份数；

（三）发行纸面形式的股票的，股票的编号；

（四）各股东取得股份的日期。

第一百零三条　【成立大会的召开】募集设立股份有限公司的发起人应当自公司设立时应发行股份的股款缴足之日起三十日内召开公司成立大会。发起人应当在成立大会召开十五日前将会议日期通知各认股人或者予以公告。成立大会应当有持有表决权过半数的认股人出席，方可举行。

以发起设立方式设立股份有限公司成立大会的召开和表决程序由公司章程或者发起人协议规定。

第一百零四条　【成立大会的职权】公司成立大会行使下列职权：

（一）审议发起人关于公司筹办情况的报告；

（二）通过公司章程；

（三）选举董事、监事；

（四）对公司的设立费用进行审核；

（五）对发起人非货币财产出资的作价进行审核；

（六）发生不可抗力或者经营条件发生重大变化直接影响公司设立的，可以作出不设立公司的决议。

成立大会对前款所列事项作出决议，应当经出席会议的认股人所持表决权过半数通过。

第一百零五条　【股款返还和不得抽回股本】公司设立时应发行的股份未募足，或者发行股份的股款缴足后，发起人在三十日内未召开成立大会的，认股人可以按照所缴股款并加算银行同期存款利息，要求发起人返还。

发起人、认股人缴纳股款或者交付非货币财产出资后，除未按期募足股份、发起人未按期召开成立大会或者成立大会决议不设立公司的情形外，不得抽回其股本。

第一百零六条 【董事会授权代表申请设立登记】董事会应当授权代表，于公司成立大会结束后三十日内向公司登记机关申请设立登记。

第一百零七条 【股东、董事、监事、高级管理人员的设立责任及资本充实责任】本法第四十四条、第四十九条第三款、第五十一条、第五十二条、第五十三条的规定，适用于股份有限公司。

> 注释 本法第44条是关于有限责任公司设立时的股东之设立责任的规定，第49条第3款是关于股东瑕疵出资的赔偿责任的规定，第51条是关于董事会催缴出资及负有责任的董事承担赔偿责任的规定，第52条是关于未履行出资义务的股东失权及其救济的规定，第53条是关于抽逃出资及股东返还抽逃出资和负有责任的董事、监事、高级管理人员承担连带赔偿责任的规定。上述规定适用于股份有限公司。

第一百零八条 【变更公司形式的股本折合及公开发行股份规制】有限责任公司变更为股份有限公司时，折合的实收股本总额不得高于公司净资产额。有限责任公司变更为股份有限公司，为增加注册资本公开发行股份时，应当依法办理。

第一百零九条 【公司特定文件材料的置备】股份有限公司应当将公司章程、股东名册、股东会会议记录、董事会会议记录、监事会会议记录、财务会计报告、债券持有人名册置备于本公司。

第一百一十条 【股东查阅权】股东有权查阅、复制公司章程、股东名册、股东会会议记录、董事会会议决议、监事会会议决议、财务会计报告，对公司的经营提出建议或者质询。

连续一百八十日以上单独或者合计持有公司百分之三以上股份

的股东要求查阅公司的会计账簿、会计凭证的,适用本法第五十七条第二款、第三款、第四款的规定。公司章程对持股比例有较低规定的,从其规定。

股东要求查阅、复制公司全资子公司相关材料的,适用前两款的规定。

上市公司股东查阅、复制相关材料的,应当遵守《中华人民共和国证券法》等法律、行政法规的规定。

注释 [股东名册]

股东名册,是指由公司置备的,记载股东个人信息和股权信息的法定簿册。公司向股东发放股息、派发新股或者通知召开股东会,往往需要确定股东名册。

[股东会会议记录]

股东会会议记录,是指股东会对所议事项及结果所作的并由主持人和出席会议的股东签名的会议记录。股东会成员的股东有权通过股东会会议记录来了解股东会举行会议时的各项情况,检查股东会的决议是否侵犯了股东的合法利益,以及股东会的决策是否有失误之处等,从而决定自己应当采取何种行为。

第二节 股 东 会

第一百一十一条 【股东会的组成和定位】股份有限公司股东会由全体股东组成。股东会是公司的权力机构,依照本法行使职权。

注释 2023年《公司法》修订,将"股东大会"改为"股东会",本法其他条文中的相关表述都作了统一修改。

第一百一十二条 【股东会的职权和一人股份有限公司的股东决定】本法第五十九条第一款、第二款关于有限责任公司股东会职权的规定,适用于股份有限公司股东会。

本法第六十条关于只有一个股东的有限责任公司不设股东会的规定,适用于只有一个股东的股份有限公司。

第一百一十三条 【股东会会议的类型和召开要求】股东会应

当每年召开一次年会。有下列情形之一的,应当在两个月内召开临时股东会会议:

（一）董事人数不足本法规定人数或者公司章程所定人数的三分之二时;

（二）公司未弥补的亏损达股本总额三分之一时;

（三）单独或者合计持有公司百分之十以上股份的股东请求时;

（四）董事会认为必要时;

（五）监事会提议召开时;

（六）公司章程规定的其他情形。

第一百一十四条　【股东会会议的召集和主持】股东会会议由董事会召集,董事长主持;董事长不能履行职务或者不履行职务的,由副董事长主持;副董事长不能履行职务或者不履行职务的,由过半数的董事共同推举一名董事主持。

董事会不能履行或者不履行召集股东会会议职责的,监事会应当及时召集和主持;监事会不召集和主持的,连续九十日以上单独或者合计持有公司百分之十以上股份的股东可以自行召集和主持。

单独或者合计持有公司百分之十以上股份的股东请求召开临时股东会会议的,董事会、监事会应当在收到请求之日起十日内作出是否召开临时股东会会议的决定,并书面答复股东。

第一百一十五条　【股东会会议的通知和股东临时提案权】召开股东会会议,应当将会议召开的时间、地点和审议的事项于会议召开二十日前通知各股东;临时股东会会议应当于会议召开十五日前通知各股东。

单独或者合计持有公司百分之一以上股份的股东,可以在股东会会议召开十日前提出临时提案并书面提交董事会。临时提案应当有明确议题和具体决议事项。董事会应当在收到提案后二日内通知其他股东,并将该临时提案提交股东会审议;但临时提案违反法律、行政法规或者公司章程的规定,或者不属于股东会职权范围的除外。公司不得提高提出临时提案股东的持股比例。

公开发行股份的公司,应当以公告方式作出前两款规定的通知。

股东会不得对通知中未列明的事项作出决议。

注释 2023年《公司法》修订，本条内容的变化主要有：一是因应公司不再发行无记名股票的制度革新，删除与之相关的内容；二是降低股东行使临时提案权的持股比例要求，从"百分之三"改为"百分之一"；三是公司不得提高提出临时提案股东的持股比例，若公司降低该比例则并无不可；四是提出公开发行股份的公司应以公告方式通知股东。

第一百一十六条 【股东表决权和股东会决议通过比例】股东出席股东会会议，所持每一股份有一表决权，类别股股东除外。公司持有的本公司股份没有表决权。

股东会作出决议，应当经出席会议的股东所持表决权过半数通过。

股东会作出修改公司章程、增加或者减少注册资本的决议，以及公司合并、分立、解散或者变更公司形式的决议，应当经出席会议的股东所持表决权的三分之二以上通过。

注释 表决权，是指股东对股东会决议的某一事项表示意见的权利。表决权是股东基于其所拥有的股份而产生的权利，是股东固有的权利，公司章程和股东会的决议都不能予以剥夺。股份有限公司的资本总额按照一定的标准划分为若干均等的份额，因此，每一股的资本额都是相等的，其权利也一律平等。

第一百一十七条 【累积投票制】股东会选举董事、监事，可以按照公司章程的规定或者股东会的决议，实行累积投票制。

本法所称累积投票制，是指股东会选举董事或者监事时，每一股份拥有与应选董事或者监事人数相同的表决权，股东拥有的表决权可以集中使用。

注释 [累积投票制]

累积投票制，是一种与直接投票制相对应的公司董（监）事选举制度。在累积投票制下，每一有表决权的股份享有与拟选出的董（监）事人数相同的表决权，股东可以自由地在各候选人间分配其表决权,既可分散投于多人,也可集中投于一人,然后根据各候选人得票多少的顺序决定董(监)事人选。累积投票制在一定程度上为中小股东的代言人进入董(监)事会提供了保障。按通常投票法,股东必须在候选人中间平分选票。累积投票制则可以让股东将所有的选票投给一位候选人。假定某股东拥有一百股,每股一票,将选出六位董事,通常的办法是让该股东给每一位董事候选人投一百票,总共六百票。而累积投票制则可以将该六百票投给一位董事候选人,或根据自己的意愿分投。

股份有限公司累积投票制的适用范围为股份有限公司董(监)事的选举。股份有限公司股东会在选举董(监)事时,可以根据公司章程的规定或者股东会的决议,实行累积投票制。《公司法》对于股份有限公司选举董(监)事是否采取累积投票制,实行的是任意主义而非强制主义。

第一百一十八条 【表决权的代理行使】 股东委托代理人出席股东会会议的,应当明确代理人代理的事项、权限和期限;代理人应当向公司提交股东授权委托书,并在授权范围内行使表决权。

第一百一十九条 【股东会会议记录】 股东会应当对所议事项的决定作成会议记录,主持人、出席会议的董事应当在会议记录上签名。会议记录应当与出席股东的签名册及代理出席的委托书一并保存。

第三节 董事会、经理

第一百二十条 【董事会的职权和组成、董事的任期及辞任、解任】 股份有限公司设董事会,本法第一百二十八条另有规定的除外。

本法第六十七条、第六十八条第一款、第七十条、第七十一条的规定,适用于股份有限公司。

第一百二十一条 【审计委员会和监事会的选择设置】 股份有限公司可以按照公司章程的规定在董事会中设置由董事组成的审计委员会,行使本法规定的监事会的职权,不设监事会或者监事。

审计委员会成员为三名以上，过半数成员不得在公司担任除董事以外的其他职务，且不得与公司存在任何可能影响其独立客观判断的关系。公司董事会成员中的职工代表可以成为审计委员会成员。

审计委员会作出决议，应当经审计委员会成员的过半数通过。

审计委员会决议的表决，应当一人一票。

审计委员会的议事方式和表决程序，除本法有规定的外，由公司章程规定。

公司可以按照公司章程的规定在董事会中设置其他委员会。

第一百二十二条 【董事长和副董事长的产生办法、董事会会议的召集和主持】董事会设董事长一人，可以设副董事长。董事长和副董事长由董事会以全体董事的过半数选举产生。

董事长召集和主持董事会会议，检查董事会决议的实施情况。副董事长协助董事长工作，董事长不能履行职务或者不履行职务的，由副董事长履行职务；副董事长不能履行职务或者不履行职务的，由过半数的董事共同推举一名董事履行职务。

第一百二十三条 【董事会会议的类型和召开要求】董事会每年度至少召开两次会议，每次会议应当于会议召开十日前通知全体董事和监事。

代表十分之一以上表决权的股东、三分之一以上董事或者监事会，可以提议召开临时董事会会议。董事长应当自接到提议后十日内，召集和主持董事会会议。

董事会召开临时会议，可以另定召集董事会的通知方式和通知时限。

第一百二十四条 【董事会的表决程序和会议记录】董事会会议应当有过半数的董事出席方可举行。董事会作出决议，应当经全体董事的过半数通过。

董事会决议的表决，应当一人一票。

董事会应当对所议事项的决定作成会议记录，出席会议的董事应当在会议记录上签名。

第一百二十五条 【董事出席董事会会议及其决议责任】董事会会议,应当由董事本人出席;董事因故不能出席,可以书面委托其他董事代为出席,委托书应当载明授权范围。

董事应当对董事会的决议承担责任。董事会的决议违反法律、行政法规或者公司章程、股东会决议,给公司造成严重损失的,参与决议的董事对公司负赔偿责任;经证明在表决时曾表明异议并记载于会议记录的,该董事可以免除责任。

第一百二十六条 【经理及其职权】股份有限公司设经理,由董事会决定聘任或者解聘。

经理对董事会负责,根据公司章程的规定或者董事会的授权行使职权。经理列席董事会会议。

第一百二十七条 【董事兼任经理】公司董事会可以决定由董事会成员兼任经理。

第一百二十八条 【不设董事会的董事及其职权】规模较小或者股东人数较少的股份有限公司,可以不设董事会,设一名董事,行使本法规定的董事会的职权。该董事可以兼任公司经理。

第一百二十九条 【董事、监事、高级管理人员的报酬披露】公司应当定期向股东披露董事、监事、高级管理人员从公司获得报酬的情况。

第四节 监 事 会

第一百三十条 【监事会的组成和监事的任期】股份有限公司设监事会,本法第一百二十一条第一款、第一百三十三条另有规定的除外。

监事会成员为三人以上。监事会成员应当包括股东代表和适当比例的公司职工代表,其中职工代表的比例不得低于三分之一,具体比例由公司章程规定。监事会中的职工代表由公司职工通过职工代表大会、职工大会或者其他形式民主选举产生。

监事会设主席一人,可以设副主席。监事会主席和副主席由全体监事过半数选举产生。监事会主席召集和主持监事会会议;监事会主席不能履行职务或者不履行职务的，由监事会副主席召集和主持监事会会议；监事会副主席不能履行职务或者不履行职务的，由过半数的监事共同推举一名监事召集和主持监事会会议。

董事、高级管理人员不得兼任监事。

本法第七十七条关于有限责任公司监事任期的规定，适用于股份有限公司监事。

第一百三十一条　【监事会的职权及其行使职权的费用承担】本法第七十八条至第八十条的规定，适用于股份有限公司监事会。

监事会行使职权所必需的费用，由公司承担。

第一百三十二条　【监事会会议类型、表决程序和会议记录】监事会每六个月至少召开一次会议。监事可以提议召开临时监事会会议。

监事会的议事方式和表决程序，除本法有规定的外，由公司章程规定。

监事会决议应当经全体监事的过半数通过。

监事会决议的表决，应当一人一票。

监事会应当对所议事项的决定作成会议记录，出席会议的监事应当在会议记录上签名。

第一百三十三条　【不设监事会的监事及其职权】规模较小或者股东人数较少的股份有限公司，可以不设监事会，设一名监事，行使本法规定的监事会的职权。

第五节　上市公司组织机构的特别规定

第一百三十四条　【上市公司的定义】本法所称上市公司，是指其股票在证券交易所上市交易的股份有限公司。

注释　[上市公司的特征]

上市公司具有以下两个特征：一是上市公司必须是已向社会发行股票的股份有限公司。即以募集设立方式成立的股份有限公司，可以依照法律规定的条件，申请其股票在证券交易所内进行交易，成为上市公司。以发起设立方式成立的股份有限公司，在公司成立后，经过批准向社会公开发行股份后，又达到《公司法》规定的上市条件的，也可以依法申请为上市公司。二是上市公司的股票必须在证券交易所开设的交易场所公开竞价交易。

[证券交易所]

证券交易所，是国家批准设立的专为证券交易提供公开竞价交易场所的事业法人。

第一百三十五条 【股东会特别决议事项】上市公司在一年内购买、出售重大资产或者向他人提供担保的金额超过公司资产总额百分之三十的，应当由股东会作出决议，并经出席会议的股东所持表决权的三分之二以上通过。

第一百三十六条 【独立董事和章程特别记载事项】上市公司设独立董事，具体管理办法由国务院证券监督管理机构规定。

上市公司的公司章程除载明本法第九十五条规定的事项外，还应当依照法律、行政法规的规定载明董事会专门委员会的组成、职权以及董事、监事、高级管理人员薪酬考核机制等事项。

注释 独立董事，是指不在公司担任董事外的其他职务，并与受聘的公司及其主要股东不存在妨碍其进行独立客观判断关系的董事。独立董事的职责是按照相关法律、行政法规、公司章程，认真履行职责，维护公司整体利益，尤其要关注中小股东的合法权益不受损害。独立董事应当独立履行职责，不受公司主要股东、实际控制人或者与公司存在利害关系的单位或者个人的影响。一般来说，独立董事由具有法律、经济、财会等方面专业知识、社会信用良好的人士担任。与公司或者控股股东、实际控制人有利害关系、可能妨碍对公司事务进行独立客观判断的，不得担任独立董事。独立董事在任期内应当保证有一定的时间在公司了解情况，公司应当为独立董事开展工作提供必要条件。

参见 《上市公司独立董事管理办法》

第一百三十七条 【董事会审计委员会的职权】上市公司在董事会中设置审计委员会的，董事会对下列事项作出决议前应当经审计委员会全体成员过半数通过：

（一）聘用、解聘承办公司审计业务的会计师事务所；

（二）聘任、解聘财务负责人；

（三）披露财务会计报告；

（四）国务院证券监督管理机构规定的其他事项。

第一百三十八条　【董事会秘书及其职责】上市公司设董事会秘书，负责公司股东会和董事会会议的筹备、文件保管以及公司股东资料的管理，办理信息披露事务等事宜。

注释　董事会秘书，是指掌管董事会文书并协助董事会成员处理日常事务的人员。董事会秘书是上市公司固有的职位。董事会秘书只是董事会设置的服务席位，既不能代表董事会，也不能代表董事长。上市公司董事会秘书是公司的高级管理人员，承担法律、行政法规以及公司章程对公司高级管理人员所要求的义务，享有相应的工作职权，并获取相应的报酬。

第一百三十九条　【有关联关系的董事回避表决】上市公司董事与董事会会议决议事项所涉及的企业或者个人有关联关系的，该董事应当及时向董事会书面报告。有关联关系的董事不得对该项决议行使表决权，也不得代理其他董事行使表决权。该董事会会议由过半数的无关联关系董事出席即可举行，董事会会议所作决议须经无关联关系董事过半数通过。出席董事会会议的无关联关系董事人数不足三人的，应当将该事项提交上市公司股东会审议。

第一百四十条　【披露股东和实际控制人的信息及禁止股票代持】上市公司应当依法披露股东、实际控制人的信息，相关信息应当真实、准确、完整。

禁止违反法律、行政法规的规定代持上市公司股票。

注释　本条是2023年《公司法》修订新增的条文。上市公司对于股东、实际控制人的相关信息应当通过年度报告、中期报告、临时报告等真实、准确、完整披露。同时，上市公司的股东、实际控制人发生相关重大事件时，应当主动告知上市公司董事会，并配合上市公司履行信息披露义务。

禁止代持上市公司股票是信息披露制度的必然要求。依照《证券法》第78条第2款的规定,信息披露义务人披露的信息,应当真实、准确、完整,简明清晰,通俗易懂,不得有虚假记载、误导性陈述或者重大遗漏。上市公司股票若仅由披露的股东代持,而实际出资人却未被依法披露,则影响所披露信息的真实性、准确性和完整性,对于上市公司监管及投资者保护都可能带来不利后果。

参见 《证券法》第78条

第一百四十一条 【禁止相互持股】上市公司控股子公司不得取得该上市公司的股份。

上市公司控股子公司因公司合并、质权行使等原因持有上市公司股份的,不得行使所持股份对应的表决权,并应当及时处分相关上市公司股份。

第六章 股份有限公司的股份发行和转让

第一节 股份发行

第一百四十二条 【面额股和无面额股】公司的资本划分为股份。公司的全部股份,根据公司章程的规定择一采用面额股或者无面额股。采用面额股的,每一股的金额相等。

公司可以根据公司章程的规定将已发行的面额股全部转换为无面额股或者将无面额股全部转换为面额股。

采用无面额股的,应当将发行股份所得股款的二分之一以上计入注册资本。

注释 [股份]

股份,是指由股份有限公司发行的股东所持有的通过股票形式来表现的可以转让的资本的一部分。股份有限公司的股份一般具有表明资本成分、说明股东地位、计算股东权责的含义。《公司法》

规定了有限责任公司和股份有限公司两种公司形式，但只将股份有限公司股东所持有的出资称为股份，而未将有限责任公司股东所持有的出资称为股份。股份作为公司资本的一部分，是公司资本的最小构成单位，不能再分，所有股东所持有的股份加起来即为公司的资本总额。股份有限公司的股份具有平等性，公司每股金额相等，所表现的股东权利和义务是相等的，即只要所持有的股份相同，其股东可以享有的权益和应当履行的义务就相同。

以是否注明金额为标准，股份可分为面额股和无面额股。不过，公司只能在面额股和无面额股之间择一采用，故两类股份按照公司章程的规定转换时，必须全部转换。

第一百四十三条　【股份发行的原则】股份的发行，实行公平、公正的原则，同类别的每一股份应当具有同等权利。

同次发行的同类别股份，每股的发行条件和价格应当相同；认购人所认购的股份，每股应当支付相同价额。

参见　《证券法》第二章

第一百四十四条　【类别股的种类】公司可以按照公司章程的规定发行下列与普通股权利不同的类别股：

（一）优先或者劣后分配利润或者剩余财产的股份；

（二）每一股的表决权数多于或者少于普通股的股份；

（三）转让须经公司同意等转让受限的股份；

（四）国务院规定的其他类别股。

公开发行股份的公司不得发行前款第二项、第三项规定的类别股；公开发行前已发行的除外。

公司发行本条第一款第二项规定的类别股的，对于监事或者审计委员会成员的选举和更换，类别股与普通股每一股的表决权数相同。

第一百四十五条　【发行类别股的公司章程记载事项】发行类别股的公司，应当在公司章程中载明以下事项：

（一）类别股分配利润或者剩余财产的顺序；

（二）类别股的表决权数；

（三）类别股的转让限制；

（四）保护中小股东权益的措施；

（五）股东会认为需要规定的其他事项。

第一百四十六条　【类别股股东会决议】发行类别股的公司，有本法第一百一十六条第三款规定的事项等可能影响类别股股东权利的，除应当依照第一百一十六条第三款的规定经股东会决议外，还应当经出席类别股股东会议的股东所持表决权的三分之二以上通过。

公司章程可以对需经类别股股东会议决议的其他事项作出规定。

第一百四十七条　【股份的形式和记名股票】公司的股份采取股票的形式。股票是公司签发的证明股东所持股份的凭证。

公司发行的股票，应当为记名股票。

注释　[记名股票]

记名股票，是指在股东名册上登记有持股人的姓名、名称和地址，并在股票上也注明持有人姓名、名称的股票。

第一百四十八条　【面额股股票的发行价格】面额股股票的发行价格可以按票面金额，也可以超过票面金额，但不得低于票面金额。

注释　以面额股股票的发行价格等于、超过或者低于票面价格之不同情形为标准，可将其依次称作平价发行、溢价发行和折价发行。面额股股票可以平价发行或溢价发行，但不得折价发行，折价发行会导致实收股本总额低于票面金额总额，不符合资本充实原则的基本要求。此外，依照本法第213条的规定，溢价发行所得溢价款列入资本公积金。

第一百四十九条　【股票的形式】股票采用纸面形式或者国务院证券监督管理机构规定的其他形式。

股票采用纸面形式的，应当载明下列主要事项：

（一）公司名称；

（二）公司成立日期或者股票发行的时间；

（三）股票种类、票面金额及代表的股份数，发行无面额股的，股票代表的股份数。

股票采用纸面形式的，还应当载明股票的编号，由法定代表人签名，公司盖章。

发起人股票采用纸面形式的，应当标明发起人股票字样。

第一百五十条　【股票交付时间】股份有限公司成立后，即向股东正式交付股票。公司成立前不得向股东交付股票。

第一百五十一条　【公司发行新股的股东会决议】公司发行新股，股东会应当对下列事项作出决议：

（一）新股种类及数额；

（二）新股发行价格；

（三）新股发行的起止日期；

（四）向原有股东发行新股的种类及数额；

（五）发行无面额股的，新股发行所得股款计入注册资本的金额。

公司发行新股，可以根据公司经营情况和财务状况，确定其作价方案。

注释　公司首次公开发行新股，应当符合下列条件：（1）具备健全且运行良好的组织机构；（2）具有持续经营能力；（3）最近三年财务会计报告被出具无保留意见审计报告；（4）发行人及其控股股东、实际控制人最近三年不存在贪污、贿赂、侵占财产、挪用财产或者破坏社会主义市场经济秩序的刑事犯罪；（5）经国务院批准的国务院证券监督管理机构规定的其他条件。上市公司发行新股，应当符合经国务院批准的国务院证券监督管理机构规定的条件，具体管理办法由国务院证券监督管理机构规定。

参见　《证券法》第12条

第一百五十二条　【授权董事会决定发行股份及其限制】公司章程或者股东会可以授权董事会在三年内决定发行不超过已发行股份百分之五十的股份。但以非货币财产作价出资的应当经股东会决议。

董事会依照前款规定决定发行股份导致公司注册资本、已发行股份数发生变化的，对公司章程该项记载事项的修改不需再由股东会表决。

第一百五十三条 【董事会决定发行新股的决议通过比例】公司章程或者股东会授权董事会决定发行新股的，董事会决议应当经全体董事三分之二以上通过。

第一百五十四条 【公开募集股份的注册和公告招股说明书】公司向社会公开募集股份，应当经国务院证券监督管理机构注册，公告招股说明书。

招股说明书应当附有公司章程，并载明下列事项：

（一）发行的股份总数；
（二）面额股的票面金额和发行价格或者无面额股的发行价格；
（三）募集资金的用途；
（四）认股人的权利和义务；
（五）股份种类及其权利和义务；
（六）本次募股的起止日期及逾期未募足时认股人可以撤回所认股份的说明。

公司设立时发行股份的，还应当载明发起人认购的股份数。

> **注释** 股票发行注册制是指法律不限定股票发行的实质条件，只要依规定申报及公开有关资料且主管机关在一定期间内未提出异议，则发行人可发行股票的制度。依照《证券法》第9条第1款的规定，公开发行证券，必须符合法律、行政法规规定的条件，并依法报经国务院证券监督管理机构或者国务院授权的部门注册。
>
> **参见** 《证券法》第9条

第一百五十五条 【证券承销】公司向社会公开募集股份，应当由依法设立的证券公司承销，签订承销协议。

> **注释** 发行人向不特定对象公开发行的证券，法律、行政法规规定应当由证券公司承销的，发行人应当同证券公司签订承销协

议。证券承销业务采取代销或者包销方式。

证券代销是指证券公司代发行人发售证券，在承销期结束时，将未售出的证券全部退还给发行人的承销方式。

证券包销是指证券公司将发行人的证券按照协议全部购入或者在承销期结束时将售后剩余证券全部自行购入的承销方式。

公开发行证券的发行人有权依法自主选择承销的证券公司。

参见 《证券法》第26、27条；《证券发行与承销管理办法》

第一百五十六条 【银行代收股款】公司向社会公开募集股份，应当同银行签订代收股款协议。

代收股款的银行应当按照协议代收和保存股款，向缴纳股款的认股人出具收款单据，并负有向有关部门出具收款证明的义务。

公司发行股份募足股款后，应予公告。

第二节 股份转让

第一百五十七条 【股份转让自由及其例外】股份有限公司的股东持有的股份可以向其他股东转让，也可以向股东以外的人转让；公司章程对股份转让有限制的，其转让按照公司章程的规定进行。

第一百五十八条 【股份转让的方式】股东转让其股份，应当在依法设立的证券交易场所进行或者按照国务院规定的其他方式进行。

第一百五十九条 【股票转让的方式】股票的转让，由股东以背书方式或者法律、行政法规规定的其他方式进行；转让后由公司将受让人的姓名或者名称及住所记载于股东名册。

股东会会议召开前二十日内或者公司决定分配股利的基准日前五日内，不得变更股东名册。法律、行政法规或者国务院证券监督管理机构对上市公司股东名册变更另有规定的，从其规定。

注释 采用纸面形式的股票以背书方式转让。背书方式，即出让人将转让股票的意思记载于股票的背面，并签名盖章和注明日期。以其他方式转让主要针对股票无纸化的实践革新。上市公司股票的转让通常由股东委托证券交易代理机构代为办理，通过电子系统买进或卖出。

非公众公司在股票转让后将受让人的姓名或者名称及住所记载于股东名册；上市公司和非上市公众公司则依据证券登记结算机构提供的凭证建立和变更股东名册。为了确保股东会召开和公司分配股利的顺利进行，本条第2款设置了变更股东名册的时间限制。

第一百六十条　【股份转让的限制】公司公开发行股份前已发行的股份，自公司股票在证券交易所上市交易之日起一年内不得转让。法律、行政法规或者国务院证券监督管理机构对上市公司的股东、实际控制人转让其所持有的本公司股份另有规定的，从其规定。

公司董事、监事、高级管理人员应当向公司申报所持有的本公司的股份及其变动情况，在就任时确定的任职期间每年转让的股份不得超过其所持有本公司股份总数的百分之二十五；所持本公司股份自公司股票上市交易之日起一年内不得转让。上述人员离职后半年内，不得转让其所持有的本公司股份。公司章程可以对公司董事、监事、高级管理人员转让其所持有的本公司股份作出其他限制性规定。

股份在法律、行政法规规定的限制转让期限内出质的，质权人不得在限制转让期限内行使质权。

第一百六十一条　【异议股东股份回购请求权】有下列情形之一的，对股东会该项决议投反对票的股东可以请求公司按照合理的价格收购其股份，公开发行股份的公司除外：

（一）公司连续五年不向股东分配利润，而公司该五年连续盈利，并且符合本法规定的分配利润条件；

（二）公司转让主要财产；

（三）公司章程规定的营业期限届满或者章程规定的其他解散事由出现，股东会通过决议修改章程使公司存续。

自股东会决议作出之日起六十日内，股东与公司不能达成股份收购协议的，股东可以自股东会决议作出之日起九十日内向人民法院提起诉讼。

公司因本条第一款规定的情形收购的本公司股份，应当在六个月内依法转让或者注销。

第一百六十二条　【公司不得收购本公司股份及其例外】公司不得收购本公司股份。但是，有下列情形之一的除外：

（一）减少公司注册资本；

（二）与持有本公司股份的其他公司合并；

（三）将股份用于员工持股计划或者股权激励；

（四）股东因对股东会作出的公司合并、分立决议持异议，要求公司收购其股份；

（五）将股份用于转换公司发行的可转换为股票的公司债券；

（六）上市公司为维护公司价值及股东权益所必需。

公司因前款第一项、第二项规定的情形收购本公司股份的，应当经股东会决议；公司因前款第三项、第五项、第六项规定的情形收购本公司股份的，可以按照公司章程或者股东会的授权，经三分之二以上董事出席的董事会会议决议。

公司依照本条第一款规定收购本公司股份后，属于第一项情形的，应当自收购之日起十日内注销；属于第二项、第四项情形的，应当在六个月内转让或者注销；属于第三项、第五项、第六项情形的，公司合计持有的本公司股份数不得超过本公司已发行股份总数的百分之十，并应当在三年内转让或者注销。

上市公司收购本公司股份的，应当依照《中华人民共和国证券法》的规定履行信息披露义务。上市公司因本条第一款第三项、第五项、第六项规定的情形收购本公司股份的，应当通过公开的集中交易方式进行。

公司不得接受本公司的股份作为质权的标的。

注释　对于股份有限公司可以收购本公司股份的各项例外情形，本条设置了回购比例上限、相应的决议要求与股份回购之后的处理等规则。其中，本条第 1 款第 3 项、第 5 项、第 6 项为 2018 年《公司法》修正时新增或者调整的情形，公司章程或股东会可以授权董事会对以上三项情形作出决议，并将处理相应股份的期限调整为三年内。同时，为了防止上市公司滥用股份回购制度，本条第 4 款明确信息披露义务及采取公开的集中交易方式等内容。

[股份公司不得收购本公司股份的原因]

一般情况下，股份有限公司不得收购本公司的股份。主要有两个原因：一是股份有限公司是法人，它和股东在法律上是两个完全不同的主体，公司如收购本公司的股份，意味着它变成了自己公司的股东，使公司具有了双重身份，这会给公司带来一系列的问题，并使公司和其他股东的利益平衡受到破坏，导致其他股东的权益受到侵犯。二是股份有限公司必须实行股本充实原则，亦称股本维持原则，即公司在整个存续期间必须经常维持与已发行股本总额相当的现实财产。而股份有限公司收购本公司的股份则违反了股本充实原则，因为它必然会造成公司现实财产的减少，可能导致侵犯债权人权益的后果。

第一百六十三条 【禁止财务资助及其例外】公司不得为他人取得本公司或者其母公司的股份提供赠与、借款、担保以及其他财务资助，公司实施员工持股计划的除外。

为公司利益，经股东会决议，或者董事会按照公司章程或者股东会的授权作出决议，公司可以为他人取得本公司或者其母公司的股份提供财务资助，但财务资助的累计总额不得超过已发行股本总额的百分之十。董事会作出决议应当经全体董事的三分之二以上通过。

违反前两款规定，给公司造成损失的，负有责任的董事、监事、高级管理人员应当承担赔偿责任。

第一百六十四条 【股票被盗、遗失或者灭失的救济】股票被盗、遗失或者灭失，股东可以依照《中华人民共和国民事诉讼法》规定的公示催告程序，请求人民法院宣告该股票失效。人民法院宣告该股票失效后，股东可以向公司申请补发股票。

注释 [公示催告程序]

公示催告程序，是指人民法院根据当事人的申请，以公示的方式催告不明的利害关系人，在法定期间内申报权利，逾期无人申报，作出宣告票据无效（除权）的判决程序，属于非诉讼程序。其特点是：(1) 认定丧失票据或其他事项的事实，而不是解决民事权益的争议；(2) 具有阶段性，公示催告与除权判决是前后衔接的两个阶段；(3) 实行一审终审。

参见 《民事诉讼法》第十八章

第一百六十五条 【上市公司的股票上市交易】上市公司的股票，依照有关法律、行政法规及证券交易所交易规则上市交易。

第一百六十六条 【上市公司信息披露】上市公司应当依照法律、行政法规的规定披露相关信息。

参见 《证券法》第78~81条；《上市公司信息披露管理办法》

第一百六十七条 【股东资格继承】自然人股东死亡后，其合法继承人可以继承股东资格；但是，股份转让受限的股份有限公司的章程另有规定的除外。

第七章 国家出资公司组织机构的特别规定

第一百六十八条 【国家出资公司组织机构法律适用及其范围】国家出资公司的组织机构，适用本章规定；本章没有规定的，适用本法其他规定。

本法所称国家出资公司，是指国家出资的国有独资公司、国有资本控股公司，包括国家出资的有限责任公司、股份有限公司。

注释 2023年《公司法》修订，在原来"国有独资公司的特别规定"一节的基础上予以完善，增加第七章"国家出资公司组织机构的特别规定"。

第一百六十九条 【履行出资人职责的机构】国家出资公司，由国务院或者地方人民政府分别代表国家依法履行出资人职责，享有出资人权益。国务院或者地方人民政府可以授权国有资产监督管理机构或者其他部门、机构代表本级人民政府对国家出资公司履行出资人职责。

代表本级人民政府履行出资人职责的机构、部门，以下统称为履行出资人职责的机构。

注释 履行出资人职责的机构代表本级人民政府对国家出资公司依法享有资产收益、参与重大决策和选择管理者等出资人权利。履行出资人职责的机构应当依照法律、行政法规以及公司章程履行出资人职责，保障出资人权益，防止国有资产损失；同时，履行出资人职责的机构应当维护公司作为市场主体依法享有的权利，除依法履行出资人职责外，不得干预公司经营活动。

参见 《企业国有资产法》第4、11条

第一百七十条 【国家出资公司中的党组织】 国家出资公司中中国共产党的组织，按照中国共产党章程的规定发挥领导作用，研究讨论公司重大经营管理事项，支持公司的组织机构依法行使职权。

第一百七十一条 【国有独资公司章程制定】 国有独资公司章程由履行出资人职责的机构制定。

第一百七十二条 【履行出资人职责的机构行使股东会职权及其授权】 国有独资公司不设股东会，由履行出资人职责的机构行使股东会职权。履行出资人职责的机构可以授权公司董事会行使股东会的部分职权，但公司章程的制定和修改，公司的合并、分立、解散、申请破产，增加或者减少注册资本，分配利润，应当由履行出资人职责的机构决定。

注释 国有独资公司经营活动应当由董事会、经理层具体开展，履行出资人职责的机构原则上不干预，为了提升公司运营效率，履行出资人职责的机构还可以授权公司董事会行使股东会的部分职权。同时，本条也明确列示不得授权的职权范围。

第一百七十三条 【国有独资公司董事会的职权和组成及董事长、副董事长的指定】 国有独资公司的董事会依照本法规定行使职权。

国有独资公司的董事会成员中，应当过半数为外部董事，并应当有公司职工代表。

董事会成员由履行出资人职责的机构委派；但是，董事会成员中的职工代表由公司职工代表大会选举产生。

董事会设董事长一人，可以设副董事长。董事长、副董事长由

履行出资人职责的机构从董事会成员中指定。

第一百七十四条 【国有独资公司经理的聘任及解聘】国有独资公司的经理由董事会聘任或者解聘。

经履行出资人职责的机构同意，董事会成员可以兼任经理。

第一百七十五条 【国有独资公司董事、高级管理人员的兼职限制】国有独资公司的董事、高级管理人员，未经履行出资人职责的机构同意，不得在其他有限责任公司、股份有限公司或者其他经济组织兼职。

第一百七十六条 【国有独资公司审计委员会和监事会的设置模式】国有独资公司在董事会中设置由董事组成的审计委员会行使本法规定的监事会职权的，不设监事会或者监事。

第一百七十七条 【合规管理】国家出资公司应当依法建立健全内部监督管理和风险控制制度，加强内部合规管理。

> 参见　《中央企业合规管理办法》

第八章　公司董事、监事、高级管理人员的资格和义务

第一百七十八条 【消极资格】有下列情形之一的，不得担任公司的董事、监事、高级管理人员：

（一）无民事行为能力或者限制民事行为能力；

（二）因贪污、贿赂、侵占财产、挪用财产或者破坏社会主义市场经济秩序，被判处刑罚，或者因犯罪被剥夺政治权利，执行期满未逾五年，被宣告缓刑的，自缓刑考验期满之日起未逾二年；

（三）担任破产清算的公司、企业的董事或者厂长、经理，对该公司、企业的破产负有个人责任的，自该公司、企业破产清算完结之日起未逾三年；

（四）担任因违法被吊销营业执照、责令关闭的公司、企业的法定代表人，并负有个人责任的，自该公司、企业被吊销营业执照、责令关闭之日起未逾三年；

（五）个人因所负数额较大债务到期未清偿被人民法院列为失信被执行人。

违反前款规定选举、委派董事、监事或者聘任高级管理人员的，该选举、委派或者聘任无效。

董事、监事、高级管理人员在任职期间出现本条第一款所列情形的，公司应当解除其职务。

注释 ［无民事行为能力人、限制民事行为能力人］

无民事行为能力人，是指不满八周岁的未成年人、八周岁以上不能辨认自己行为的未成年人和不能辨认自己行为的成年人。限制民事行为能力人，是指八周岁以上的未成年人和不能完全辨认自己行为的成年人。无民事行为能力人进行民事活动要由其法定代理人代理实施。限制民事行为能力人可以独立实施纯获利益的民事法律行为或从事与他的年龄、智力相适应的民事法律行为；实施其他民事法律行为由其法定代理人代理或者经其法定代理人同意、追认。公司的经营活动是比较重大的经济活动，市场经济下需要高管人员反应灵敏、及时作出决定。而无民事行为能力人和限制民事行为能力人从事民事活动意志受到限制，很难对外交往，因此需要限制。

［剥夺政治权利］

剥夺政治权利，是指剥夺下列权利：选举权和被选举权；言论、出版、集会、结社、游行、示威自由的权利；担任国家机关职务的权利；担任国有公司、企业、事业单位和人民团体领导职务的权利。

参见 《最高人民法院关于适用〈中华人民共和国公司法〉若干问题的规定（五）》第3条

第一百七十九条 【守法合章义务】董事、监事、高级管理人员应当遵守法律、行政法规和公司章程。

第一百八十条 【忠实义务和勤勉义务的一般规定】董事、监事、高级管理人员对公司负有忠实义务，应当采取措施避免自身利益与公司利益冲突，不得利用职权牟取不正当利益。

董事、监事、高级管理人员对公司负有勤勉义务，执行职务应当为公司的最大利益尽到管理者通常应有的合理注意。

公司的控股股东、实际控制人不担任公司董事但实际执行公司事务的，适用前两款规定。

第一百八十一条 【违反忠实义务的行为】董事、监事、高级管理人员不得有下列行为：

（一）侵占公司财产、挪用公司资金；

（二）将公司资金以其个人名义或者以其他个人名义开立账户存储；

（三）利用职权贿赂或者收受其他非法收入；

（四）接受他人与公司交易的佣金归为己有；

（五）擅自披露公司秘密；

（六）违反对公司忠实义务的其他行为。

第一百八十二条 【自我交易和关联交易】董事、监事、高级管理人员，直接或者间接与本公司订立合同或者进行交易，应当就与订立合同或者进行交易有关的事项向董事会或者股东会报告，并按照公司章程的规定经董事会或者股东会决议通过。

董事、监事、高级管理人员的近亲属，董事、监事、高级管理人员或者其近亲属直接或者间接控制的企业，以及与董事、监事、高级管理人员有其他关联关系的关联人，与公司订立合同或者进行交易，适用前款规定。

第一百八十三条 【利用公司商业机会】董事、监事、高级管理人员，不得利用职务便利为自己或者他人谋取属于公司的商业机会。但是，有下列情形之一的除外：

（一）向董事会或者股东会报告，并按照公司章程的规定经董事会或者股东会决议通过；

（二）根据法律、行政法规或者公司章程的规定，公司不能利用该商业机会。

第一百八十四条 【竞业限制】董事、监事、高级管理人员未向董事会或者股东会报告，并按照公司章程的规定经董事会或者股东会决议通过，不得自营或者为他人经营与其任职公司同类的业务。

第一百八十五条 【关联董事回避表决】董事会对本法第一百

八十二条至第一百八十四条规定的事项决议时，关联董事不得参与表决，其表决权不计入表决权总数。出席董事会会议的无关联关系董事人数不足三人的，应当将该事项提交股东会审议。

> **注释** 本条是2023年《公司法》修订新增的条文。董事会对涉及自我交易或关联交易、利用公司的商业机会和经营同类的业务等事项决议时，根据决议的一般原理，在计算出席人数表决比例时，回避表决的董事的表决权都应当从总数中剔除。若出席董事会的无关联关系董事人数不足三人，则无法形成有效的董事会决议，从而应将该事项提交股东会审议。

第一百八十六条 【归入权】董事、监事、高级管理人员违反本法第一百八十一条至第一百八十四条规定所得的收入应当归公司所有。

第一百八十七条 【列席股东会会议并接受股东质询】股东会要求董事、监事、高级管理人员列席会议的，董事、监事、高级管理人员应当列席并接受股东的质询。

第一百八十八条 【执行职务给公司造成损失的赔偿责任】董事、监事、高级管理人员执行职务违反法律、行政法规或者公司章程的规定，给公司造成损失的，应当承担赔偿责任。

第一百八十九条 【股东代表诉讼】董事、高级管理人员有前条规定的情形的，有限责任公司的股东、股份有限公司连续一百八十日以上单独或者合计持有公司百分之一以上股份的股东，可以书面请求监事会向人民法院提起诉讼；监事有前条规定的情形的，前述股东可以书面请求董事会向人民法院提起诉讼。

监事会或者董事会收到前款规定的股东书面请求后拒绝提起诉讼，或者自收到请求之日起三十日内未提起诉讼，或者情况紧急、不立即提起诉讼将会使公司利益受到难以弥补的损害的，前款规定的股东有权为公司利益以自己的名义直接向人民法院提起诉讼。

他人侵犯公司合法权益，给公司造成损失的，本条第一款规定的股东可以依照前两款的规定向人民法院提起诉讼。

公司全资子公司的董事、监事、高级管理人员有前条规定情形，或者他人侵犯公司全资子公司合法权益造成损失的，有限责任公司的股东、股份有限公司连续一百八十日以上单独或者合计持有公司百分之一以上股份的股东，可以依照前三款规定书面请求全资子公司的监事会、董事会向人民法院提起诉讼或者以自己的名义直接向人民法院提起诉讼。

注释 股东代表诉讼，是指当董事、监事、高级管理人员或其他主体实施了某种损害公司利益的行为，而作为权利主体的公司又怠于提起追究行为人责任的诉讼时，股东可以依法为公司利益以自己的名义对行为人提起的诉讼。

本条规定的一百八十日以上连续持股期间，应为股东向人民法院提起诉讼时已期满的持股时间；规定的合计持有公司百分之一以上股份，是指两个以上股东持股份额的合计。

参见 《最高人民法院关于适用〈中华人民共和国公司法〉若干问题的规定（一）》第4条；《最高人民法院关于适用〈中华人民共和国公司法〉若干问题的规定（二）》第23条；《最高人民法院关于适用〈中华人民共和国公司法〉若干问题的规定（四）》第23~26条；《最高人民法院关于适用〈中华人民共和国公司法〉若干问题的规定（五）》第1、2条

案例 浙江和信电力开发有限公司、金华市大兴物资有限公司与通和置业投资有限公司、广厦控股创业投资有限公司、上海富沃企业发展有限公司、第三人通和投资控股有限公司损害公司权益纠纷案（《中华人民共和国最高人民法院公报》2009年第6期）

案件适用要点：有限责任公司的股东依照《公司法》第151条（现为第189条）的规定，向公司的董事、监事、高管人员或者他人提起股东代表诉讼后，经人民法院主持，诉讼各方达成调解协议的，该调解协议不仅要经过诉讼各方一致同意，还必须经过提起股东代表诉讼的股东所在的公司和该公司未参与诉讼的其他股东同意后，人民法院才能最终确认该调解协议的法律效力。

第一百九十条 【股东直接诉讼】董事、高级管理人员违反法

律、行政法规或者公司章程的规定，损害股东利益的，股东可以向人民法院提起诉讼。

案例 吴林祥、陈华南诉翟晓明专利权纠纷案（《中华人民共和国最高人民法院公报》2008年第1期）

案件适用要点： 公司董事、高级管理人员或控股股东等人员违反法律、行政法规或者公司章程的规定，侵害公司利益，而公司在上述人员控制之下不能或怠于以自己的名义主张权利，导致其他股东利益受到损害的，其他股东为维护自身合法权益以及公司的利益，有权向人民法院提起诉讼。

第一百九十一条 【执行职务给他人造成损害的赔偿责任】董事、高级管理人员执行职务，给他人造成损害的，公司应当承担赔偿责任；董事、高级管理人员存在故意或者重大过失的，也应当承担赔偿责任。

第一百九十二条 【影子董事、影子高级管理人员】公司的控股股东、实际控制人指示董事、高级管理人员从事损害公司或者股东利益的行为的，与该董事、高级管理人员承担连带责任。

注释 本条是2023年《公司法》修订新增的条文，旨在强化控股股东、实际控制人的法律责任。影子董事是指虽然不是董事但凭借其对公司的影响能够指示公司董事从事相关行为的人。与此类似的情形还有本条规定的影子高级管理人员。在此情形下，控股股东、实际控制人应当就其损害公司或股东利益的指示行为承担责任。

第一百九十三条 【董事责任保险】公司可以在董事任职期间为董事因执行公司职务承担的赔偿责任投保责任保险。

公司为董事投保责任保险或者续保后，董事会应当向股东会报告责任保险的投保金额、承保范围及保险费率等内容。

注释 本条是2023年《公司法》修订新增的条文。董事责任保险是以董事对公司及第三人承担民事赔偿责任为保险标的的一种职业责任保险。依照本条规定，投保人是公司，被保险人是董事。当董事在履行职责时，存在因不当履职行为损害公司及其股东利益而遭受索赔的风险时,由所承保的保险公司依法承担赔偿责任。

第九章 公司债券

第一百九十四条 【公司债券的定义、发行和交易的一般规定】本法所称公司债券,是指公司发行的约定按期还本付息的有价证券。

公司债券可以公开发行,也可以非公开发行。

公司债券的发行和交易应当符合《中华人民共和国证券法》等法律、行政法规的规定。

注释 [公开发行公司债券的条件]

公开发行公司债券,应当符合下列条件:(1)具备健全且运行良好的组织机构;(2)最近三年平均可分配利润足以支付公司债券一年的利息;(3)国务院规定的其他条件。

公开发行公司债券筹集的资金,必须按照公司债券募集办法所列资金用途使用;改变资金用途,必须经债券持有人会议作出决议。公开发行公司债券筹集的资金,不得用于弥补亏损和非生产性支出。

上市公司发行可转换为股票的公司债券,除应当符合前述规定的条件外,还应当遵守《证券法》第12条第2款关于"上市公司发行新股,应当符合经国务院批准的国务院证券监督管理机构规定的条件"的规定。但是,按照公司债券募集办法,上市公司通过收购本公司股份的方式进行公司债券转换的除外。

参见 《证券法》第9、12、15条

第一百九十五条 【公司债券募集办法的公告及记载事项】公开发行公司债券,应当经国务院证券监督管理机构注册,公告公司债券募集办法。

公司债券募集办法应当载明下列主要事项:

(一)公司名称;

(二)债券募集资金的用途;

(三)债券总额和债券的票面金额;

(四)债券利率的确定方式;

（五）还本付息的期限和方式；
（六）债券担保情况；
（七）债券的发行价格、发行的起止日期；
（八）公司净资产额；
（九）已发行的尚未到期的公司债券总额；
（十）公司债券的承销机构。

第一百九十六条 【以纸面形式发行的公司债券的记载事项】公司以纸面形式发行公司债券的，应当在债券上载明公司名称、债券票面金额、利率、偿还期限等事项，并由法定代表人签名，公司盖章。

第一百九十七条 【记名债券】公司债券应当为记名债券。

第一百九十八条 【债券持有人名册】公司发行公司债券应当置备公司债券持有人名册。

发行公司债券的，应当在公司债券持有人名册上载明下列事项：
（一）债券持有人的姓名或者名称及住所；
（二）债券持有人取得债券的日期及债券的编号；
（三）债券总额，债券的票面金额、利率、还本付息的期限和方式；
（四）债券的发行日期。

第一百九十九条 【公司债券的登记结算】公司债券的登记结算机构应当建立债券登记、存管、付息、兑付等相关制度。

注释 发行公司债券并在证券交易场所交易或转让的，应当由中国证券登记结算有限责任公司依法集中统一办理登记结算业务。非公开发行公司债券并在证券公司柜台转让的，可以由中国证券登记结算有限责任公司或者其他依法从事证券登记、结算业务的机构办理。

参见 《公司债券发行与交易管理办法》第76条

第二百条 【公司债券转让自由及其合法性】公司债券可以转让，转让价格由转让人与受让人约定。

公司债券的转让应当符合法律、行政法规的规定。

参见 《证券法》第36条

第二百零一条 【公司债券转让的方式】公司债券由债券持有人以背书方式或者法律、行政法规规定的其他方式转让；转让后由公司将受让人的姓名或者名称及住所记载于公司债券持有人名册。

第二百零二条 【可转换为股票的公司债券的发行】股份有限公司经股东会决议，或者经公司章程、股东会授权由董事会决议，可以发行可转换为股票的公司债券，并规定具体的转换办法。上市公司发行可转换为股票的公司债券，应当经国务院证券监督管理机构注册。

发行可转换为股票的公司债券，应当在债券上标明可转换公司债券字样，并在公司债券持有人名册上载明可转换公司债券的数额。

注释 [可转换为股票的公司债券]

可转换为股票的公司债券，简称可转换债券，是一种特殊的公司债券。其与普通的公司债券的区别是，普通的公司债券在约定的债券期限届满时，发行债券的公司必须兑现债券，向债权人还本付息，解除债务关系。可转换债券，虽约定债券的期限，但在期限届满时，不向债权人还本付息，而是由债券持有人按照事先约定的转换办法，请求公司将其所持债券换发为公司股票。相应地，该债券持有人由公司的债权人转变为公司的出资人或股东。

第二百零三条 【可转换为股票的公司债券的转换】发行可转换为股票的公司债券的，公司应当按照其转换办法向债券持有人换发股票，但债券持有人对转换股票或者不转换股票有选择权。法律、行政法规另有规定的除外。

第二百零四条 【债券持有人会议及其决议】公开发行公司债券的，应当为同期债券持有人设立债券持有人会议，并在债券募集办法中对债券持有人会议的召集程序、会议规则和其他重要事项作出规定。债券持有人会议可以对与债券持有人有利害关系的事项作出决议。

除公司债券募集办法另有约定外，债券持有人会议决议对同期全体债券持有人发生效力。

第二百零五条　【债券受托管理人的聘请及其负责事项】公开发行公司债券的，发行人应当为债券持有人聘请债券受托管理人，由其为债券持有人办理受领清偿、债权保全、与债券相关的诉讼以及参与债务人破产程序等事项。

第二百零六条　【债券受托管理人的职责及责任承担】债券受托管理人应当勤勉尽责，公正履行受托管理职责，不得损害债券持有人利益。

受托管理人与债券持有人存在利益冲突可能损害债券持有人利益的，债券持有人会议可以决议变更债券受托管理人。

债券受托管理人违反法律、行政法规或者债券持有人会议决议，损害债券持有人利益的，应当承担赔偿责任。

> **注释**　本条是2023年《公司法》修订新增的条文。债券受托管理人基于本法及其他相关规定、债券受托管理协议的内容，对债券持有人负有忠实勤勉义务，履行受托管理职责。

第十章　公司财务、会计

第二百零七条　【依法建立财务、会计制度】公司应当依照法律、行政法规和国务院财政部门的规定建立本公司的财务、会计制度。

> **参见**　《企业财务会计报告条例》

第二百零八条　【财务会计报告的编制】公司应当在每一会计年度终了时编制财务会计报告，并依法经会计师事务所审计。

财务会计报告应当依照法律、行政法规和国务院财政部门的规定制作。

> **注释**　财务会计报告是公司对外披露的反映公司某一特定日期财务状况和某一会计期间经营成果和现金流量的文件材料，包括会计报表及其附注和其他应当在财务会计报告中披露的相关信息和

资料。其中，会计报表至少应当包括资产负债表、利润表、现金流量表、所有者权益（或股东权益）变动表等。

公司应当依法制作财务会计报表。实践中，财务会计报告有年度、半年度、季度、月度等报告类型。依照本条规定，公司必须依法编制年度财务会计报告并经会计师事务所审计。

第二百零九条 【财务会计报告的公布】有限责任公司应当按照公司章程规定的期限将财务会计报告送交各股东。

股份有限公司的财务会计报告应当在召开股东会年会的二十日前置备于本公司，供股东查阅；公开发行股份的股份有限公司应当公告其财务会计报告。

注释 财务会计报告属于股东查阅权的查阅范围。有限责任公司和股份有限公司在向股东公布财务会计报告的方式上存在区别。一般认为，有限责任公司股东人数相对较少、人合性更高，公司应当将财务会计报告直接送交各股东；股份有限公司（尤其是上市公司）因为股东人数多，财务会计报告的公布采取召开股东会年会的20日前置备于公司供股东查阅的方式；公开发行股份的公司则应当采取公告方式。

案例 北京某工贸有限责任公司与李某股东知情权纠纷上诉案（北京市第一中级人民法院民事判决书〔2009〕一中民终字第17768号）

案件适用要点：股东享有知情权。公司股东向公司书面提出申请，要求查阅公司的会计报告等文件的行为，应当认定为股东要求行使知情权的行为。

第二百一十条 【公司利润分配】公司分配当年税后利润时，应当提取利润的百分之十列入公司法定公积金。公司法定公积金累计额为公司注册资本的百分之五十以上的，可以不再提取。

公司的法定公积金不足以弥补以前年度亏损的，在依照前款规定提取法定公积金之前，应当先用当年利润弥补亏损。

公司从税后利润中提取法定公积金后，经股东会决议，还可以从税后利润中提取任意公积金。

公司弥补亏损和提取公积金后所余税后利润,有限责任公司按照股东实缴的出资比例分配利润,全体股东约定不按照出资比例分配利润的除外;股份有限公司按照股东所持有的股份比例分配利润,公司章程另有规定的除外。

公司持有的本公司股份不得分配利润。

注释　[公积金]

公积金,又称储备金,是公司为了巩固自身的财产基础,提高公司的信用和预防意外亏损,依照法律和公司章程的规定,在公司资本以外积存的资金。依据公积金提取的来源,分为盈余公积金和资本公积金;依据公积金的提取是否基于法律的强制性规定,分为法定公积金和任意(盈余)公积金。法定公积金包括法定盈余公积金和法定资本公积金。所以从学理角度划分,《公司法》所称的法定公积金是指法定盈余公积金,即从公司盈余中必须提取的积金。

第二百一十一条　【违法分配利润的后果及责任】公司违反本法规定向股东分配利润的,股东应当将违反规定分配的利润退还公司;给公司造成损失的,股东及负有责任的董事、监事、高级管理人员应当承担赔偿责任。

第二百一十二条　【利润分配的完成期限】股东会作出分配利润的决议的,董事会应当在股东会决议作出之日起六个月内进行分配。

第二百一十三条　【资本公积金的来源】公司以超过股票票面金额的发行价格发行股份所得的溢价款、发行无面额股所得股款未计入注册资本的金额以及国务院财政部门规定列入资本公积金的其他项目,应当列为公司资本公积金。

注释　[资本公积金]

资本公积金,是指企业由投入资本本身所引起的各种增值,这种增值一般不是由企业的生产经营活动产生的,与企业的生产经营活动没有直接关系。资本公积金的主要来源是资本溢价或股票溢价、法定财产评估增值和接受捐赠的资产价值等。

案例 兰州神骏物流有限公司与兰州民百（集团）股份有限公司侵权纠纷案（《中华人民共和国最高人民法院公报》2010年第2期）

案件适用要点：公司因接受赠与而增加的资本公积金属于公司所有，是公司的资产，股东不能主张该资本公积金中与自己持股比例相对应的部分归属于自己，上市公司股权分置改革中，公司股东大会作出决议将资本公积金向流通股股东转增股份时，公司的流通股股东可以按持股比例获得相应的新增股份，而非流通股股东不能以其持股比例向公司请求支付相应的新增股份。即使该股东大会决议无效，也只是产生流通股股东不能取得新增股份的法律效果，而非流通股股东仍然不能取得该新增的股份。

第二百一十四条 【公积金的用途】公司的公积金用于弥补公司的亏损、扩大公司生产经营或者转为增加公司注册资本。

公积金弥补公司亏损，应当先使用任意公积金和法定公积金；仍不能弥补的，可以按照规定使用资本公积金。

法定公积金转为增加注册资本时，所留存的该项公积金不得少于转增前公司注册资本的百分之二十五。

注释 公积金的用途可归纳为弥补亏损、扩大经营或转增资本三个方面。本条第2款、第3款对上述用途作了必要的限制：一是不同类型的公积金在用于弥补亏损时应有使用次序；二是法定公积金转增资本应按比例留存。

第二百一十五条 【会计师事务所的聘用及解聘】公司聘用、解聘承办公司审计业务的会计师事务所，按照公司章程的规定，由股东会、董事会或者监事会决定。

公司股东会、董事会或者监事会就解聘会计师事务所进行表决时，应当允许会计师事务所陈述意见。

第二百一十六条 【会计资料的提供】公司应当向聘用的会计师事务所提供真实、完整的会计凭证、会计账簿、财务会计报告及其他会计资料，不得拒绝、隐匿、谎报。

第二百一十七条 【禁止另立账簿或账户】公司除法定的会计账簿外，不得另立会计账簿。

对公司资金，不得以任何个人名义开立账户存储。

第十一章 公司合并、分立、增资、减资

第二百一十八条 【公司合并方式】公司合并可以采取吸收合并或者新设合并。

一个公司吸收其他公司为吸收合并，被吸收的公司解散。两个以上公司合并设立一个新的公司为新设合并，合并各方解散。

第二百一十九条 【简易合并】公司与其持股百分之九十以上的公司合并，被合并的公司不需经股东会决议，但应当通知其他股东，其他股东有权请求公司按照合理的价格收购其股权或者股份。

公司合并支付的价款不超过本公司净资产百分之十的，可以不经股东会决议；但是，公司章程另有规定的除外。

公司依照前两款规定合并不经股东会决议的，应当经董事会决议。

注释 本条是2023年《公司法》修订新增的条文，旨在确立简易合并规则。

依照本法第66条、第116条的原则性规定，公司合并属于公司重大事项，应当经股东会特别决议通过。本条规定对上述原则性规定设置两种例外情形：一是母子公司之间的简易合并，当公司与其持股百分之九十以上的公司合并时，持股不足百分之十的其他股东无法通过行使表决权阻碍合并，且这些股东将可能成为合并后存续的公司（即母公司）的股东，赋予这些股东股权或股份收购请求权已足以保护其合法权益。二是小规模的简易合并，即公司与被合并的公司在净资产规模方面存在巨大差异，合并对存续的公司影响轻微，原则上也可以不经股东会决议。

简易合并情形下虽然可以不经股东会决议，但为了处理合并各项事宜，提升合并效率并切实维护利益相关者合法权益，仍有经董事会决议之必要。此外，本条第1款中的合并后存续的公司以及第

2款中的被合并的公司,仍需经股东会决议。

第二百二十条 【公司合并程序】公司合并,应当由合并各方签订合并协议,并编制资产负债表及财产清单。公司应当自作出合并决议之日起十日内通知债权人,并于三十日内在报纸上或者国家企业信用信息公示系统公告。债权人自接到通知之日起三十日内,未接到通知的自公告之日起四十五日内,可以要求公司清偿债务或者提供相应的担保。

第二百二十一条 【公司合并的债权债务承继】公司合并时,合并各方的债权、债务,应当由合并后存续的公司或者新设的公司承继。

第二百二十二条 【公司分立程序】公司分立,其财产作相应的分割。

公司分立,应当编制资产负债表及财产清单。公司应当自作出分立决议之日起十日内通知债权人,并于三十日内在报纸上或者国家企业信用信息公示系统公告。

> **注释** 公司分立,是指一个公司依照《公司法》有关规定,分成两个以上的公司。
> 公司分立可以采取存续分立和解散分立两种形式。存续分立,是指一个公司分离成两个以上公司,本公司继续存在并设立一个以上新的公司。解散分立,是指一个公司分解为两个以上公司,本公司解散并设立两个以上新的公司。

第二百二十三条 【公司分立的债务承担】公司分立前的债务由分立后的公司承担连带责任。但是,公司在分立前与债权人就债务清偿达成的书面协议另有约定的除外。

第二百二十四条 【公司减资程序】公司减少注册资本,应当编制资产负债表及财产清单。

公司应当自股东会作出减少注册资本决议之日起十日内通知债权人,并于三十日内在报纸上或者国家企业信用信息公示系统公告。债权人自接到通知之日起三十日内,未接到通知的自公告之日起四十五日内,有权要求公司清偿债务或者提供相应的担保。

公司减少注册资本，应当按照股东出资或者持有股份的比例相应减少出资额或者股份，法律另有规定、有限责任公司全体股东另有约定或者股份有限公司章程另有规定的除外。

注释 2023年《公司法》修订，增加了按出资或持股比例减资及其例外的规定。本条第3款明确规定公司减资应当以各股东同比例减资为原则。减资以及减资后的资金退还或出资减免等利益分配问题实际上是两层法律关系。减资属于公司事务，需经股东会特别决议程序。减资先是减少所有者权益中的实收资本（或实收股本），继而相应引起资产的减少，这一层法律关系仅是公司利益问题，不涉及股东利益；至于减资后的资金退还或出资减免应当如何分配，则是股东之间的问题。

第二百二十五条 【简易减资】 公司依照本法第二百一十四条第二款的规定弥补亏损后，仍有亏损的，可以减少注册资本弥补亏损。减少注册资本弥补亏损的，公司不得向股东分配，也不得免除股东缴纳出资或者股款的义务。

依照前款规定减少注册资本的，不适用前条第二款的规定，但应当自股东会作出减少注册资本决议之日起三十日内在报纸上或者国家企业信用信息公示系统公告。

公司依照前两款的规定减少注册资本后，在法定公积金和任意公积金累计额达到公司注册资本百分之五十前，不得分配利润。

第二百二十六条 【违法减资的后果及责任】 违反本法规定减少注册资本的，股东应当退还其收到的资金，减免股东出资的应当恢复原状；给公司造成损失的，股东及负有责任的董事、监事、高级管理人员应当承担赔偿责任。

第二百二十七条 【增资时股东的优先认缴（购）权】 有限责任公司增加注册资本时，股东在同等条件下有权优先按照实缴的出资比例认缴出资。但是，全体股东约定不按照出资比例优先认缴出资的除外。

股份有限公司为增加注册资本发行新股时，股东不享有优先认购权，公司章程另有规定或者股东会决议决定股东享有优先认购权的除外。

第二百二十八条 【增资时缴资或购股适用设立时的相关规定】有限责任公司增加注册资本时，股东认缴新增资本的出资，依照本法设立有限责任公司缴纳出资的有关规定执行。

股份有限公司为增加注册资本发行新股时，股东认购新股，依照本法设立股份有限公司缴纳股款的有关规定执行。

> **注释** 公司增加注册资本是指公司经过公司的股东会进行决议后使公司的注册资本在原来的基础上予以扩大的法律行为。公司增加注册资本主要有两种途径：一是吸收外来新资本，包括增加新股东或股东追加投资；二是用公积金增加资本或利润转增资本。

第十二章 公司解散和清算

第二百二十九条 【公司解散事由及其公示】公司因下列原因解散：

（一）公司章程规定的营业期限届满或者公司章程规定的其他解散事由出现；

（二）股东会决议解散；

（三）因公司合并或者分立需要解散；

（四）依法被吊销营业执照、责令关闭或者被撤销；

（五）人民法院依照本法第二百三十一条的规定予以解散。

公司出现前款规定的解散事由，应当在十日内将解散事由通过国家企业信用信息公示系统予以公示。

第二百三十条 【公司出现特定解散事由的存续程序】公司有前条第一款第一项、第二项情形，且尚未向股东分配财产的，可以通过修改公司章程或者经股东会决议而存续。

依照前款规定修改公司章程或者经股东会决议，有限责任公司须经持有三分之二以上表决权的股东通过，股份有限公司须经出席股东会会议的股东所持表决权的三分之二以上通过。

第二百三十一条　【司法解散】公司经营管理发生严重困难，继续存续会使股东利益受到重大损失，通过其他途径不能解决的，持有公司百分之十以上表决权的股东，可以请求人民法院解散公司。

注释　司法强制解散公司，是一种以公权力为主导的司法干预制度，其目的是通过司法权的介入，强制公司解散，以保护在公司中受压制的小股东和公司债权人的利益。当公司出现股东无力解决的不得已事由，公司董事的行为危及公司存亡，或当公司业务遇到显著困难，公司的财产遭受重大损失时，法院依据持有一定比例的出资额或股份的股东等利害关系人的请求，作出解散公司的裁决。

根据本条的规定，只有当公司经营管理发生严重困难，继续存续会使股东利益受到重大损失，而且通过其他途径不能解决时，才可以通过司法途径解散公司。人民法院在适用司法解散时，也应当慎重，因为一旦适用司法解散，公司即进入清算程序，法人资格即将消灭，对公司的影响是毁灭性的。

参见　《最高人民法院关于适用〈中华人民共和国公司法〉若干问题的规定（二）》第1条

案例　1. 陈龙与陕西博鑫体育文化传播有限公司等公司解散纠纷案（《中华人民共和国最高人民法院公报》2023年第1期）

案件适用要点：根据《最高人民法院关于适用〈中华人民共和国公司法〉若干问题的规定（三）》第16条的规定，股东因未履行或者未全面履行出资义务而受限的股东权利，并不包括其提起解散公司之诉的权利。《公司法》第182条（现为第231条）规定的"严重困难"包括对外的生产经营困难及对内的管理困难。

2. 林方清诉常熟市凯莱实业有限公司、戴小明公司解散纠纷案（最高人民法院指导案例8号）

案件适用要点：《公司法》第182条（现为第231条）规定："公司经营管理发生严重困难，继续存续会使股东利益受到重大损失，通过其他途径不能解决的，持有公司全部股东表决权百分之十以上的股东，可以请求人民法院解散公司。"而判断公司的经营管理是否出现严重困难，应当从公司的股东会、董事会或执行董事及监事会或监事的运行现状进行综合分析。同时，《最高人民法院关于适用〈中华人民共和国公司法〉若干问题的规定（二）》第1条又规定了单独或者合计持有公司全部股东表决权百分之十以上的股东提起解散公司诉讼的几项事由，并且在符合《公司法》第182条（现为第231条）规定的情况下，人民法院应予受理。由此可知，股东在符合上述之条件情况下可依法提起解散公司之诉。

第二百三十二条　【公司自行清算】公司因本法第二百二十九条第一款第一项、第二项、第四项、第五项规定而解散的，应当清算。董事为公司清算义务人，应当在解散事由出现之日起十五日内组成清算组进行清算。

清算组由董事组成，但是公司章程另有规定或者股东会决议另选他人的除外。

清算义务人未及时履行清算义务，给公司或者债权人造成损失的，应当承担赔偿责任。

第二百三十三条　【法院指定清算】公司依照前条第一款的规定应当清算，逾期不成立清算组进行清算或者成立清算组后不清算的，利害关系人可以申请人民法院指定有关人员组成清算组进行清算。人民法院应当受理该申请，并及时组织清算组进行清算。

公司因本法第二百二十九条第一款第四项的规定而解散的，作出吊销营业执照、责令关闭或者撤销决定的部门或者公司登记机关，可以申请人民法院指定有关人员组成清算组进行清算。

第二百三十四条　【清算组的职权】清算组在清算期间行使下列职权：

（一）清理公司财产，分别编制资产负债表和财产清单；

（二）通知、公告债权人；

（三）处理与清算有关的公司未了结的业务；

（四）清缴所欠税款以及清算过程中产生的税款；

（五）清理债权、债务；

（六）分配公司清偿债务后的剩余财产；

（七）代表公司参与民事诉讼活动。

注释 申请人民法院对公司进行清算的案件，由于启动的原因和进行的清算程序以及人民法院介入的程度不同而不同于破产案件，因公司清算案件受理的理论前提是公司财产足以偿还全部债务，故在这种清算程序中人民法院介入的程度相对于破产清算而言非常有限，同时作为破产清算中的一个重要机构即债权人会议在强制清算中是不存在的（因其权利能够全部实现）。

人民法院在审理公司清算案件中应主要从以下几个方面介入并监督清算的进行：第一，指定清算组成员。人民法院受理公司清算案件，应当及时指定有关人员组成清算组。第二，更换清算组成员。清算组成员是否能够严格按照法律、行政法规的规定进行清算，以及是否具备执业能力或者民事行为能力等，直接决定了清算是否能够依法进行，以及公司债权人、股东等的利益是否能够依法得到实现。因此，当人民法院指定的清算组成员存在违反法律或者行政法规，丧失执业能力或者民事行为能力，或者有严重损害公司或者债权人利益的行为时，应当及时予以更换。清算组成员的更换，包括人民法院依公司债权人等利害关系人的申请更换，以及依职权更换两种情形。第三，确认清算方案。人民法院组织的公司清算，清算组制作的清算方案应当报经人民法院确认后方可执行。人民法院对清算方案的确认程序，是为了避免因清算组的故意或者过失行为，而影响清算的依法进行，损害相关权利人的合法权益。只有经确认的清算方案才能产生应有的法律效力。如果清算方案未经确认，清算组即予执行，因此给公司股东或者债权人造成损失的，应当由清算组成员承担。第四，决定是否延长清算期限。第五，确认清算报告。第六，裁定终结清算程序。人民法院确认清算报告后尚需裁定终结清算程序。这里应当注意，公司清算案件不是人民法院指定完清算组成员就审结了，而是需要监督到整个清算程序完毕、裁定终结清算程序后，案件才算审结。

参见 《最高人民法院关于适用〈中华人民共和国公司法〉若干问题的规定（二）》第2、7条

案例 雷远城与厦门王将房地产发展有限公司、远东房地产发展有限公司财产权属纠纷案（《中华人民共和国最高人民法院公报》2007年第11期）

案件适用要点： 根据相关法律、法规和司法解释的规定，法人被吊销营业执照后应当依法进行清算，其债权、债务由清算组负责清理。法人被吊销营业执照后未依法进行清算的，债权人可以申请人民法院指定有关人员组成清算组进行清算。法人被吊销营业执照后没有依法进行清算，债权人也没有申请人民法院指定有关人员组成清算组进行清算，而是在诉讼过程中通过法人自认或者法人与债权人达成调解协议，在清算之前对其债权债务关系作出处理、对法人资产进行处分，损害其他债权人利益的，不符合公平原则，人民法院对此不予支持。

第二百三十五条 【债权申报】清算组应当自成立之日起十日内通知债权人，并于六十日内在报纸上或者国家企业信用信息公示系统公告。债权人应当自接到通知之日起三十日内，未接到通知的自公告之日起四十五日内，向清算组申报其债权。

债权人申报债权，应当说明债权的有关事项，并提供证明材料。清算组应当对债权进行登记。

在申报债权期间，清算组不得对债权人进行清偿。

参见 《最高人民法院关于适用〈中华人民共和国公司法〉若干问题的规定（二）》第11条

第二百三十六条 【制订清算方案和处分公司财产】清算组在清理公司财产、编制资产负债表和财产清单后，应当制订清算方案，并报股东会或者人民法院确认。

公司财产在分别支付清算费用、职工的工资、社会保险费用和法定补偿金，缴纳所欠税款，清偿公司债务后的剩余财产，有限责任公司按照股东的出资比例分配，股份有限公司按照股东持有的股份比例分配。

清算期间，公司存续，但不得开展与清算无关的经营活动。公司财产在未依照前款规定清偿前,不得分配给股东。

注释 [清算组处分公司财产的清算原则]
清算组处分公司财产应遵循一定的原则:
(1) 顺序清偿的原则。公司财产的支付应按照支付清算费用、职工工资、社会保险费用和法定补偿金,缴纳所欠税款,清偿公司债务,分配剩余财产的顺序进行清偿。
(2) 先债权后股权的原则。即清算组必须在清偿公司全部债务后再向股东分配公司的剩余财产。
(3) 风险收益统一的原则。即清算组在处分公司剩余财产时必须按照股东的出资比例或者持股比例进行分配,不得违反风险与收益统一的原则处分公司的剩余财产。

案例 章某等与王某财产赔偿纠纷上诉案(新疆维吾尔自治区乌鲁木齐市中级人民法院民事判决书〔2010〕乌中民一终字第274号)

案件适用要点:股东自行对公司清算不同于破产清算、不具有债务免除的法律效果,并且清算组成员因故意或者重大过失给公司或者债权人造成损失的,应当承担赔偿责任。

第二百三十七条 【破产清算的申请】清算组在清理公司财产、编制资产负债表和财产清单后,发现公司财产不足清偿债务的,应当依法向人民法院申请破产清算。

人民法院受理破产申请后,清算组应当将清算事务移交给人民法院指定的破产管理人。

第二百三十八条 【清算组成员的忠实义务和勤勉义务】清算组成员履行清算职责,负有忠实义务和勤勉义务。

清算组成员怠于履行清算职责,给公司造成损失的,应当承担赔偿责任;因故意或者重大过失给债权人造成损失的,应当承担赔偿责任。

案例 邹汉英诉孙立根、刘珍工伤事故损害赔偿纠纷案(《中华人民共和国最高人民法院公报》2010年第3期)

案件适用要点： 公司法定代表人在组织公司清算过程中，明知公司职工构成工伤并正在进行工伤等级鉴定，却未考虑其工伤等级鉴定后的待遇给付问题，从而给工伤职工的利益造成重大损害的，该行为应认定构成重大过失，应当依法承担赔偿责任。作为清算组成员的其他股东在公司解散清算过程中，未尽到其应尽的查知责任，也应认定存在重大过失，承担连带赔偿责任。

第二百三十九条　【制作清算报告和申请注销登记】 公司清算结束后，清算组应当制作清算报告，报股东会或者人民法院确认，并报送公司登记机关，申请注销公司登记。

> **参见**　《企业注销指引（2023年修订）》

第二百四十条　【简易注销】 公司在存续期间未产生债务，或者已清偿全部债务的，经全体股东承诺，可以按照规定通过简易程序注销公司登记。

通过简易程序注销公司登记，应当通过国家企业信用信息公示系统予以公告，公告期限不少于二十日。公告期限届满后，未有异议的，公司可以在二十日内向公司登记机关申请注销公司登记。

公司通过简易程序注销公司登记，股东对本条第一款规定的内容承诺不实的，应当对注销登记前的债务承担连带责任。

> **参见**　《市场主体登记管理条例》第33条

第二百四十一条　【强制注销】 公司被吊销营业执照、责令关闭或者被撤销，满三年未向公司登记机关申请注销公司登记的，公司登记机关可以通过国家企业信用信息公示系统予以公告，公告期限不少于六十日。公告期限届满后，未有异议的，公司登记机关可以注销公司登记。

依照前款规定注销公司登记的，原公司股东、清算义务人的责任不受影响。

第二百四十二条　【破产清算的法律适用】 公司被依法宣告破产的，依照有关企业破产的法律实施破产清算。

第十三章　外国公司的分支机构

第二百四十三条　【外国公司的定义】本法所称外国公司，是指依照外国法律在中华人民共和国境外设立的公司。

第二百四十四条　【外国公司设立分支机构的程序】外国公司在中华人民共和国境内设立分支机构，应当向中国主管机关提出申请，并提交其公司章程、所属国的公司登记证书等有关文件，经批准后，向公司登记机关依法办理登记，领取营业执照。

外国公司分支机构的审批办法由国务院另行规定。

注释　[外国公司的分支机构]

外国公司的分支机构，是指依照外国法律设立的公司，依照本法的规定在中华人民共和国境内设立的从事生产经营等业务活动的场所或者办事机构。外国公司的分支机构有以下特点：

1. 外国公司的分支机构是以外国公司法人的存在为前提的。

2. 外国公司的分支机构是依法在中华人民共和国境内设立的。

3. 外国公司的分支机构是一种在中华人民共和国境内从事经营活动的非法人经济组织。

4. 外国公司的分支机构是一个场所或者办事机构，包括分公司、代办处、工程项目的承包地点等。

5. 外国公司的分支机构不具备法人资格。

外国公司分支机构应当依法登记：名称、类型、经营范围、经营场所、负责人姓名。

第二百四十五条　【外国公司设立分支机构的条件】外国公司在中华人民共和国境内设立分支机构，应当在中华人民共和国境内指定负责该分支机构的代表人或者代理人，并向该分支机构拨付与其所从事的经营活动相适应的资金。

对外国公司分支机构的经营资金需要规定最低限额的，由国务院另行规定。

第二百四十六条　【名称及公司章程置备】外国公司的分支机

构应当在其名称中标明该外国公司的国籍及责任形式。

外国公司的分支机构应当在本机构中置备该外国公司章程。

第二百四十七条 【法律地位】外国公司在中华人民共和国境内设立的分支机构不具有中国法人资格。

外国公司对其分支机构在中华人民共和国境内进行经营活动承担民事责任。

第二百四十八条 【从事业务活动的原则】经批准设立的外国公司分支机构，在中华人民共和国境内从事业务活动，应当遵守中国的法律，不得损害中国的社会公共利益，其合法权益受中国法律保护。

第二百四十九条 【外国公司撤销分支机构的债务清偿】外国公司撤销其在中华人民共和国境内的分支机构时，应当依法清偿债务，依照本法有关公司清算程序的规定进行清算。未清偿债务之前，不得将其分支机构的财产转移至中华人民共和国境外。

第十四章 法律责任

第二百五十条 【欺诈取得公司登记的法律责任】违反本法规定，虚报注册资本、提交虚假材料或者采取其他欺诈手段隐瞒重要事实取得公司登记的，由公司登记机关责令改正，对虚报注册资本的公司，处以虚报注册资本金额百分之五以上百分之十五以下的罚款；对提交虚假材料或者采取其他欺诈手段隐瞒重要事实的公司，处以五万元以上二百万元以下的罚款；情节严重的，吊销营业执照；对直接负责的主管人员和其他直接责任人员处以三万元以上三十万元以下的罚款。

注释 根据《刑法》第158条的规定，申请公司登记使用虚假证明文件或者采取其他欺诈手段虚报注册资本，欺骗公司登记主管部门，取得公司登记，虚报注册资本数额巨大、后果严重或者有其他严重情节的，处三年以下有期徒刑或者拘役，并处或者单处虚报注册资本金额百分之一以上百分之五以下罚金。

单位犯前述罪的,对单位判处罚金,并对其直接负责的主管人员和其他直接责任人员,处三年以下有期徒刑或者拘役。

参见 《刑法》第158条

第二百五十一条 【违反信息公示规定的法律责任】公司未依照本法第四十条规定公示有关信息或者不如实公示有关信息的,由公司登记机关责令改正,可以处以一万元以上五万元以下的罚款。情节严重的,处以五万元以上二十万元以下的罚款;对直接负责的主管人员和其他直接责任人员处以一万元以上十万元以下的罚款。

注释 从激发经营主体活力和保障交易安全的角度,为规范公司认缴出资行为,营造诚实守信的市场环境,2023年修订《公司法》,将实缴出资信息作为公司强制公示事项,明确违反公示法律责任的行政处罚。进一步加强了公司的信息公示义务,明确了对未按规定公示实缴出资相关信息或者隐藏真实情况、弄虚作假的,市场监管部门应当责令改正,并对公司、主管人员及其他直接管理人员处以罚款。上述规定有利于督促公司及时准确履行公示义务,有利于强化社会监督、保护交易安全、建设诚信的市场环境。

第二百五十二条 【虚假出资或未出资的法律责任】公司的发起人、股东虚假出资,未交付或者未按期交付作为出资的货币或者非货币财产的,由公司登记机关责令改正,可以处以五万元以上二十万元以下的罚款;情节严重的,处以虚假出资或者未出资金额百分之五以上百分之十五以下的罚款;对直接负责的主管人员和其他直接责任人员处以一万元以上十万元以下的罚款。

第二百五十三条 【抽逃出资的法律责任】公司的发起人、股东在公司成立后,抽逃其出资的,由公司登记机关责令改正,处以所抽逃出资金额百分之五以上百分之十五以下的罚款;对直接负责的主管人员和其他直接责任人员处以三万元以上三十万元以下的罚款。

注释 根据《刑法》第159条的规定,公司发起人、股东违反公司法的规定未交付货币、实物或者未转移财产权，虚假出资，或者在公司成立后又抽逃其出资，数额巨大、后果严重或者有其他严重情节的，处五年以下有期徒刑或者拘役，并处或者单处虚假出资金额或者抽逃出资金额百分之二以上百分之十以下罚金。

单位犯前述罪的，对单位判处罚金，并对其直接负责的主管人员和其他直接责任人员，处五年以下有期徒刑或者拘役。

参见　《刑法》第159条

第二百五十四条　【违反财务会计制度的法律责任】有下列行为之一的，由县级以上人民政府财政部门依照《中华人民共和国会计法》等法律、行政法规的规定处罚：

（一）在法定的会计账簿以外另立会计账簿；

（二）提供存在虚假记载或者隐瞒重要事实的财务会计报告。

第二百五十五条　【不依法通知或公告债权人的法律责任】公司在合并、分立、减少注册资本或者进行清算时，不依照本法规定通知或者公告债权人的，由公司登记机关责令改正，对公司处以一万元以上十万元以下的罚款。

第二百五十六条　【妨害清算的法律责任】公司在进行清算时，隐匿财产，对资产负债表或者财产清单作虚假记载，或者在未清偿债务前分配公司财产的，由公司登记机关责令改正，对公司处以隐匿财产或者未清偿债务前分配公司财产金额百分之五以上百分之十以下的罚款；对直接负责的主管人员和其他直接责任人员处以一万元以上十万元以下的罚款。

注释　根据《刑法》第162条的规定，公司、企业进行清算时，隐匿财产，对资产负债表或者财产清单作虚伪记载或者在未清偿债务前分配公司、企业财产，严重损害债权人或者其他人利益的，对其直接负责的主管人员和其他直接责任人员，处五年以下有期徒刑或者拘役，并处或者单处二万元以上二十万元以下罚金。

参见　《刑法》第162条

第二百五十七条　【中介机构违法的法律责任】承担资产评估、验资或者验证的机构提供虚假材料或者提供有重大遗漏的报告的，由有关部门依照《中华人民共和国资产评估法》、《中华人民共和国注册会计师法》等法律、行政法规的规定处罚。

承担资产评估、验资或者验证的机构因其出具的评估结果、验资或者验证证明不实，给公司债权人造成损失的，除能够证明自己没有过错的外，在其评估或者证明不实的金额范围内承担赔偿责任。

注释 根据《刑法》第229条的规定，承担资产评估、验资、验证、会计、审计、法律服务、保荐、安全评价、环境影响评价、环境监测等职责的中介组织的人员故意提供虚假证明文件，情节严重的，处五年以下有期徒刑或者拘役，并处罚金；有下列情形之一的，处五年以上十年以下有期徒刑，并处罚金：（1）提供与证券发行相关的虚假的资产评估、会计、审计、法律服务、保荐等证明文件，情节特别严重的；（2）提供与重大资产交易相关的虚假的资产评估、会计、审计等证明文件，情节特别严重的；（3）在涉及公共安全的重大工程、项目中提供虚假的安全评价、环境影响评价等证明文件，致使公共财产、国家和人民利益遭受特别重大损失的。有前述行为，同时索取他人财物或者非法收受他人财物构成犯罪的，依照处罚较重的规定定罪处罚。前述规定的人员，严重不负责任，出具的证明文件有重大失实，造成严重后果的，处三年以下有期徒刑或者拘役，并处或者单处罚金。

参见 《刑法》第229条

第二百五十八条【公司登记机关违法的法律责任】公司登记机关违反法律、行政法规规定未履行职责或者履行职责不当的，对负有责任的领导人员和直接责任人员依法给予政务处分。

第二百五十九条【冒用公司或分公司名义的法律责任】未依法登记为有限责任公司或者股份有限公司，而冒用有限责任公司或者股份有限公司名义的，或者未依法登记为有限责任公司或者股份有限公司的分公司，而冒用有限责任公司或者股份有限公司的分公司名义的，由公司登记机关责令改正或者予以取缔，可以并处十万元以下的罚款。

第二百六十条【未依法开业或停业、办理变更登记的法律责任】公司成立后无正当理由超过六个月未开业的，或者开业后自行停业连续六个月以上的，公司登记机关可以吊销营业执照，但公司依法办理歇业的除外。

公司登记事项发生变更时，未依照本法规定办理有关变更登记的，由公司登记机关责令限期登记；逾期不登记的，处以一万元以上十万元以下的罚款。

第二百六十一条 【外国公司违法设立分支机构的法律责任】外国公司违反本法规定，擅自在中华人民共和国境内设立分支机构的，由公司登记机关责令改正或者关闭，可以并处五万元以上二十万元以下的罚款。

第二百六十二条 【利用公司名义从事严重违法行为的法律责任】利用公司名义从事危害国家安全、社会公共利益的严重违法行为的，吊销营业执照。

第二百六十三条 【民事赔偿优先】公司违反本法规定，应当承担民事赔偿责任和缴纳罚款、罚金的，其财产不足以支付时，先承担民事赔偿责任。

第二百六十四条 【刑事责任】违反本法规定，构成犯罪的，依法追究刑事责任。

参见 《刑法》第二编第三章第三节

第十五章 附 则

第二百六十五条 【本法相关用语的含义】本法下列用语的含义：

（一）高级管理人员，是指公司的经理、副经理、财务负责人，上市公司董事会秘书和公司章程规定的其他人员。

（二）控股股东，是指其出资额占有限责任公司资本总额超过百分之五十或者其持有的股份占股份有限公司股本总额超过百分之五十的股东；出资额或者持有股份的比例虽然低于百分之五十，但依其出资额或者持有的股份所享有的表决权已足以对股东会的决议产生重大影响的股东。

（三）实际控制人，是指通过投资关系、协议或者其他安排，能够实际支配公司行为的人。

（四）关联关系，是指公司控股股东、实际控制人、董事、监事、高级管理人员与其直接或者间接控制的企业之间的关系，以及可能导致公司利益转移的其他关系。但是，国家控股的企业之间不仅因为同受国家控股而具有关联关系。

案例 上海欧宝生物科技有限公司诉辽宁特莱维置业发展有限公司企业借贷纠纷案（最高人民法院指导案例68号）

案件适用要点： 公司法所称的关联公司，既包括公司股东的相互交叉，也包括公司共同由第三人直接或者间接控制，或者股东之间、公司的实际控制人之间存在直系血亲、姻亲、共同投资等可能导致利益转移的其他关系。

本案中，曲叶丽为欧宝公司的控股股东，王作新是特莱维公司的原法定代表人，也是案涉合同签订时特莱维公司的控股股东翰皇公司的控股股东和法定代表人，王作新与曲叶丽系夫妻关系，说明欧宝公司与特莱维公司由夫妻二人控制。欧宝公司称两人已经离婚，却未提供民政部门的离婚登记或者人民法院的生效法律文书。虽然辽宁高院受理本案诉讼后，特莱维公司的法定代表人由王作新变更为姜雯琪，但王作新仍是特莱维公司的实际控制人。同时，欧宝公司股东兼法定代表人宗惠光、王奇等人，与特莱维公司的实际控制人王作新、法定代表人姜雯琪、目前的控股股东王阳共同投资设立了上海特莱维，说明欧宝公司的股东与特莱维公司的控股股东、实际控制人存在其他的共同利益关系。另外，沈阳特莱维是欧宝公司控股的公司，沙琪公司的股东是王作新的父亲和母亲。可见，欧宝公司与特莱维公司之间、前述两公司与沙琪公司、上海特莱维、沈阳特莱维之间均存在关联关系。

欧宝公司与特莱维公司及其他关联公司之间还存在人员混同的问题。首先，高管人员之间存在混同。姜雯琪既是欧宝公司的股东和董事，又是特莱维公司的法定代表人，同时还参与翰皇公司的清算。宗惠光既是欧宝公司的法定代表人，又是翰皇公司的工作人员，虽然欧宝公司称宗惠光自2008年5月即从翰皇公司辞职，但从上海市第一中级人民法院（2008）沪一中民三（商）终字第426号民事判决载明的事实看，该案2008年8月至12月审理期间，宗惠光仍以翰皇公司工作人员的身份参与诉讼。王奇既是欧宝公司的监事，又是上海特莱维的董事，还以该公司工作人员的身份代理相关行政诉讼。王阳既是特莱维公司的监事，又是上海特莱维的董事。王作新是特莱维公司原法定代表人、实际控制人，还曾先后代表欧宝公司、翰皇公司与案外第三人签订连锁加盟（特许）合同。其次，普通员工也存在混同。霍静是欧宝公司的工作人员，在本案中作为欧宝公司原一审诉讼的代理人，2007年2月23日代表特莱维公司与世安公司签订建设施工合同，又同时兼任上海特莱维的董事。崔秀芳是特莱维公司的会计，2010年1月7日代特莱维公司开立银行账户，2010年8月20日本案诉讼之后又代欧宝公司开立银行账户。欧宝公司当庭自述魏亚丽系特莱维公司的工作人员，2010年5月魏亚丽经特莱维公司授权办理银行账户开户，2011年9月诉讼之后又经欧宝公司授权办理该公司在中国建设银行沈阳马路湾支行的开户，且该银行账户的联系人为魏亚丽。刘静君是欧宝公司的工作人员，在本案原一审和执行程序中作为欧宝公司的代理人，2009年3月17日又代特莱维公司办理企业登记等相关事项。刘洋以特莱维公司员工名义代理本案诉讼，又受王作新的指派代理上海特莱维的相关诉讼。

上述事实充分说明，欧宝公司、特莱维公司以及其他关联公司的人员之间并未严格区分，上述人员实际上服从王作新一人的指挥，根据不同的工作任务，随时转换为不同关联公司的工作人员。欧宝公司在上诉状中称，在2007年借款之初就派相关人员进驻特莱维公司，监督该公司对投资款的使用并协助工作，但早在欧宝公司所称的向特莱维公司转入首笔借款之前5个月，霍静即参与该公司的合同签订业务。而且从这些所谓的"派驻人员"在特莱维公司所起的作用看，上述人员参与了该公司的合同签订、财务管理到诉讼代理的全面工作，而不仅是监督工作，欧宝公司的辩解，不足为信。辽宁高院关于欧宝公司和特莱维公司系由王作新、曲叶丽夫妇控制之关联公司的认定，依据充分。

第二百六十六条 【施行日期和过渡调整】本法自2024年7月1日起施行。

本法施行前已登记设立的公司，出资期限超过本法规定的期限的，除法律、行政法规或者国务院另有规定外，应当逐步调整至本法规定的期限以内；对于出资期限、出资额明显异常的，公司登记机关可以依法要求其及时调整。具体实施办法由国务院规定。

注释 为避免新设公司和存量公司适用注册资本法律制度的不一致，强化法律适用的统一性，同时减少对绝大多数正常经营的存量公司的影响，充分考虑经营主体类型、行业领域等复杂情形，研究为存量公司设定一定年限、较为充裕的过渡期，按照新《公司法》的要求，分类分步、稳妥有序调整存量公司出资期限至新《公司法》规定的期限以内。对于公司具有法律、行政法规或者国务院决定另有规定的特殊情形的，可以不适用5年认缴期限规定。

中华人民共和国合伙企业法

（1997年2月23日第八届全国人民代表大会常务委员会第二十四次会议通过 2006年8月27日第十届全国人民代表大会常务委员会第二十三次会议修订 2006年8月27日中华人民共和国主席令第55号公布 自2007年6月1日起施行）

第一章 总 则

第一条 【立法目的】为了规范合伙企业的行为，保护合伙企业及其合伙人、债权人的合法权益，维护社会经济秩序，促进社会主义市场经济的发展，制定本法。

第二条 【调整范围】本法所称合伙企业,是指自然人、法人和其他组织依照本法在中国境内设立的普通合伙企业和有限合伙企业。

普通合伙企业由普通合伙人组成,合伙人对合伙企业债务承担无限连带责任。本法对普通合伙人承担责任的形式有特别规定的,从其规定。

有限合伙企业由普通合伙人和有限合伙人组成,普通合伙人对合伙企业债务承担无限连带责任,有限合伙人以其认缴的出资额为限对合伙企业债务承担责任。

注释 合伙企业的设立主体包括自然人、法人和其他组织。合伙人是自然人的,应当具有完全民事行为能力。法人,是具有民事权利能力和民事行为能力,依法独立享有民事权利和承担民事义务的组织。其他组织,是指合法成立、有一定的组织机构和财产,但又不具备法人资格的组织。

无限连带责任,包括:①连带责任,即所有的合伙人对合伙企业的债务都有责任向债权人偿还,不管自己在合伙协议中所承担的比例如何,一个合伙人不能清偿对外债务时,其他合伙人都有清偿的责任,但当某一合伙人偿还合伙企业的债务后超过自己所应当承担的数额时,有权向其他合伙人追偿;②无限责任,即所有的合伙人不以自己投入的合伙企业的资金和合伙企业所有的全部资金为限而以合伙人自己所有的财产对债权人承担清偿责任。

第三条 【不得成为普通合伙人的主体】国有独资公司、国有企业、上市公司以及公益性的事业单位、社会团体不得成为普通合伙人。

第四条 【合伙协议】合伙协议依法由全体合伙人协商一致、以书面形式订立。

第五条 【自愿、平等、公平、诚实信用原则】订立合伙协议、设立合伙企业,应当遵循自愿、平等、公平、诚实信用原则。

第六条 【所得税的缴纳】合伙企业的生产经营所得和其他所得,按照国家有关税收规定,由合伙人分别缴纳所得税。

注释 合伙企业不缴纳企业所得税，而是由合伙人分别缴纳所得税。

第七条 【合伙企业及其合伙人的义务】合伙企业及其合伙人必须遵守法律、行政法规，遵守社会公德、商业道德，承担社会责任。

第八条 【合伙企业及其合伙人的合法财产及其权益受法律保护】合伙企业及其合伙人的合法财产及其权益受法律保护。

第九条 【申请设立应提交的文件】申请设立合伙企业，应当向企业登记机关提交登记申请书、合伙协议书、合伙人身份证明等文件。

合伙企业的经营范围中有属于法律、行政法规规定在登记前须经批准的项目的，该项经营业务应当依法经过批准，并在登记时提交批准文件。

注释 合伙企业登记事项包括法定代表人、执行事务合伙人或者负责人姓名；合伙企业的合伙人名称或者姓名、住所、承担责任方式等。

应该向登记机关办理备案的包括合伙协议，合伙期限，合伙企业合伙人认缴或者实际缴付的出资数额、缴付期限和出资方式，合伙企业等市场主体受益所有人相关信息等。

参见 《市场主体登记管理条例》第8-9条

第十条 【登记程序】申请人提交的登记申请材料齐全、符合法定形式，企业登记机关能够当场登记的，应予当场登记，发给营业执照。

除前款规定情形外，企业登记机关应当自受理申请之日起二十日内，作出是否登记的决定。予以登记的，发给营业执照；不予登记的，应当给予书面答复，并说明理由。

注释 根据《市场主体登记管理条例》第19条规定："登记机关应当对申请材料进行形式审查。对申请材料齐全、符合法定形式的予以确认并当场登记。不能当场登记的，应当在3个工作日内予以登记；情形复杂的，经登记机关负责人批准，可以再延长3个工作日。申请材料不齐全或者不符合法定形式的，登记机关应当一次性告知申请人需要补正的材料。"

第十一条 【成立日期】合伙企业的营业执照签发日期，为合伙企业成立日期。

合伙企业领取营业执照前，合伙人不得以合伙企业名义从事合伙业务。

参见 《合伙企业法》第95条；《市场主体登记管理条例》第22条

第十二条 【设立分支机构】合伙企业设立分支机构，应当向分支机构所在地的企业登记机关申请登记，领取营业执照。

第十三条 【变更登记】合伙企业登记事项发生变更的，执行合伙事务的合伙人应当自作出变更决定或者发生变更事由之日起十五日内，向企业登记机关申请办理变更登记。

第二章 普通合伙企业

第一节 合伙企业设立

第十四条 【设立合伙企业应具备的条件】设立合伙企业，应当具备下列条件：

（一）有二个以上合伙人。合伙人为自然人的，应当具有完全民事行为能力；

（二）有书面合伙协议；

（三）有合伙人认缴或者实际缴付的出资；

（四）有合伙企业的名称和生产经营场所；

（五）法律、行政法规规定的其他条件。

第十五条 【名称】合伙企业名称中应当标明"普通合伙"字样。

注释 对于合伙企业的名称，《企业名称登记管理规定实施办法》明确规定，合伙企业应当在名称中标明"（普通合伙）""（特殊普通合伙）""（有限合伙）"字样。

第十六条 【出资方式】合伙人可以用货币、实物、知识产权、土地使用权或者其他财产权利出资，也可以用劳务出资。

合伙人以实物、知识产权、土地使用权或者其他财产权利出资，需要评估作价的，可以由全体合伙人协商确定，也可以由全体合伙人委托法定评估机构评估。

合伙人以劳务出资的，其评估办法由全体合伙人协商确定，并在合伙协议中载明。

注释 劳务出资，是指出资人以自己的劳动技能等并通过自己的劳动体现出来的一种出资形式。本条第1款所称的"其他财产权利"，是指货币、实物、知识产权、土地使用权以外的其他具有直接的财产内容的权利，比如担保物权、采矿权、资本证券、土地承担经营权、债权、商业秘密等。

第十七条 【出资义务的履行】合伙人应当按照合伙协议约定的出资方式、数额和缴付期限，履行出资义务。

以非货币财产出资的，依照法律、行政法规的规定，需要办理财产权转移手续的，应当依法办理。

第十八条 【合伙协议的内容】合伙协议应当载明下列事项：

（一）合伙企业的名称和主要经营场所的地点；

（二）合伙目的和合伙经营范围；

（三）合伙人的姓名或者名称、住所；

（四）合伙人的出资方式、数额和缴付期限；

（五）利润分配、亏损分担方式；

（六）合伙事务的执行；

（七）入伙与退伙；

（八）争议解决办法；

（九）合伙企业的解散与清算；

（十）违约责任。

第十九条 【合伙协议生效、效力和修改、补充】合伙协议经全体合伙人签名、盖章后生效。合伙人按照合伙协议享有权利，履行义务。

修改或者补充合伙协议，应当经全体合伙人一致同意；但是，合伙协议另有约定的除外。

合伙协议未约定或者约定不明确的事项，由合伙人协商决定；协商不成的，依照本法和其他有关法律、行政法规的规定处理。

> **注释** 合伙协议经全体合伙人签名、盖章后生效。包括下述内容：①合伙协议必须经过全体合伙人签字、盖章；②全体合伙人可以分不同时间签字、盖章，其生效时间以全体合伙人中的最后一名签字、盖章为合伙协议的生效时间；③合伙人可以委托他人代表自己签字、盖章。但是，委托签字、盖章必须有书面委托，或者有能证明存在委托行为的其他证明；④"签字、盖章"是一种选择关系，并不是并列关系，合伙协议上只要有一项，即可产生法律效力，当然作为法人、其他组织讲，在签订合伙协议时，最好签名、盖章同时进行，以进一步体现其真实性、合伙性。
>
> 合伙协议的修改与补充，既可以采用对原有合伙协议全面修订的方式进行，也可以采用另订有关条款的方式进行。但不管采用何种方式均必须合法，比如必须经过全体合伙人签字、盖章，协议内容必须符合法律规定，需要依法进行变更登记，等等。合伙协议另有约定时，不一定经过全体合伙人协商一致修改或者补充合伙协议。

第二节 合伙企业财产

第二十条 【合伙企业财产构成】合伙人的出资、以合伙企业名义取得的收益和依法取得的其他财产，均为合伙企业的财产。

> **注释** 注意合伙企业的原始财产是全体合伙人"认缴"的财产，而非必须是各合伙人"实际缴纳"的财产。

合伙企业成立以后以合伙企业的名义依法取得的全部收益和其他财产是合伙企业在生产经营过程中所得到的新的财产。主要包括：①以合伙企业名义取得的收益，即营业性的收入，包括合伙企业的公共积累资金、未分配的盈余、合伙企业债权、合伙企业取得的工业产权和非专利技术以及合伙企业的名称（商号）、商誉等财产权利；②依法取得的其他财产，即根据法律、行政法规等的规定合法取得的其他财产，比如合法接受赠与的财产等。

第二十一条 【在合伙企业清算前不得请求分割合伙企业财产】 合伙人在合伙企业清算前，不得请求分割合伙企业的财产；但是，本法另有规定的除外。

合伙人在合伙企业清算前私自转移或者处分合伙企业财产的，合伙企业不得以此对抗善意第三人。

> **注释** 善意第三人，是指第三人对合伙人私自转移或处分财产的行为事先不知道。否则，合伙企业不仅可以以此与之相对抗，要求其返还财产或补足差价，而且有权依法追究该第三人的相关责任。

第二十二条 【转让合伙企业中的财产份额】 除合伙协议另有约定外，合伙人向合伙人以外的人转让其在合伙企业中的全部或者部分财产份额时，须经其他合伙人一致同意。

合伙人之间转让在合伙企业中的全部或者部分财产份额时，应当通知其他合伙人。

> **注释** 合伙人财产份额的转让方式包括外部转让和内部转让，外部转让须经其他合伙人一致同意，内部转让只需要通知其他合伙人即可产生法律效力。

第二十三条 【优先购买权】 合伙人向合伙人以外的人转让其在合伙企业中的财产份额的，在同等条件下，其他合伙人有优先购买权；但是，合伙协议另有约定的除外。

> **注释** 优先购买权，是指合伙人向合伙人以外的人出让自己

在合伙企业的财产份额时,本企业的其他合伙人有先于他人受让该份额的权利。但合伙人行使优先购买权要受到一定限制:①"同等条件"下方可优先;②实践中应在其他人与出让合伙人成交前方可优先。

第二十四条　【受让人成为合伙人】合伙人以外的人依法受让合伙人在合伙企业中的财产份额的,经修改合伙协议即成为合伙企业的合伙人,依照本法和修改后的合伙协议享有权利,履行义务。

注释　本条规定的新合伙人是指普通合伙人,其入伙后不仅要对自己入伙后企业发生的债务承担责任,还要对入伙前的企业债务承担无限连带责任,无论其事先对此有无了解。

第二十五条　【以合伙企业财产份额出质】合伙人以其在合伙企业中的财产份额出质的,须经其他合伙人一致同意;未经其他合伙人一致同意,其行为无效,由此给善意第三人造成损失的,由行为人依法承担赔偿责任。

第三节　合伙事务执行

第二十六条　【合伙事务的执行】合伙人对执行合伙事务享有同等的权利。

按照合伙协议的约定或者经全体合伙人决定,可以委托一个或者数个合伙人对外代表合伙企业,执行合伙事务。

作为合伙人的法人、其他组织执行合伙事务的,由其委派的代表执行。

第二十七条　【不执行合伙事务的合伙人的监督权】依照本法第二十六条第二款规定委托一个或者数个合伙人执行合伙事务的,其他合伙人不再执行合伙事务。

不执行合伙事务的合伙人有权监督执行事务合伙人执行合伙事务的情况。

注释　不执行合伙事务的合伙人虽不执行合伙企业的日常事务,但仍有参与企业重大事务的决定权;其对执行事务合伙人执行合伙事务的情况的监督权主要包括：执行合伙事务的合伙人要向不执行合伙事务的合伙人报告业务经营等情况；必要时不执行合伙事务的合伙人有权查阅企业的有关会计账册等。

第二十八条　【执行事务合伙人的报告义务、权利义务承担及合伙人查阅财务资料权】由一个或者数个合伙人执行合伙事务的，执行事务合伙人应当定期向其他合伙人报告事务执行情况以及合伙企业的经营和财务状况，其执行合伙事务所产生的收益归合伙企业，所产生的费用和亏损由合伙企业承担。

合伙人为了解合伙企业的经营状况和财务状况，有权查阅合伙企业会计账簿等财务资料。

第二十九条　【提出异议权和撤销委托权】合伙人分别执行合伙事务的，执行事务合伙人可以对其他合伙人执行的事务提出异议。提出异议时，应当暂停该项事务的执行。如果发生争议，依照本法第三十条规定作出决定。

受委托执行合伙事务的合伙人不按照合伙协议或者全体合伙人的决定执行事务的，其他合伙人可以决定撤销该委托。

第三十条　【合伙企业有关事项的表决办法】合伙人对合伙企业有关事项作出决议，按照合伙协议约定的表决办法办理。合伙协议未约定或者约定不明确的，实行合伙人一人一票并经全体合伙人过半数通过的表决办法。

本法对合伙企业的表决办法另有规定的，从其规定。

第三十一条　【须经全体合伙人一致同意的事项】除合伙协议另有约定外，合伙企业的下列事项应当经全体合伙人一致同意：

（一）改变合伙企业的名称；

（二）改变合伙企业的经营范围、主要经营场所的地点；

（三）处分合伙企业的不动产；

（四）转让或者处分合伙企业的知识产权和其他财产权利；

（五）以合伙企业名义为他人提供担保；

（六）聘任合伙人以外的人担任合伙企业的经营管理人员。

第三十二条　【竞业禁止和限制合伙人同本合伙企业交易】合

伙人不得自营或者同他人合作经营与本合伙企业相竞争的业务。

除合伙协议另有约定或者经全体合伙人一致同意外,合伙人不得同本合伙企业进行交易。

合伙人不得从事损害本合伙企业利益的活动。

第三十三条 【利润分配和亏损分担】合伙企业的利润分配、亏损分担,按照合伙协议的约定办理;合伙协议未约定或者约定不明确的,由合伙人协商决定;协商不成的,由合伙人按照实缴出资比例分配、分担;无法确定出资比例的,由合伙人平均分配、分担。

合伙协议不得约定将全部利润分配给部分合伙人或者由部分合伙人承担全部亏损。

注释 "利润",是指合伙企业财产多于合伙企业债务及出资之和的部分,相应地,合伙企业的利润分配,是指合伙企业的生产经营收入,在进行必要的扣除后所获利润,在合伙人之间进行的分配;"亏损",是指合伙企业财产少于合伙企业债务及出资之和的部分,相应地,合伙企业的亏损分担,是指企业经营过程中发生的,在一定时期内各种收入减去各项费用后出现负差额即发生亏损时,就这种亏损在各合伙人之间进行的分别承担。

第三十四条 【增加或减少对合伙企业的出资】合伙人按照合伙协议的约定或者经全体合伙人决定,可以增加或者减少对合伙企业的出资。

第三十五条 【经营管理人员】被聘任的合伙企业的经营管理人员应当在合伙企业授权范围内履行职务。

被聘任的合伙企业的经营管理人员,超越合伙企业授权范围履行职务,或者在履行职务过程中因故意或者重大过失给合伙企业造成损失的,依法承担赔偿责任。

注释 "经营管理人员",是指由全体合伙人一致同意聘任的,代表全体合伙人的利益,管理合伙企业日常事务的合伙人以外的人。

第三十六条 【财务、会计制度】合伙企业应当依照法律、行政法规的规定建立企业财务、会计制度。

第四节 合伙企业与第三人关系

第三十七条 【保护善意第三人】合伙企业对合伙人执行合伙事务以及对外代表合伙企业权利的限制，不得对抗善意第三人。

> **注释** 合伙企业与第三人的关系，是指合伙企业的外部关系，即合伙企业与合伙企业的合伙人以外的第三人（包括法人、其他组织和自然人）的关系。由于合伙企业在债务承担上是一种连带责任关系，这种关系在一定程度上就会与合伙人自身发生一定的牵连，例如当合伙企业对外发生了债务并且合伙企业的财产不能清偿其债务时，这一关系即可转化为合伙人与债权人（第三人）之间的关系。
>
> 在合伙企业中的执行事务合伙人通过代表合伙企业来间接代表其他合伙人。合伙人的这种代表行为，对全体合伙人发生法律效力。合伙企业对外代表权的限制，是针对代表合伙企业的合伙人来讲的，不能因为合伙企业的代表人代表权受到限制，就对由于执行合伙事务的合伙人给善意第三人造成的损失不赔偿。对于善意第三人，由于其在设定法律关系时不知道或者不能知道合伙人是存在权利瑕疵的，其在交易中所取得的财产或利益是无权的合伙人所让与并且是有偿取得的，为了维护交易的安全和社会经济关系的稳定，其权益理应得到法律保护。本条所规定的不得对抗善意第三人，主要是针对给第三人造成的损失来讲的，即当执行合伙事务的合伙人给善意第三人造成损失时，合伙企业不能因为合伙人没有依照法律或者合伙协议的要求执行事务，就对善意第三人讲合伙企业不承担责任，而是仍要依法承担相应的法律责任，以保护善意第三人的合法权益。

第三十八条 【合伙企业对其债务先以其全部财产进行清偿】合伙企业对其债务，应先以其全部财产进行清偿。

> **注释** 合伙企业的债务，是指在合伙企业存续期间产生的债务。它既包括由于合伙企业不履行合同所产生的违约之债，也包括由于合伙企业的侵权行为所产生的侵权之债。

第三十九条 【无限连带责任】合伙企业不能清偿到期债务的,合伙人承担无限连带责任。

> **注释** 合伙人的无限责任,是指当合伙企业的全部财产不足以偿付到期债务时,各个合伙人承担合伙企业的债务不是以其出资额为限,而是必须以其自有财产来清偿合伙企业的债务。如果合伙人的自有财产也不足以偿付合伙企业所负的债务,则合伙人承担合伙企业债务到破产为止。合伙人的连带责任,是指当合伙企业的全部财产不足以偿付到期债务时,合伙企业的债权人对合伙企业所负的债务可以向任何一个合伙人主张,该合伙人不得拒绝。但是该合伙人在承担了合伙企业全部债务后,有权向其他合伙人追偿,其他合伙人对已经履行了合伙企业全部债务的合伙人,承担按份之债,即按自己应当承担的份额履行债务。

第四十条 【追偿权】合伙人由于承担无限连带责任,清偿数额超过本法第三十三条第一款规定的其亏损分担比例的,有权向其他合伙人追偿。

第四十一条 【相关债权人抵销权和代位权的限制】合伙人发生与合伙企业无关的债务,相关债权人不得以其债权抵销其对合伙企业的债务;也不得代位行使合伙人在合伙企业中的权利。

第四十二条 【以合伙企业中的财产份额偿还债务】合伙人的自有财产不足清偿其与合伙企业无关的债务的,该合伙人可以以其从合伙企业中分取的收益用于清偿;债权人也可以依法请求人民法院强制执行该合伙人在合伙企业中的财产份额用于清偿。

人民法院强制执行合伙人的财产份额时,应当通知全体合伙人,其他合伙人有优先购买权;其他合伙人未购买,又不同意将该财产份额转让给他人的,依照本法第五十一条的规定为该合伙人办理退伙结算,或者办理削减该合伙人相应财产份额的结算。

> **注释** 当合伙人自有财产不足清偿其与合伙企业无关的债务时,债权人不能代位行使合伙人在合伙企业中的权利,只能申请人民法院强制执行。并且,债权人只能获得合伙人在合伙企业中的财

产份额，而不能取得合伙人的身份，也不能行使合伙人在合伙企业的权利。

第五节 入伙、退伙

第四十三条 【入伙】新合伙人入伙，除合伙协议另有约定外，应当经全体合伙人一致同意，并依法订立书面入伙协议。

订立入伙协议时，原合伙人应当向新合伙人如实告知原合伙企业的经营状况和财务状况。

第四十四条 【新合伙人的权利、责任】入伙的新合伙人与原合伙人享有同等权利，承担同等责任。入伙协议另有约定的，从其约定。

新合伙人对入伙前合伙企业的债务承担无限连带责任。

> **注释** 本条第2款属于法律的强制性规定，即使入伙协议中约定新合伙人对入伙前合伙企业债务不承担责任，也不能对抗合伙企业的债权人。此种情况下，新合伙人应当向合伙企业的债权人清偿债权，清偿后有权依据入伙协议的约定向其他合伙人进行追偿。

第四十五条 【约定合伙期限的退伙】合伙协议约定合伙期限的，在合伙企业存续期间，有下列情形之一的，合伙人可以退伙：

（一）合伙协议约定的退伙事由出现；
（二）经全体合伙人一致同意；
（三）发生合伙人难以继续参加合伙的事由；
（四）其他合伙人严重违反合伙协议约定的义务。

> **注释** 退伙，是指在合伙企业存续期间，合伙人退出合伙企业，合伙人身份归于消灭的法律事实。退伙分为：协议退伙（第45、46条）、声明退伙（第45、46条）、法定退伙（第48条）、除名退伙（第49条）。退伙的效力：①对退伙者本人而言，退伙使其合伙人身份归于消失，失去共有人的资格。②对合伙企业财产而言，退伙将导致部分出资的返还、盈余部分的分配或亏损的负担。③对其他合伙人而言，退伙涉及合伙企业是否继续存在及是否要求退伙

人承担赔偿责任的问题。④对合伙企业的债权人而言，一人退伙即意味着减少了一个债务担保人和一份担保财产。

　　本条所谓声明退伙，又称自愿退伙，是指基于合伙的自愿而退伙，一般须有正当理由，否则，就是违规退伙，属于违约行为，应当赔偿由此给其他合伙人造成的损失。

　　第四十六条　【未约定合伙期限的退伙】合伙协议未约定合伙期限的，合伙人在不给合伙企业事务执行造成不利影响的情况下，可以退伙，但应当提前三十日通知其他合伙人。

　　第四十七条　【违规退伙的法律责任】合伙人违反本法第四十五条、第四十六条的规定退伙的，应当赔偿由此给合伙企业造成的损失。

　　第四十八条　【当然退伙】合伙人有下列情形之一的，当然退伙：

　　（一）作为合伙人的自然人死亡或者被依法宣告死亡；

　　（二）个人丧失偿债能力；

　　（三）作为合伙人的法人或者其他组织依法被吊销营业执照、责令关闭、撤销，或者被宣告破产；

　　（四）法律规定或者合伙协议约定合伙人必须具有相关资格而丧失该资格；

　　（五）合伙人在合伙企业中的全部财产份额被人民法院强制执行。

　　合伙人被依法认定为无民事行为能力人或者限制民事行为能力人的，经其他合伙人一致同意，可以依法转为有限合伙人，普通合伙企业依法转为有限合伙企业。其他合伙人未能一致同意的，该无民事行为能力或者限制民事行为能力的合伙人退伙。

　　退伙事由实际发生之日为退伙生效日。

　　注释　法定退伙，又称当然退伙，是指当出现法律规定的原因或条件时，而导致的合伙人资格的消灭。法定退伙是一种当然退伙，合伙协议对此有相反约定的为无效约定。

第四十九条 【除名退伙】合伙人有下列情形之一的，经其他合伙人一致同意，可以决议将其除名：

（一）未履行出资义务；

（二）因故意或者重大过失给合伙企业造成损失；

（三）执行合伙事务时有不正当行为；

（四）发生合伙协议约定的事由。

对合伙人的除名决议应当书面通知被除名人。被除名人接到除名通知之日，除名生效，被除名人退伙。

被除名人对除名决议有异议的，可以自接到除名通知之日起三十日内，向人民法院起诉。

> **注释** 除名退伙，是指在合伙企业存续期间，当某一合伙人违反有关法律法规或合伙协议的规定时，其他合伙人一致同意将该合伙人开除合伙企业，而使其丧失合伙人资格。注意除名退伙必须书面通知。

第五十条 【合伙人死亡时财产份额的继承】合伙人死亡或者被依法宣告死亡的，对该合伙人在合伙企业中的财产份额享有合法继承权的继承人，按照合伙协议的约定或者经全体合伙人一致同意，从继承开始之日起，取得该合伙企业的合伙人资格。

有下列情形之一的，合伙企业应当向合伙人的继承人退还被继承合伙人的财产份额：

（一）继承人不愿意成为合伙人的；

（二）法律规定或者合伙协议约定合伙人必须具有相关资格，而该继承人未取得该资格；

（三）合伙协议约定不能成为合伙人的其他情形。

合伙人的继承人为无民事行为能力人或者限制民事行为能力人的，经全体合伙人一致同意，可以依法成为有限合伙人，普通合伙企业依法转为有限合伙企业。全体合伙人未能一致同意的，合伙企业应当将被继承合伙人的财产份额退还该继承人。

> **注释** 合伙人的继承人成为合伙人需要满足以下条件：①继

承人必须对死亡的合伙人在合伙企业中的财产份额享有合法的继承权；②按照合伙协议的约定或者经过全体合伙人的同意；③死亡的合伙人的继承人取得该合伙企业的合伙人资格，从继承开始之日起获得。

第五十一条　【退伙结算】合伙人退伙，其他合伙人应当与该退伙人按照退伙时的合伙企业财产状况进行结算，退还退伙人的财产份额。退伙人对给合伙企业造成的损失负有赔偿责任的，相应扣减其应当赔偿的数额。

退伙时有未了结的合伙企业事务的，待该事务了结后进行结算。

第五十二条　【退伙人财产份额的退还办法】退伙人在合伙企业中财产份额的退还办法，由合伙协议约定或者由全体合伙人决定，可以退还货币，也可以退还实物。

第五十三条　【退伙人对退伙前企业债务的责任】退伙人对基于其退伙前的原因发生的合伙企业债务，承担无限连带责任。

注释　"基于其退伙前的原因发生的合伙企业债务"，即产生该笔债务的原因应发生在其退伙生效日之前。同时注意本条属于法律的强制性规定，合伙人不能以协议约定或者以其他形式加以排除。

第五十四条　【退伙时分担亏损】合伙人退伙时，合伙企业财产少于合伙企业债务的，退伙人应当依照本法第三十三条第一款的规定分担亏损。

第六节　特殊的普通合伙企业

第五十五条　【特殊的普通合伙企业的设立】以专业知识和专门技能为客户提供有偿服务的专业服务机构，可以设立为特殊的普通合伙企业。

特殊的普通合伙企业是指合伙人依照本法第五十七条的规定承担责任的普通合伙企业。

特殊的普通合伙企业适用本节规定；本节未作规定的，适用本章第一节至第五节的规定。

第五十六条 【名称】特殊的普通合伙企业名称中应当标明"特殊普通合伙"字样。

第五十七条 【责任形式】一个合伙人或者数个合伙人在执业活动中因故意或者重大过失造成合伙企业债务的，应当承担无限责任或者无限连带责任，其他合伙人以其在合伙企业中的财产份额为限承担责任。

合伙人在执业活动中非因故意或者重大过失造成的合伙企业债务以及合伙企业的其他债务，由全体合伙人承担无限连带责任。

注释　特殊的普通合伙企业与普通合伙企业的主要区别在于承担责任的原则不同。普通合伙企业由普通合伙人组成，合伙人对合伙企业债务承担无限连带责任。特殊的普通合伙企业中，各合伙人仍对合伙债务承担无限连带责任，但这种责任仅限于合伙人本人业务范围及过错，即对企业形成的债务属于本人职责范围且由本人的过错导致的方承担无限责任，对于其他合伙人职责范围或过错所导致的债务不负连带责任。

第五十八条 【合伙人过错的赔偿责任】合伙人执业活动中因故意或者重大过失造成的合伙企业债务，以合伙企业财产对外承担责任后，该合伙人应当按照合伙协议的约定对给合伙企业造成的损失承担赔偿责任。

第五十九条 【执业风险基金和职业保险】特殊的普通合伙企业应当建立执业风险基金、办理职业保险。

执业风险基金用于偿付合伙人执业活动造成的债务。执业风险基金应当单独立户管理。具体管理办法由国务院规定。

第三章　有限合伙企业

第六十条 【有限合伙企业的法律适用】有限合伙企业及其合伙人适用本章规定；本章未作规定的，适用本法第二章第一节至第五节关于普通合伙企业及其合伙人的规定。

注释　有限合伙企业，通常是指由有限合伙人和普通合伙人共同组成的，普通合伙人对合伙企业债务承担无限连带责任，有限合伙人以其认缴的出资额为限对合伙企业债务承担责任的合伙组织。有限合伙企业与普通合伙企业和有限责任公司相比较有以下显著特征：①<u>在经营管理上</u>，普通合伙企业的合伙人，一般均可参与合伙企业的经营管理。有限责任公司的股东有权参与公司的经营管理（含直接参与和间接参与）。而在有限合伙企业中，有限合伙人一般不参与合伙的具体经营管理，而由普通合伙人从事具体的经营管理。②<u>在风险承担上</u>，普通合伙企业的合伙人之间对合伙债务承担无限连带责任。有限责任公司股东对公司债务以其各自的出资额为限承担有限责任。在有限合伙企业中，有限合伙人以其各自的出资额为限承担有限责任，普通合伙人之间承担无限连带责任。

第六十一条 【合伙人人数以及要求】有限合伙企业由二个以上五十个以下合伙人设立；但是，法律另有规定的除外。

有限合伙企业至少应当有一个普通合伙人。

第六十二条 【名称】有限合伙企业名称中应当标明"有限合伙"字样。

第六十三条 【合伙协议内容】合伙协议除符合本法第十八条的规定外，还应当载明下列事项：

（一）普通合伙人和有限合伙人的姓名或者名称、住所；
（二）执行事务合伙人应具备的条件和选择程序；
（三）执行事务合伙人权限与违约处理办法；
（四）执行事务合伙人的除名条件和更换程序；
（五）有限合伙人入伙、退伙的条件、程序以及相关责任；
（六）有限合伙人和普通合伙人相互转变程序。

注释 有限合伙人与普通合伙人可以相互转变，但是必须保证转换后的合伙企业有普通合伙人。

第六十四条 【出资方式】有限合伙人可以用货币、实物、知识产权、土地使用权或者其他财产权利作价出资。

有限合伙人不得以劳务出资。

注释 劳务出资，是指合伙人以自己的劳动作为向合伙企业的出资方式。

第六十五条 【出资义务的履行】有限合伙人应当按照合伙协议的约定按期足额缴纳出资；未按期足额缴纳的，应当承担补缴义务，并对其他合伙人承担违约责任。

第六十六条 【登记事项】有限合伙企业登记事项中应当载明有限合伙人的姓名或者名称及认缴的出资数额。

第六十七条 【合伙事务执行】有限合伙企业由普通合伙人执行合伙事务。执行事务合伙人可以要求在合伙协议中确定执行事务的报酬及报酬提取方式。

第六十八条 【合伙事务执行禁止】有限合伙人不执行合伙事务，不得对外代表有限合伙企业。

有限合伙人的下列行为，不视为执行合伙事务：

（一）参与决定普通合伙人入伙、退伙；

（二）对企业的经营管理提出建议；

（三）参与选择承办有限合伙企业审计业务的会计师事务所；

（四）获取经审计的有限合伙企业财务会计报告；

（五）对涉及自身利益的情况，查阅有限合伙企业财务会计账簿等财务资料；

（六）在有限合伙企业中的利益受到侵害时，向有责任的合伙人主张权利或者提起诉讼；

（七）执行事务合伙人怠于行使权利时，督促其行使权利或者为了本企业的利益以自己的名义提起诉讼；

（八）依法为本企业提供担保。

第六十九条 【利润分配】有限合伙企业不得将全部利润分配给部分合伙人；但是，合伙协议另有约定的除外。

第七十条 【有限合伙人与本有限合伙企业交易】有限合伙人可以同本有限合伙企业进行交易；但是，合伙协议另有约定的除外。

第七十一条 【有限合伙人经营与本有限合伙企业相竞争业务】

有限合伙人可以自营或者同他人合作经营与本有限合伙企业相竞争的业务；但是，合伙协议另有约定的除外。

第七十二条 【有限合伙人财产份额的出质】有限合伙人可以将其在有限合伙企业中的财产份额出质；但是，合伙协议另有约定的除外。

第七十三条 【有限合伙人财产份额对外转让】有限合伙人可以按照合伙协议的约定向合伙人以外的人转让其在有限合伙企业中的财产份额，但应当提前三十日通知其他合伙人。

第七十四条 【有限合伙人以合伙企业中的财产份额偿还债务】有限合伙人的自有财产不足清偿其与合伙企业无关的债务的，该合伙人可以以其从有限合伙企业中分取的收益用于清偿；债权人也可以依法请求人民法院强制执行该合伙人在有限合伙企业中的财产份额用于清偿。

人民法院强制执行有限合伙人的财产份额时，应当通知全体合伙人。在同等条件下，其他合伙人有优先购买权。

第七十五条 【合伙人结构变化时的处理】有限合伙企业仅剩有限合伙人的，应当解散；有限合伙企业仅剩普通合伙人的，转为普通合伙企业。

第七十六条 【表见代理及无权代理】第三人有理由相信有限合伙人为普通合伙人并与其交易的，该有限合伙人对该笔交易承担与普通合伙人同样的责任。

有限合伙人未经授权以有限合伙企业名义与他人进行交易，给有限合伙企业或者其他合伙人造成损失的，该有限合伙人应当承担赔偿责任。

注释 有限合伙人的表见代理，是指有限合伙人无权代表有限合伙企业对外进行交易，但有限合伙人的形象使交易相对人相信其为普通合伙人，可以代表有限合伙企业对外负事务执行，这时由有限合伙人对无过失的相对人承担责任的一种特殊安排。注意，有限合伙人的表见代理与一般的表见代理区别在：一般表见代理的责任人为被代理人，而有限合伙人的表见代理的责任人为有限合伙人。

　　有限合伙人的无权代理，是指有限合伙人没有获得有限合伙企业事务执行人的任何授权，却以有限合伙企业或者普通合伙人的名义与他人进行交易，由此造成的损失由有限合伙人自行赔偿。有限合伙人的无权代理与有限合伙人的越权代理不同。在无权代理中，代理人没有获得委托人的代理授权；而在越权代理中，代理人获得了委托人的代理授权。

　　第七十七条　【新入伙有限合伙人的责任】新入伙的有限合伙人对入伙前有限合伙企业的债务，以其认缴的出资额为限承担责任。

　　第七十八条　【有限合伙人当然退伙】有限合伙人有本法第四十八条第一款第一项、第三项至第五项所列情形之一的，当然退伙。

　　第七十九条　【有限合伙人丧失民事行为能力时不得被退伙】作为有限合伙人的自然人在有限合伙企业存续期间丧失民事行为能力的，其他合伙人不得因此要求其退伙。

　　第八十条　【有限合伙人死亡或者终止时的资格继受】作为有限合伙人的自然人死亡、被依法宣告死亡或者作为有限合伙人的法人及其他组织终止时，其继承人或者权利承受人可以依法取得该有限合伙人在有限合伙企业中的资格。

　　第八十一条　【有限合伙人退伙后的责任承担】有限合伙人退伙后，对基于其退伙前的原因发生的有限合伙企业债务，以其退伙时从有限合伙企业中取回的财产承担责任。

　　第八十二条　【合伙人类型转变】除合伙协议另有约定外，普通合伙人转变为有限合伙人，或者有限合伙人转变为普通合伙人，应当经全体合伙人一致同意。

　　第八十三条　【有限合伙人转变为普通合伙人的债务责任承担】有限合伙人转变为普通合伙人的，对其作为有限合伙人期间有限合伙企业发生的债务承担无限连带责任。

　　第八十四条　【普通合伙人转变为有限合伙人的债务责任承担】

普通合伙人转变为有限合伙人的，对其作为普通合伙人期间合伙企业发生的债务承担无限连带责任。

第四章　合伙企业解散、清算

第八十五条　【解散的情形】合伙企业有下列情形之一的，应当解散：

（一）合伙期限届满，合伙人决定不再经营；
（二）合伙协议约定的解散事由出现；
（三）全体合伙人决定解散；
（四）合伙人已不具备法定人数满三十天；
（五）合伙协议约定的合伙目的已经实现或者无法实现；
（六）依法被吊销营业执照、责令关闭或者被撤销；
（七）法律、行政法规规定的其他原因。

第八十六条　【清算】合伙企业解散，应当由清算人进行清算。

清算人由全体合伙人担任；经全体合伙人过半数同意，可以自合伙企业解散事由出现后十五日内指定一个或者数个合伙人，或者委托第三人，担任清算人。

自合伙企业解散事由出现之日起十五日内未确定清算人的，合伙人或者其他利害关系人可以申请人民法院指定清算人。

第八十七条　【清算人在清算期间所执行的事务】清算人在清算期间执行下列事务：

（一）清理合伙企业财产，分别编制资产负债表和财产清单；
（二）处理与清算有关的合伙企业未了结事务；
（三）清缴所欠税款；
（四）清理债权、债务；
（五）处理合伙企业清偿债务后的剩余财产；
（六）代表合伙企业参加诉讼或者仲裁活动。

第八十八条　【债权申报】清算人自被确定之日起十日内将合伙企业解散事项通知债权人，并于六十日内在报纸上公告。债权人应当自接到通知书之日起三十日内，未接到通知书的自公告之日起四十五日内，向清算人申报债权。

债权人申报债权，应当说明债权的有关事项，并提供证明材料。清算人应当对债权进行登记。

清算期间，合伙企业存续，但不得开展与清算无关的经营活动。

第八十九条　【清偿顺序】合伙企业财产在支付清算费用和职工工资、社会保险费用、法定补偿金以及缴纳所欠税款、清偿债务后的剩余财产，依照本法第三十三条第一款的规定进行分配。

第九十条　【注销】清算结束，清算人应当编制清算报告，经全体合伙人签名、盖章后，在十五日内向企业登记机关报送清算报告，申请办理合伙企业注销登记。

第九十一条　【注销后原普通合伙人的责任】合伙企业注销后，原普通合伙人对合伙企业存续期间的债务仍应承担无限连带责任。

第九十二条　【破产】合伙企业不能清偿到期债务的，债权人可以依法向人民法院提出破产清算申请，也可以要求普通合伙人清偿。

合伙企业依法被宣告破产的，普通合伙人对合伙企业债务仍应承担无限连带责任。

> 参见　《企业破产法》第7条

第五章　法律责任

第九十三条　【骗取企业登记的法律责任】违反本法规定，提交虚假文件或者采取其他欺骗手段，取得合伙企业登记的，由企业登记机关责令改正，处以五千元以上五万元以下的罚款；情节严重的，撤销企业登记，并处以五万元以上二十万元以下的罚款。

第九十四条　【名称中未标明法定字样的法律责任】违反本法规定，合伙企业未在其名称中标明"普通合伙"、"特殊普通合伙"或者"有限合伙"字样的，由企业登记机关责令限期改正，处以二千元以上一万元以下的罚款。

第九十五条　【未领取营业执照，擅自从事合伙业务及未依法办理变更登记的法律责任】违反本法规定，未领取营业执照，而以合伙企业或者合伙企业分支机构名义从事合伙业务的，由企业登记机关责令停止，处以五千元以上五万元以下的罚款。

合伙企业登记事项发生变更时，未依照本法规定办理变更登记的，由企业登记机关责令限期登记；逾期不登记的，处以二千元以上二万元以下的罚款。

合伙企业登记事项发生变更，执行合伙事务的合伙人未按期申请办理变更登记的，应当赔偿由此给合伙企业、其他合伙人或者善意第三人造成的损失。

第九十六条 【侵占合伙企业财产的法律责任】合伙人执行合伙事务，或者合伙企业从业人员利用职务上的便利，将应当归合伙企业的利益据为己有的，或者采取其他手段侵占合伙企业财产的，应当将该利益和财产退还合伙企业；给合伙企业或者其他合伙人造成损失的，依法承担赔偿责任。

第九十七条 【擅自处理合伙事务的法律责任】合伙人对本法规定或者合伙协议约定必须经全体合伙人一致同意始得执行的事务擅自处理，给合伙企业或者其他合伙人造成损失的，依法承担赔偿责任。

第九十八条 【擅自执行合伙事务的法律责任】不具有事务执行权的合伙人擅自执行合伙事务，给合伙企业或者其他合伙人造成损失的，依法承担赔偿责任。

第九十九条 【违反竞业禁止或与本合伙企业进行交易的规定的法律责任】合伙人违反本法规定或者合伙协议的约定，从事与本合伙企业相竞争的业务或者与本合伙企业进行交易的，该收益归合伙企业所有；给合伙企业或者其他合伙人造成损失的，依法承担赔偿责任。

第一百条 【未依法报送清算报告的法律责任】清算人未依照本法规定向企业登记机关报送清算报告，或者报送清算报告隐瞒重要事实，或者有重大遗漏的，由企业登记机关责令改正。由此产生的费用和损失，由清算人承担和赔偿。

第一百零一条 【清算人执行清算事务时牟取非法收入或侵占合伙企业财产的法律责任】清算人执行清算事务，牟取非法收入或者侵占合伙企业财产的，应当将该收入和侵占的财产退还合伙企业；给合伙企业或者其他合伙人造成损失的，依法承担赔偿责任。

第一百零二条 【清算人违法隐匿、转移合伙企业财产，对资产负债表或者财产清单作虚伪记载，或者在未清偿债务前分配财产的法律责任】清算人违反本法规定，隐匿、转移合伙企业财产，对资产负债表或者财产清单作虚假记载，或者在未清偿债务前分配财产，损害债权人利益的，依法承担赔偿责任。

第一百零三条 【合伙人违反合伙协议的法律责任及争议解决方式】合伙人违反合伙协议的，应当依法承担违约责任。

合伙人履行合伙协议发生争议的，合伙人可以通过协商或者调解解决。不愿通过协商、调解解决或者协商、调解不成的，可以按照合伙协议约定的仲裁条款或者事后达成的书面仲裁协议，向仲裁机构申请仲裁。合伙协议中未订立仲裁条款，事后又没有达成书面仲裁协议的，可以向人民法院起诉。

第一百零四条 【行政管理机关工作人员滥用职权、徇私舞弊、收受贿赂、侵害合伙企业合法权益的法律责任】有关行政管理机关的工作人员违反本法规定，滥用职权、徇私舞弊、收受贿赂、侵害合伙企业合法权益的，依法给予行政处分。

第一百零五条 【刑事责任】违反本法规定，构成犯罪的，依法追究刑事责任。

第一百零六条 【民事赔偿责任和罚款、罚金的承担顺序】违反本法规定，应当承担民事赔偿责任和缴纳罚款、罚金，其财产不足以同时支付的，先承担民事赔偿责任。

第六章　附　　则

第一百零七条 【非企业专业服务机构采取合伙制的法律适用】非企业专业服务机构依据有关法律采取合伙制的，其合伙人承担责任的形式可以适用本法关于特殊的普通合伙企业合伙人承担责任的规定。

第一百零八条 【外国企业或个人在中国境内设立合伙企业的管理办法的制定】外国企业或者个人在中国境内设立合伙企业的管理办法由国务院规定。

第一百零九条 【施行日期】本法自2007年6月1日起施行。

中华人民共和国个人独资企业法

(1999年8月30日第九届全国人民代表大会常务委员会第十一次会议通过 1999年8月30日中华人民共和国主席令第20号公布 自2000年1月1日起施行)

第一章 总 则

第一条 【立法目的】为了规范个人独资企业的行为,保护个人独资企业投资人和债权人的合法权益,维护社会经济秩序,促进社会主义市场经济的发展,根据宪法,制定本法。

第二条 【个人独资企业定义】本法所称个人独资企业,是指依照本法在中国境内设立,由一个自然人投资,财产为投资人个人所有,投资人以其个人财产对企业债务承担无限责任的经营实体。

第三条 【住所】个人独资企业以其主要办事机构所在地为住所。

第四条 【依法经营】个人独资企业从事经营活动必须遵守法律、行政法规,遵守诚实信用原则,不得损害社会公共利益。

个人独资企业应当依法履行纳税义务。

第五条 【权益保护】国家依法保护个人独资企业的财产和其他合法权益。

第六条 【依法招聘职工建立工会】个人独资企业应当依法招用职工。职工的合法权益受法律保护。

个人独资企业职工依法建立工会,工会依法开展活动。

第七条 【党的活动】在个人独资企业中的中国共产党党员依照中国共产党章程进行活动。

第二章 个人独资企业的设立

第八条 【建立条件】设立个人独资企业应当具备下列条件:

(一)投资人为一个自然人;

(二)有合法的企业名称;

(三)有投资人申报的出资;

(四)有固定的生产经营场所和必要的生产经营条件;

(五)有必要的从业人员。

第九条 【申请程序】申请设立个人独资企业,应当由投资人或者其委托的代理人向个人独资企业所在地的登记机关提交设立申请书、投资人身份证明、生产经营场所使用证明等文件。委托代理人申请设立登记时,应当出具投资人的委托书和代理人的合法证明。

个人独资企业不得从事法律、行政法规禁止经营的业务;从事法律、行政法规规定须报经有关部门审批的业务,应当在申请设立登记时提交有关部门的批准文件。

第十条 【申请书内容】个人独资企业设立申请书应当载明下列事项:

(一)企业的名称和住所;

(二)投资人的姓名和居所;

(三)投资人的出资额和出资方式;

(四)经营范围。

第十一条 【名称】个人独资企业的名称应当与其责任形式及从事的营业相符合。

第十二条 【登记】登记机关应当在收到设立申请文件之日起15日内,对符合本法规定条件的,予以登记,发给营业执照;对不符合本法规定条件的,不予登记,并应当给予书面答复,说明理由。

第十三条 【成立日期】个人独资企业的营业执照的签发日期,为个人独资企业成立日期。

在领取个人独资企业营业执照前,投资人不得以个人独资企业名义从事经营活动。

第十四条 【分支机构的设立】个人独资企业设立分支机构,应当由投资人或者其委托的代理人向分支机构所在地的登记机关申请登记,领取营业执照。

分支机构经核准登记后,应将登记情况报该分支机构隶属的个人独资企业的登记机关备案。

分支机构的民事责任由设立该分支机构的个人独资企业承担。

第十五条 【变更登记】个人独资企业存续期间登记事项发生变更的,应当在作出变更决定之日起的15日内依法向登记机关申请办理变更登记。

第三章 个人独资企业的投资人及事务管理

第十六条 【禁止设立】法律、行政法规禁止从事营利性活动的人,不得作为投资人申请设立个人独资企业。

第十七条 【财产权】个人独资企业投资人对本企业的财产依法享有所有权,其有关权利可以依法进行转让或继承。

第十八条 【无限责任】个人独资企业投资人在申请企业设立登记时明确以其家庭共有财产作为个人出资的,应当依法以家庭共有财产对企业债务承担无限责任。

第十九条 【管理】个人独资企业投资人可以自行管理企业事务,也可以委托或者聘用其他具有民事行为能力的人负责企业的事务管理。

投资人委托或者聘用他人管理个人独资企业事务,应当与受托人或者被聘用的人签订书面合同,明确委托的具体内容和授予的权利范围。

受托人或者被聘用的人员应当履行诚信、勤勉义务,按照与投资人签订的合同负责个人独资企业的事务管理。

投资人对受托人或者被聘用的人员职权的限制，不得对抗善意第三人。

第二十条 【管理人员的禁止行为】投资人委托或者聘用的管理个人独资企业事务的人员不得有下列行为：

（一）利用职务上的便利，索取或者收受贿赂；

（二）利用职务或者工作上的便利侵占企业财产；

（三）挪用企业的资金归个人使用或者借贷给他人；

（四）擅自将企业资金以个人名义或者以他人名义开立账户储存；

（五）擅自以企业财产提供担保；

（六）未经投资人同意，从事与本企业相竞争的业务；

（七）未经投资人同意，同本企业订立合同或者进行交易；

（八）未经投资人同意，擅自将企业商标或者其他知识产权转让给他人使用；

（九）泄露本企业的商业秘密；

（十）法律、行政法规禁止的其他行为。

第二十一条 【财务】个人独资企业应当依法设置会计账簿，进行会计核算。

第二十二条 【职工权益保护】个人独资企业招用职工的，应当依法与职工签订劳动合同，保障职工的劳动安全，按时、足额发放职工工资。

第二十三条 【职工保险】个人独资企业应当按照国家规定参加社会保险，为职工缴纳社会保险费。

第二十四条 【企业权利】个人独资企业可以依法申请贷款、取得土地使用权，并享有法律、行政法规规定的其他权利。

第二十五条 【禁止摊派】任何单位和个人不得违反法律、行政法规的规定，以任何方式强制个人独资企业提供财力、物力、人力；对于违法强制提供财力、物力、人力的行为，个人独资企业有权拒绝。

第四章　个人独资企业的解散和清算

第二十六条　【解散情形】个人独资企业有下列情形之一时，应当解散：

（一）投资人决定解散；

（二）投资人死亡或者被宣告死亡，无继承人或者继承人决定放弃继承；

（三）被依法吊销营业执照；

（四）法律、行政法规规定的其他情形。

第二十七条　【解散程序】个人独资企业解散，由投资人自行清算或者由债权人申请人民法院指定清算人进行清算。

投资人自行清算的，应当在清算前15日内书面通知债权人，无法通知的，应当予以公告。债权人应当在接到通知之日起30日内，未接到通知的应当在公告之日起60日内，向投资人申报其债权。

第二十八条　【解散后的责任】个人独资企业解散后，原投资人对个人独资企业存续期间的债务仍应承担偿还责任，但债权人在5年内未向债务人提出偿债请求的，该责任消灭。

第二十九条　【债务清偿】个人独资企业解散的，财产应当按照下列顺序清偿：

（一）所欠职工工资和社会保险费用；

（二）所欠税款；

（三）其他债务。

第三十条　【清算期内的禁止行为】清算期间，个人独资企业不得开展与清算目的无关的经营活动。在按前条规定清偿债务前，投资人不得转移、隐匿财产。

第三十一条　【个人其他财产清偿】个人独资企业财产不足以清偿债务的，投资人应当以其个人的其他财产予以清偿。

第三十二条　【注销登记】个人独资企业清算结束后，投资人或者人民法院指定的清算人应当编制清算报告，并于15日内到登记机关办理注销登记。

第五章 法律责任

第三十三条 【欺骗登记】违反本法规定，提交虚假文件或采取其他欺骗手段，取得企业登记的，责令改正，处以5000元以下的罚款；情节严重的，并处吊销营业执照。

第三十四条 【擅自更名责任】违反本法规定，个人独资企业使用的名称与其在登记机关登记的名称不相符合的，责令限期改正，处以2000元以下的罚款。

第三十五条 【涂改、出租、转让执照责任】涂改、出租、转让营业执照的，责令改正，没收违法所得，处以3000元以下的罚款；情节严重的，吊销营业执照。

伪造营业执照的，责令停业，没收违法所得，处以5000元以下的罚款。构成犯罪的，依法追究刑事责任。

第三十六条 【不开业或停业责任】个人独资企业成立后无正当理由超过6个月未开业的，或者开业后自行停业连续6个月以上的，吊销营业执照。

第三十七条 【未登记或变更登记责任】违反本法规定，未领取营业执照，以个人独资企业名义从事经营活动的，责令停止经营活动，处以3000元以下的罚款。

个人独资企业登记事项发生变更时，未按本法规定办理有关变更登记的，责令限期办理变更登记；逾期不办理的，处以2000元以下的罚款。

第三十八条 【管理人责任】投资人委托或者聘用的人员管理个人独资企业事务时违反双方订立的合同，给投资人造成损害的，承担民事赔偿责任。

第三十九条 【企业侵犯职工利益责任】个人独资企业违反本法规定，侵犯职工合法权益，未保障职工劳动安全，不缴纳社会保险费用的,按照有关法律、行政法规予以处罚,并追究有关责任人员的责任。

第四十条 【管理人侵犯财产责任】投资人委托或者聘用的人员违反本法第二十条规定,侵犯个人独资企业财产权益的,责令退还侵占的财产;给企业造成损失的,依法承担赔偿责任;有违法所得的,没收违法所得;构成犯罪的,依法追究刑事责任。

第四十一条 【摊派责任】违反法律、行政法规的规定强制个人独资企业提供财力、物力、人力的,按照有关法律、行政法规予以处罚,并追究有关责任人员的责任。

第四十二条 【企业逃避债务责任】个人独资企业及其投资人在清算前或清算期间隐匿或转移财产,逃避债务的,依法追回其财产,并按照有关规定予以处罚;构成犯罪的,依法追究刑事责任。

第四十三条 【责任顺序】投资人违反本法规定,应当承担民事赔偿责任和缴纳罚款、罚金,其财产不足以支付的,或者被判处没收财产的,应当先承担民事赔偿责任。

第四十四条 【登记机关责任】登记机关对不符合本法规定条件的个人独资企业予以登记,或者对符合本法规定条件的企业不予登记的,对直接责任人员依法给予行政处分;构成犯罪的,依法追究刑事责任。

第四十五条 【登记机关上级主管人员责任】登记机关的上级部门的有关主管人员强令登记机关对不符合本法规定条件的企业予以登记,或者对符合本法规定条件的企业不予登记的,或者对登记机关的违法登记行为进行包庇的,对直接责任人员依法给予行政处分;构成犯罪的,依法追究刑事责任。

第四十六条 【不予登记的救济】登记机关对符合法定条件的申请不予登记或者超过法定时限不予答复的,当事人可依法申请行政复议或提起行政诉讼。

第六章 附 则

第四十七条 【适用范围】外商独资企业不适用本法。
第四十八条 【生效日期】本法自 2000 年 1 月 1 日起施行。

中华人民共和国票据法

(1995 年 5 月 10 日第八届全国人民代表大会常务委员会第十三次会议通过 根据 2004 年 8 月 28 日第十届全国人民代表大会常务委员会第十一次会议《关于修改〈中华人民共和国票据法〉的决定》修正)

第一章 总 则

第一条 为了规范票据行为,保障票据活动中当事人的合法权益,维护社会经济秩序,促进社会主义市场经济的发展,制定本法。

第二条 在中华人民共和国境内的票据活动,适用本法。

本法所称票据,是指汇票、本票和支票。

第三条 票据活动应当遵守法律、行政法规,不得损害社会公共利益。

第四条 票据出票人制作票据,应当按照法定条件在票据上签章,并按照所记载的事项承担票据责任。

持票人行使票据权利,应当按照法定程序在票据上签章,并出示票据。

其他票据债务人在票据上签章的,按照票据所记载的事项承担票据责任。

本法所称票据权利,是指持票人向票据债务人请求支付票据金额的权利,包括付款请求权和追索权。

本法所称票据责任,是指票据债务人向持票人支付票据金额的义务。

第五条 票据当事人可以委托其代理人在票据上签章,并应当在票据上表明其代理关系。

没有代理权而以代理人名义在票据上签章的,应当由签章人承担票据责任;代理人超越代理权限的,应当就其超越权限的部分承担票据责任。

第六条 无民事行为能力人或者限制民事行为能力人在票据上签章的,其签章无效,但是不影响其他签章的效力。

第七条 票据上的签章,为签名、盖章或者签名加盖章。

法人和其他使用票据的单位在票据上的签章,为该法人或者该单位的盖章加其法定代表人或者其授权的代理人的签章。

在票据上的签名,应当为该当事人的本名。

第八条 票据金额以中文大写和数码同时记载,二者必须一致,二者不一致的,票据无效。

第九条 票据上的记载事项必须符合本法的规定。

票据金额、日期、收款人名称不得更改,更改的票据无效。

对票据上的其他记载事项,原记载人可以更改,更改时应当由原记载人签章证明。

第十条 票据的签发、取得和转让,应当遵循诚实信用的原则,具有真实的交易关系和债权债务关系。

票据的取得,必须给付对价,即应当给付票据双方当事人认可的相对应的代价。

第十一条 因税收、继承、赠与可以依法无偿取得票据的,不受给付对价的限制。但是,所享有的票据权利不得优于其前手的权利。

前手是指在票据签章人或者持票人之前签章的其他票据债务人。

第十二条 以欺诈、偷盗或者胁迫等手段取得票据的,或者明知有前列情形,出于恶意取得票据的,不得享有票据权利。

持票人因重大过失取得不符合本法规定的票据的,也不得享有票据权利。

第十三条　票据债务人不得以自己与出票人或者与持票人的前手之间的抗辩事由，对抗持票人。但是，持票人明知存在抗辩事由而取得票据的除外。

票据债务人可以对不履行约定义务的与自己有直接债权债务关系的持票人，进行抗辩。

本法所称抗辩，是指票据债务人根据本法规定对票据债权人拒绝履行义务的行为。

第十四条　票据上的记载事项应当真实，不得伪造、变造。伪造、变造票据上的签章和其他记载事项的，应当承担法律责任。

票据上有伪造、变造的签章的，不影响票据上其他真实签章的效力。

票据上其他记载事项被变造的，在变造之前签章的人，对原记载事项负责；在变造之后签章的人，对变造之后的记载事项负责；不能辨别是在票据被变造之前或者之后签章的，视同在变造之前签章。

第十五条　票据丧失，失票人可以及时通知票据的付款人挂失止付，但是，未记载付款人或者无法确定付款人及其代理付款人的票据除外。

收到挂失止付通知的付款人，应当暂停支付。

失票人应当在通知挂失止付后三日内，也可以在票据丧失后，依法向人民法院申请公示催告，或者向人民法院提起诉讼。

第十六条　持票人对票据债务人行使票据权利，或者保全票据权利，应当在票据当事人的营业场所和营业时间内进行，票据当事人无营业场所的，应当在其住所进行。

第十七条　票据权利在下列期限内不行使而消灭：

（一）持票人对票据的出票人和承兑人的权利，自票据到期日起二年。见票即付的汇票、本票，自出票日起二年；

（二）持票人对支票出票人的权利，自出票日起六个月；

（三）持票人对前手的追索权，自被拒绝承兑或者被拒绝付款之日起六个月；

（四）持票人对前手的再追索权，自清偿日或者被提起诉讼之日起三个月。

票据的出票日、到期日由票据当事人依法确定。

第十八条 持票人因超过票据权利时效或者因票据记载事项欠缺而丧失票据权利的，仍享有民事权利，可以请求出票人或者承兑人返还其与未支付的票据金额相当的利益。

第二章 汇　　票

第一节 出　　票

第十九条 汇票是出票人签发的，委托付款人在见票时或者在指定日期无条件支付确定的金额给收款人或者持票人的票据。

汇票分为银行汇票和商业汇票。

第二十条 出票是指出票人签发票据并将其交付给收款人的票据行为。

第二十一条 汇票的出票人必须与付款人具有真实的委托付款关系，并且具有支付汇票金额的可靠资金来源。

不得签发无对价的汇票用以骗取银行或者其他票据当事人的资金。

第二十二条 汇票必须记载下列事项：

（一）表明"汇票"的字样；

（二）无条件支付的委托；

（三）确定的金额；

（四）付款人名称；

（五）收款人名称；

（六）出票日期；

（七）出票人签章。

汇票上未记载前款规定事项之一的，汇票无效。

第二十三条 汇票上记载付款日期、付款地、出票地等事项的，应当清楚、明确。

汇票上未记载付款日期的，为见票即付。

汇票上未记载付款地的，付款人的营业场所、住所或者经常居住地为付款地。

汇票上未记载出票地的，出票人的营业场所、住所或者经常居住地为出票地。

第二十四条 汇票上可以记载本法规定事项以外的其他出票事项，但是该记载事项不具有汇票上的效力。

第二十五条 付款日期可以按照下列形式之一记载：

（一）见票即付；

（二）定日付款；

（三）出票后定期付款；

（四）见票后定期付款。

前款规定的付款日期为汇票到期日。

第二十六条 出票人签发汇票后，即承担保证该汇票承兑和付款的责任。出票人在汇票得不到承兑或者付款时，应当向持票人清偿本法第七十条、第七十一条规定的金额和费用。

第二节 背　书

第二十七条 持票人可以将汇票权利转让给他人或者将一定的汇票权利授予他人行使。

出票人在汇票上记载"不得转让"字样的，汇票不得转让。

持票人行使第一款规定的权利时，应当背书并交付汇票。

背书是指在票据背面或者粘单上记载有关事项并签章的票据行为。

第二十八条 票据凭证不能满足背书人记载事项的需要，可以加附粘单，粘附于票据凭证上。

粘单上的第一记载人，应当在汇票和粘单的粘接处签章。

第二十九条 背书由背书人签章并记载背书日期。

背书未记载日期的，视为在汇票到期日前背书。

第三十条 汇票以背书转让或者以背书将一定的汇票权利授予他人行使时，必须记载被背书人名称。

第三十一条 以背书转让的汇票，背书应当连续。持票人以背书的连续，证明其汇票权利；非经背书转让，而以其他合法方式取得汇票的，依法举证，证明其汇票权利。

前款所称背书连续，是指在票据转让中，转让汇票的背书人与受让汇票的被背书人在汇票上的签章依次前后衔接。

第三十二条 以背书转让的汇票，后手应当对其直接前手背书的真实性负责。

后手是指在票据签章人之后签章的其他票据债务人。

第三十三条 背书不得附有条件。背书时附有条件的，所附条件不具有汇票上的效力。

将汇票金额的一部分转让的背书或者将汇票金额分别转让给二人以上的背书无效。

第三十四条 背书人在汇票上记载"不得转让"字样，其后手再背书转让的，原背书人对后手的被背书人不承担保证责任。

第三十五条 背书记载"委托收款"字样的，被背书人有权代背书人行使被委托的汇票权利。但是，被背书人不得再以背书转让汇票权利。

汇票可以设定质押；质押时应当以背书记载"质押"字样。被背书人依法实现其质权时，可以行使汇票权利。

第三十六条 汇票被拒绝承兑、被拒绝付款或者超过付款提示期限的，不得背书转让；背书转让的，背书人应当承担汇票责任。

第三十七条 背书人以背书转让汇票后，即承担保证其后手所持汇票承兑和付款的责任。背书人在汇票得不到承兑或者付款时，应当向持票人清偿本法第七十条、第七十一条规定的金额和费用。

第三节　承　　兑

第三十八条 承兑是指汇票付款人承诺在汇票到期日支付汇票金额的票据行为。

第三十九条 定日付款或者出票后定期付款的汇票，持票人应当在汇票到期日前向付款人提示承兑。

提示承兑是指持票人向付款人出示汇票，并要求付款人承诺付款的行为。

第四十条 见票后定期付款的汇票，持票人应当自出票日起一个月内向付款人提示承兑。

汇票未按照规定期限提示承兑的，持票人丧失对其前手的追索权。

见票即付的汇票无需提示承兑。

第四十一条 付款人对向其提示承兑的汇票，应当自收到提示承兑的汇票之日起三日内承兑或者拒绝承兑。

付款人收到持票人提示承兑的汇票时，应当向持票人签发收到汇票的回单。回单上应当记明汇票提示承兑日期并签章。

第四十二条 付款人承兑汇票的，应当在汇票正面记载"承兑"字样和承兑日期并签章；见票后定期付款的汇票，应当在承兑时记载付款日期。

汇票上未记载承兑日期的，以前条第一款规定期限的最后一日为承兑日期。

第四十三条 付款人承兑汇票，不得附有条件；承兑附有条件的，视为拒绝承兑。

第四十四条 付款人承兑汇票后，应当承担到期付款的责任。

第四节 保 证

第四十五条 汇票的债务可以由保证人承担保证责任。

保证人由汇票债务人以外的他人担当。

第四十六条 保证人必须在汇票或者粘单上记载下列事项：

（一）表明"保证"的字样；

（二）保证人名称和住所；

（三）被保证人的名称；

（四）保证日期；

（五）保证人签章。

第四十七条 保证人在汇票或者粘单上未记载前条第（三）项的，已承兑的汇票，承兑人为被保证人；未承兑的汇票，出票人为被保证人。

保证人在汇票或者粘单上未记载前条第（四）项的，出票日期为保证日期。

第四十八条 保证不得附有条件；附有条件的，不影响对汇票的保证责任。

第四十九条 保证人对合法取得汇票的持票人所享有的汇票权利，承担保证责任。但是，被保证人的债务因汇票记载事项欠缺而无效的除外。

第五十条 被保证的汇票，保证人应当与被保证人对持票人承担连带责任。汇票到期后得不到付款的，持票人有权向保证人请求付款，保证人应当足额付款。

第五十一条 保证人为二人以上的，保证人之间承担连带责任。

第五十二条 保证人清偿汇票债务后，可以行使持票人对被保证人及其前手的追索权。

第五节 付　款

第五十三条 持票人应当按照下列期限提示付款：

（一）见票即付的汇票，自出票日起一个月内向付款人提示付款；

（二）定日付款、出票后定期付款或者见票后定期付款的汇票，自到期日起十日内向承兑人提示付款。

持票人未按照前款规定期限提示付款的，在作出说明后，承兑人或者付款人仍应当继续对持票人承担付款责任。

通过委托收款银行或者通过票据交换系统向付款人提示付款的，视同持票人提示付款。

第五十四条 持票人依照前条规定提示付款的，付款人必须在当日足额付款。

第五十五条 持票人获得付款的，应当在汇票上签收，并将汇票交给付款人。持票人委托银行收款的，受委托的银行将代收的汇票金额转账收入持票人账户，视同签收。

第五十六条 持票人委托的收款银行的责任，限于按照汇票上记载事项将汇票金额转入持票人账户。

付款人委托的付款银行的责任，限于按照汇票上记载事项从付款人账户支付汇票金额。

第五十七条 付款人及其代理付款人付款时，应当审查汇票背书的连续，并审查提示付款人的合法身份证明或者有效证件。

付款人及其代理付款人以恶意或者有重大过失付款的，应当自行承担责任。

第五十八条 对定日付款、出票后定期付款或者见票后定期付款的汇票，付款人在到期日前付款的，由付款人自行承担所产生的责任。

第五十九条 汇票金额为外币的，按照付款日的市场汇价，以人民币支付。

汇票当事人对汇票支付的货币种类另有约定的，从其约定。

第六十条 付款人依法足额付款后，全体汇票债务人的责任解除。

第六节 追索权

第六十一条 汇票到期被拒绝付款的，持票人可以对背书人、出票人以及汇票的其他债务人行使追索权。

汇票到期日前，有下列情形之一的，持票人也可以行使追索权：

（一）汇票被拒绝承兑的；

（二）承兑人或者付款人死亡、逃匿的；

（三）承兑人或者付款人被依法宣告破产的或者因违法被责令终止业务活动的。

第六十二条 持票人行使追索权时，应当提供被拒绝承兑或者被拒绝付款的有关证明。

持票人提示承兑或者提示付款被拒绝的，承兑人或者付款人必须出具拒绝证明，或者出具退票理由书。未出具拒绝证明或者退票理由书的，应当承担由此产生的民事责任。

第六十三条 持票人因承兑人或者付款人死亡、逃匿或者其他原因，不能取得拒绝证明的，可以依法取得其他有关证明。

第六十四条 承兑人或者付款人被人民法院依法宣告破产的，人民法院的有关司法文书具有拒绝证明的效力。

承兑人或者付款人因违法被责令终止业务活动的，有关行政主管部门的处罚决定具有拒绝证明的效力。

第六十五条 持票人不能出示拒绝证明、退票理由书或者未按照规定期限提供其他合法证明的，丧失对其前手的追索权。但是，承兑人或者付款人仍应当对持票人承担责任。

第六十六条 持票人应当自收到被拒绝承兑或者被拒绝付款的有关证明之日起三日内，将被拒绝事由书面通知其前手；其前手应当自收到通知之日起三日内书面通知其再前手。持票人也可以同时向各汇票债务人发出书面通知。

未按照前款规定期限通知的，持票人仍可以行使追索权。因延期通知给其前手或者出票人造成损失的，由没有按照规定期限通知的汇票当事人，承担对该损失的赔偿责任，但是所赔偿的金额以汇票金额为限。

在规定期限内将通知按照法定地址或者约定的地址邮寄的，视为已经发出通知。

第六十七条 依照前条第一款所作的书面通知，应当记明汇票的主要记载事项，并说明该汇票已被退票。

第六十八条 汇票的出票人、背书人、承兑人和保证人对持票人承担连带责任。

持票人可以不按照汇票债务人的先后顺序，对其中任何一人、数人或者全体行使追索权。

持票人对汇票债务人中的一人或者数人已经进行追索的，对其他汇票债务人仍可以行使追索权。被追索人清偿债务后，与持票人享有同一权利。

第六十九条 持票人为出票人的，对其前手无追索权。持票人为背书人的，对其后手无追索权。

第七十条 持票人行使追索权，可以请求被追索人支付下列金额和费用：

（一）被拒绝付款的汇票金额；

（二）汇票金额自到期日或者提示付款日起至清偿日止，按照中国人民银行规定的利率计算的利息；

（三）取得有关拒绝证明和发出通知书的费用。

被追索人清偿债务时，持票人应当交出汇票和有关拒绝证明，并出具所收到利息和费用的收据。

第七十一条 被追索人依照前条规定清偿后，可以向其他汇票债务人行使再追索权，请求其他汇票债务人支付下列金额和费用：

（一）已清偿的全部金额；

（二）前项金额自清偿日起至再追索清偿日止，按照中国人民银行规定的利率计算的利息；

（三）发出通知书的费用。

行使再追索权的被追索人获得清偿时，应当交出汇票和有关拒绝证明，并出具所收到利息和费用的收据。

第七十二条 被追索人依照前二条规定清偿债务后，其责任解除。

第三章 本 票

第七十三条 本票是出票人签发的，承诺自己在见票时无条件支付确定的金额给收款人或者持票人的票据。

本法所称本票，是指银行本票。

第七十四条 本票的出票人必须具有支付本票金额的可靠资金来源，并保证支付。

第七十五条 本票必须记载下列事项：

（一）表明"本票"的字样；
（二）无条件支付的承诺；
（三）确定的金额；
（四）收款人名称；
（五）出票日期；
（六）出票人签章。

本票上未记载前款规定事项之一的，本票无效。

第七十六条 本票上记载付款地、出票地等事项的，应当清楚、明确。

本票上未记载付款地的，出票人的营业场所为付款地。

本票上未记载出票地的，出票人的营业场所为出票地。

第七十七条 本票的出票人在持票人提示见票时，必须承担付款的责任。

第七十八条 本票自出票日起，付款期限最长不得超过二个月。

第七十九条 本票的持票人未按照规定期限提示见票的，丧失对出票人以外的前手的追索权。

第八十条 本票的背书、保证、付款行为和追索权的行使，除本章规定外，适用本法第二章有关汇票的规定。

本票的出票行为，除本章规定外，适用本法第二十四条关于汇票的规定。

第四章 支　票

第八十一条 支票是出票人签发的，委托办理支票存款业务的银行或者其他金融机构在见票时无条件支付确定的金额给收款人或者持票人的票据。

第八十二条 开立支票存款账户，申请人必须使用其本名，并提交证明其身份的合法证件。

开立支票存款账户和领用支票，应当有可靠的资信，并存入一定的资金。

开立支票存款账户，申请人应当预留其本名的签名式样和印鉴。

第八十三条 支票可以支取现金，也可以转账，用于转账时，应当在支票正面注明。

支票中专门用于支取现金的，可以另行制作现金支票，现金支票只能用于支取现金。

支票中专门用于转账的，可以另行制作转账支票，转账支票只能用于转账，不得支取现金。

第八十四条 支票必须记载下列事项：

（一）表明"支票"的字样；

（二）无条件支付的委托；

（三）确定的金额；

（四）付款人名称；

（五）出票日期；

（六）出票人签章。

支票上未记载前款规定事项之一的，支票无效。

第八十五条 支票上的金额可以由出票人授权补记，未补记前的支票，不得使用。

第八十六条 支票上未记载收款人名称的，经出票人授权，可以补记。

支票上未记载付款地的，付款人的营业场所为付款地。

支票上未记载出票地的，出票人的营业场所、住所或者经常居住地为出票地。

出票人可以在支票上记载自己为收款人。

第八十七条 支票的出票人所签发的支票金额不得超过其付款时在付款人处实有的存款金额。

出票人签发的支票金额超过其付款时在付款人处实有的存款金额的，为空头支票。禁止签发空头支票。

第八十八条 支票的出票人不得签发与其预留本名的签名式样或者印鉴不符的支票。

第八十九条 出票人必须按照签发的支票金额承担保证向该持

票人付款的责任。

出票人在付款人处的存款足以支付支票金额时，付款人应当在当日足额付款。

第九十条 支票限于见票即付，不得另行记载付款日期。另行记载付款日期的，该记载无效。

第九十一条 支票的持票人应当自出票日起十日内提示付款；异地使用的支票，其提示付款的期限由中国人民银行另行规定。

超过提示付款期限的，付款人可以不予付款；付款人不予付款的，出票人仍应当对持票人承担票据责任。

第九十二条 付款人依法支付支票金额的，对出票人不再承担受委托付款的责任，对持票人不再承担付款的责任。但是，付款人以恶意或者有重大过失付款的除外。

第九十三条 支票的背书、付款行为和追索权的行使，除本章规定外，适用本法第二章有关汇票的规定。

支票的出票行为，除本章规定外，适用本法第二十四条、第二十六条关于汇票的规定。

第五章 涉外票据的法律适用

第九十四条 涉外票据的法律适用，依照本章的规定确定。

前款所称涉外票据，是指出票、背书、承兑、保证、付款等行为中，既有发生在中华人民共和国境内又有发生在中华人民共和国境外的票据。

第九十五条 中华人民共和国缔结或者参加的国际条约同本法有不同规定的，适用国际条约的规定。但是，中华人民共和国声明保留的条款除外。

本法和中华人民共和国缔结或者参加的国际条约没有规定的，可以适用国际惯例。

第九十六条 票据债务人的民事行为能力，适用其本国法律。

票据债务人的民事行为能力，依照其本国法律为无民事行为能力或者为限制民事行为能力而依照行为地法律为完全民事行为能力的，适用行为地法律。

第九十七条 汇票、本票出票时的记载事项，适用出票地法律。

支票出票时的记载事项，适用出票地法律，经当事人协议，也可以适用付款地法律。

第九十八条 票据的背书、承兑、付款和保证行为，适用行为地法律。

第九十九条 票据追索权的行使期限，适用出票地法律。

第一百条 票据的提示期限、有关拒绝证明的方式、出具拒绝证明的期限，适用付款地法律。

第一百零一条 票据丧失时，失票人请求保全票据权利的程序，适用付款地法律。

第六章 法律责任

第一百零二条 有下列票据欺诈行为之一的，依法追究刑事责任：

（一）伪造、变造票据的；

（二）故意使用伪造、变造的票据的；

（三）签发空头支票或者故意签发与其预留的本名签名式样或者印鉴不符的支票，骗取财物的；

（四）签发无可靠资金来源的汇票、本票，骗取资金的；

（五）汇票、本票的出票人在出票时作虚假记载，骗取财物的；

（六）冒用他人的票据，或者故意使用过期或者作废的票据，骗取财物的；

（七）付款人同出票人、持票人恶意串通，实施前六项所列行为之一的。

第一百零三条 有前条所列行为之一，情节轻微，不构成犯罪的，依照国家有关规定给予行政处罚。

第一百零四条 金融机构工作人员在票据业务中玩忽职守，对违反本法规定的票据予以承兑、付款或者保证的，给予处分；造成重大损失，构成犯罪的，依法追究刑事责任。

由于金融机构工作人员因前款行为给当事人造成损失的，由该金融机构和直接责任人员依法承担赔偿责任。

第一百零五条 票据的付款人对见票即付或者到期的票据，故意压票，拖延支付的，由金融行政管理部门处以罚款，对直接责任人员给予处分。

票据的付款人故意压票，拖延支付，给持票人造成损失的，依法承担赔偿责任。

第一百零六条 依照本法规定承担赔偿责任以外的其他违反本法规定的行为，给他人造成损失的，应当依法承担民事责任。

第七章 附 则

第一百零七条 本法规定的各项期限的计算，适用民法通则关于计算期间的规定。

按月计算期限的，按到期月的对日计算；无对日的，月末日为到期日。

第一百零八条 汇票、本票、支票的格式应当统一。

票据凭证的格式和印制管理办法，由中国人民银行规定。

第一百零九条 票据管理的具体实施办法，由中国人民银行依照本法制定，报国务院批准后施行。

第一百一十条 本法自1996年1月1日起施行。

中华人民共和国外商投资法

(2019年3月15日第十三届全国人民代表大会第二次会议通过 2019年3月15日中华人民共和国主席令第26号公布 自2020年1月1日起施行)

第一章 总 则

第一条 为了进一步扩大对外开放,积极促进外商投资,保护外商投资合法权益,规范外商投资管理,推动形成全面开放新格局,促进社会主义市场经济健康发展,根据宪法,制定本法。

第二条 在中华人民共和国境内(以下简称中国境内)的外商投资,适用本法。

本法所称外商投资,是指外国的自然人、企业或者其他组织(以下称外国投资者)直接或者间接在中国境内进行的投资活动,包括下列情形:

(一)外国投资者单独或者与其他投资者共同在中国境内设立外商投资企业;

(二)外国投资者取得中国境内企业的股份、股权、财产份额或者其他类似权益;

(三)外国投资者单独或者与其他投资者共同在中国境内投资新建项目;

(四)法律、行政法规或者国务院规定的其他方式的投资。

本法所称外商投资企业,是指全部或者部分由外国投资者投资,依照中国法律在中国境内经登记注册设立的企业。

> **注释** 本条以定义加列举的形式对外商投资的范围作了规定:
> 一是明确规定,外商投资,是指外国的自然人、企业或者其他组织直接或者间接在中国境内进行的投资活动。这是一个比较全面的定义,可以涵盖实践中各种形式的外商投资活动。

二是对外商投资的具体情形作了列举，并规定了兜底条款，主要包括：

1. 外国投资者单独在中国境内设立外商投资企业，或者与其他外国投资者或境内投资者共同在中国境内设立外商投资企业。即"绿地投资"，这是目前实践中最常见的外商投资方式。

2. 外国投资者取得中国境内企业的股份、股权、财产份额或者其他类似权益。即"并购投资"，如取得境内股份有限公司或有限责任公司的股权，取得境内合伙企业的财产份额，以并购的形式控制境内企业等。

3. 外国投资者单独或者与其他投资者共同在中国境内投资新建项目。这是从项目投资的角度对外商投资所作的界定，外国投资者在中国境内投资新建固定资产投资项目等，如建立生产线、合作开发自然资源，无论是否设立企业或并购境内企业，都属于外商投资。

4. 法律、行政法规或者国务院规定的其他方式的投资。法律对外商投资方式的列举不可能穷尽，实践中还可能出现其他方式的外商投资。规定兜底条款，可以为国务院及其相关部门对其他方式的外商投资实施管理留出空间。同时，为保证外资政策的稳定、可预期，本法列明之外的其他方式的外商投资，应由法律、行政法规或者国务院的规定予以确定。

本条还对外商投资企业进行了界定，即全部或者部分由外国投资者投资，依照中国法律在中国境内经登记注册设立的企业。外商投资法对之前的外商投资管理体制作出调整，取消了"外资三法"规定的商务主管部门对外商投资企业的设立管理制度。外国投资者设立外商投资企业，与设立内资企业一样，可直接适用公司法、合伙企业法等市场主体法律的规定，经企业登记注册程序即可设立，不再实行企业设立审批或者备案管理制度。

参见 《外商投资法》第 31 条

第三条 国家坚持对外开放的基本国策，鼓励外国投资者依法在中国境内投资。

国家实行高水平投资自由化便利化政策，建立和完善外商投资促进机制，营造稳定、透明、可预期和公平竞争的市场环境。

注释 本条第一款的规定，首次在法律层面确认对外开放为基本国策，明确规定鼓励外国投资者在境内投资，鲜明展现了我国坚定不移推动新一轮高水平对外开放的原则和立场。

本条第二款的规定，强调要通过实行高水平投资自由化便利化政策、营造国际一流营商环境，来吸引更多外商投资。

第四条 国家对外商投资实行准入前国民待遇加负面清单管理制度。

前款所称准入前国民待遇，是指在投资准入阶段给予外国投资者及其投资不低于本国投资者及其投资的待遇；所称负面清单，是指国家规定在特定领域对外商投资实施的准入特别管理措施。国家对负面清单之外的外商投资，给予国民待遇。

负面清单由国务院发布或者批准发布。

中华人民共和国缔结或者参加的国际条约、协定对外国投资者准入待遇有更优惠规定的，可以按照相关规定执行。

注释 本条规定，国家对外商投资实行准入前国民待遇加负面清单制度，并明确了相关定义：准入前国民待遇，是指在外商投资的准入阶段，对外国投资者及其投资给予不低于本国投资者及其投资的待遇。根据这一规定，可以给予内外资相同待遇，也可以根据引资需要给予外资一定的优惠。负面清单，是指国家规定在特定领域对外商投资实施的准入特别管理措施，负面清单由国务院发布或者批准发布。本法第二十八条进一步明确，外商投资准入负面清单规定禁止投资的领域，外国投资者不得投资；外商投资准入负面清单规定限制投资的领域，外国投资者进行投资应当符合负面清单规定的条件。

参见 《外商投资法》第28条、第36条

第五条 国家依法保护外国投资者在中国境内的投资、收益和其他合法权益。

注释 按照本条的规定,国家依法保护外国投资者在境内的投资(如外国投资者投资设立企业、取得的境内企业的股份和股权、投资建设的项目)、投资所得收益(如取得的利润、资本收益、资产处置所得、知识产权许可使用费)以及依照中国法律应当予以保护的其他合法权益(如依法获得的补偿或者赔偿)等。同时,本法第三章"投资保护"对外商投资保护相关制度作了具体规定,加强对外商投资企业产权的保护,如国家对外国投资者的投资不实行征收,但在特殊情况下,国家为了公共利益的需要,可以依照法律规定对外国投资者的投资实行征收或者征用,征收、征用应当依照法定程序进行,并及时给予公平、合理的补偿。外国投资者在中国境内的出资、利润、资本收益、资产处置所得、知识产权许可使用费、依法获得的补偿或者赔偿、清算所得等,可以依法以人民币或者外汇自由汇入、汇出。国家保护外国投资者和外商投资企业的知识产权,鼓励基于自愿原则和商业规则开展技术合作,行政机关及其工作人员不得利用行政手段强制转让技术。行政机关及其工作人员对于履行职责过程中知悉的外国投资者、外商投资企业的商业秘密,应当依法予以保密,不得泄露或者非法向他人提供,等等。

第六条 在中国境内进行投资活动的外国投资者、外商投资企业,应当遵守中国法律法规,不得危害中国国家安全、损害社会公共利益。

参见 《国家安全法》;《民法典》

第七条 国务院商务主管部门、投资主管部门按照职责分工,开展外商投资促进、保护和管理工作;国务院其他有关部门在各自职责范围内,负责外商投资促进、保护和管理的相关工作。

县级以上地方人民政府有关部门依照法律法规和本级人民政府确定的职责分工,开展外商投资促进、保护和管理工作。

注释 本条对国务院、县级以上地方人民政府相关部门,在外商投资方面工作的职责作了原则规定。在中央层面,国务院商务主管部门、投资主管部门按照职责分工,开展外商投资的促进、保护和管理工作；国务院有关部门在各自职责范围内，负责外商投资促进、保护和管理的相关工作。上述相关部门在外商投资促进、保护和管理方面的具体职责划分，按照相关法律法规以及国务院批准的相关部门主要职责内设机构和人员编制的规定（"三定"规定）等执行。在地方层面，县级以上地方人民政府相关部门的具体职责划分，依照法律法规和本级人民政府确定的职责分工执行。同时，本法第三十四条对外商投资信息报告制度作了规定，要求外国投资者或者外商投资企业向商务主管部门报送投资信息，第三十七条规定由商务主管部门对违反信息报告义务的行为进行处罚，明确了外商投资信息报告事项由商务主管部门负责管理。

参见　《外商投资法》第 34 条、第 37 条

第八条　外商投资企业职工依法建立工会组织，开展工会活动，维护职工的合法权益。外商投资企业应当为本企业工会提供必要的活动条件。

参见　《工会法》

第二章　投资促进

第九条　外商投资企业依法平等适用国家支持企业发展的各项政策。

注释　[外商投资企业平等适用其他形式的支持企业发展的政策]

除已通过立法程序成为法律法规规范的政策外，外商投资企业依法平等适用国家以其他形式出台的支持企业发展的各项政策。这里主要是指党中央、国务院制定的关于支持企业发展的方针、政策，以及国务院有关部门为落实党中央、国务院部署出台的具体政策措施，包括综合性政策措施、财税外汇金融政策措施和产业政策措施。

2010 年 4 月，国务院颁布的《关于进一步做好利用外资工作的若干意见》中明确提出"国家产业调整和振兴规划中的政策措施同等适用于符合条件的外商投资企业"。2017 年 1 月，国务院颁布的

《关于扩大对外开放积极利用外资若干措施的通知》进一步指出：外商投资企业和内资企业同等适用"中国制造2025"战略政策措施；外商投资企业与内资企业同等适用相关用地政策。

参见　《企业所得税法》；《中小企业促进法》

第十条　制定与外商投资有关的法律、法规、规章，应当采取适当方式征求外商投资企业的意见和建议。

与外商投资有关的规范性文件、裁判文书等，应当依法及时公布。

注释　[制定与外商投资有关的法律]

根据宪法第五十八条的规定，全国人民代表大会和全国人大常委会行使国家立法权。根据立法法第三十七条的规定，列入常委会会议议程的法律案，应当在常委会会议后将法律草案及其起草、修改的说明等向社会公布，征求意见，但是经委员长会议决定不公布的除外。向社会公布征求意见的时间一般不少于30日；征求意见的情况应当向社会通报。因此，根据上述规定及本条第一款要求，全国人大及其常委会制定与外商投资有关的法律，应当采取适当方式征求包括外商投资企业在内的社会各界的意见和建议。

[制定与外商投资有关的法规规章]

与外商投资有关的法规，包括行政法规和地方性法规。国务院制定的行政法规主要涉及为执行法律的规定需要制定行政法规的事项和属于其职权中的行政管理的事项。

[采取适当方式征求外商投资企业的意见和建议]

制定与外商投资有关的法律、法规、规章，应当科学合理地选择征求意见的对象，一方面要注意征求意见的广泛性，另一方面要科学评估拟制定的法律、法规、规章对外商投资企业可能产生的影响及其程度、范围；对外商投资企业切身利益或权利义务有重大影响的，要充分听取有代表性的外商投资企业及相关协会、商会的意见。根据需要，征求意见的方式可以采取召开座谈会、听证会、论证会，实地调研，分发、邮寄问卷，开通征求意见工作平台、网上公开征求意见等多种形式。充分利用网上政务平台、移动客户端、政务服务中心等线上或线下载体，全面了解外商投资企业及相关协会、商会在与外商投资相关的制度建设方面的诉求。

参见 《宪法》第58条；《立法法》

第十一条 国家建立健全外商投资服务体系，为外国投资者和外商投资企业提供法律法规、政策措施、投资项目信息等方面的咨询和服务。

注释 本条对外商投资服务体系的具体要求是，为外国投资者和外商投资企业提供法律法规、政策措施、投资项目信息等方面的咨询和服务。

外商投资服务体系应当提供的服务内容包括提供法律法规、政策措施、投资项目信息等方面的咨询和服务。法律法规、政策措施、投资项目信息，是外国投资者和外商投资企业在我国投资和经营必须了解的基础性信息。有关单位应当采取多种形式，如建立网站发布信息、举办研讨会、投资洽谈会、项目信息发布会、行业推介会等，为外国投资者和外商投资企业提供全面、专业的法律法规、政策措施、项目信息等方面的咨询和服务。

第十二条 国家与其他国家和地区、国际组织建立多边、双边投资促进合作机制，加强投资领域的国际交流与合作。

第十三条 国家根据需要，设立特殊经济区域，或者在部分地区实行外商投资试验性政策措施，促进外商投资，扩大对外开放。

第十四条 国家根据国民经济和社会发展需要，鼓励和引导外国投资者在特定行业、领域、地区投资。外国投资者、外商投资企业可以依照法律、行政法规或者国务院的规定享受优惠待遇。

注释 根据本法规定，外国投资者、外商投资企业可以享受优惠待遇的条件是依照法律、行政法规或者国务院的规定。这一规定有两层意思。

一是外国投资者、外商投资企业有权依照法律、行政法规或者国务院的规定享受相应的优惠待遇。例如，依照中小企业促进法，中小型外商投资企业可以享受该法规定的关于中小企业财税支持、融资促进等优惠政策措施；外商投资企业从事《企业所得税法实施条例》规定的花卉、茶以及其他饮料作物和香料作物的种植所得，以及海水养殖、内陆养殖所得，减半征收企业所得税；根据国务院规定，向中西部地区、东北地区转移的外商投资企业享受国家支持产业转移与加工贸易的资金、土地等优惠政策。

二是除了法律、行政法规或者国务院的规定之外，根据内外资规则一致原则，各地方、各部门不得另行制定针对外国投资者、外商投资企业的特殊优惠待遇；对不符合本条规定给予外国投资者、外商投资企业的优惠待遇应当及时清理。

参见　《中小企业促进法》；《企业所得税法实施条例》

第十五条　国家保障外商投资企业依法平等参与标准制定工作，强化标准制定的信息公开和社会监督。

国家制定的强制性标准平等适用于外商投资企业。

注释　根据《标准化法》第二条的规定，法所称标准（含标准样品），是指农业、工业、服务业以及社会事业等领域需要统一的技术要求。

标准包括国家标准、行业标准、地方标准和团体标准、企业标准。国家标准分为强制性标准、推荐性标准，行业标准、地方标准是推荐性标准。

强制性标准必须执行。国家鼓励采用推荐性标准。

参见　《标准化法》

第十六条　国家保障外商投资企业依法通过公平竞争参与政府采购活动。政府采购依法对外商投资企业在中国境内生产的产品、提供的服务平等对待。

注释　[外商投资企业依法参与政府采购的条件、范围和方式]

外商投资企业依法参与政府采购活动需要满足《政府采购法》第二十二条规定的主体条件：（1）具有独立承担民事责任的能力；（2）具有良好的商业信誉和健全的财务会计制度；（3）具有履行合同所必需的设备和专业技术能力；（4）有依法缴纳税收和社会保障资金的良好记录；（5）参加政府采购活动前三年内，在经营活动中没有重大违法记录；(6) 法律、行政法规规定的其他条件。

外商投资企业依法参与的政府采购的范围和政府采购法规定的范围一致，即各级国家机关、事业单位和团体组织，使用财政性资金采购依法制定的集中采购目录以内的或者采购限额标准以上的货物、工程和服务的行为。

外商投资企业依法参与政府采购活动的方式是政府采购法第二十六条规定的可以采用的方式，包括：公开招标、邀请招标、竞争性谈判、单一来源采购、询价，以及国务院政府采购监督管理部门认定的其他采购方式，其中公开招标应作为政府采购的主要采购方式。

参见 《政府采购法》

第十七条 外商投资企业可以依法通过公开发行股票、公司债券等证券和其他方式进行融资。

注释 为了进一步完善外商投资企业融资的制度环境，为符合条件的外商投资企业融资提供法律保障，本条明确规定外商投资企业可以依法通过公开发行股票、公司债券等证券和其他方式进行融资。将外商投资企业在融资方面享有与内资企业平等待遇的政策法定化。

本条所说的"依法"主要是指依据相关法律、行政法规，如证券法、公司法、证券投资基金法、国库券条例等。外商投资企业公开发行证券，必须符合证券法、公司法等法律的相关规定及国务院制定的有关行政法规的规定。

除依法通过公开发行证券的方式进行融资外，外商投资企业还可以依法通过其他方式进行融资，如发行短期融资券、中期票据等多种方式。

第十八条 县级以上地方人民政府可以根据法律、行政法规、地方性法规的规定，在法定权限内制定外商投资促进和便利化政策措施。

注释 县级以上地方人民政府制定外商投资促进和便利化政策措施首先必须具有上位法依据，即依据法律、行政法规和本省、自治区、直辖市的地方性法规的规定；没有上位法依据，不得制定外商投资促进和便利化政策措施。

第十九条 各级人民政府及其有关部门应当按照便利、高效、透明的原则，简化办事程序，提高办事效率，优化政务服务，进一步提高外商投资服务水平。

有关主管部门应当编制和公布外商投资指引，为外国投资者和外商投资企业提供服务和便利。

第三章 投资保护

第二十条 国家对外国投资者的投资不实行征收。

在特殊情况下，国家为了公共利益的需要，可以依照法律规定对外国投资者的投资实行征收或者征用。征收、征用应当依照法定程序进行，并及时给予公平、合理的补偿。

> **参见** 《宪法》第10条、第13条；《民法典》；《土地管理法》；《突发事件应对法》

第二十一条 外国投资者在中国境内的出资、利润、资本收益、资产处置所得、知识产权许可使用费、依法获得的补偿或者赔偿、清算所得等，可以依法以人民币或者外汇自由汇入、汇出。

> **注释** 本条规定中的"依法"主要指向《人民币管理条例》《外汇管理条例》等。《人民币管理条例》主要对人民币的发行、回收、流通和保护等作了规定，明确外国投资者以人民币的形式汇入或者汇出其资金和款项时，应当符合《人民币管理条例》的规定。《外汇管理条例》则对经常项目、资本项目的外汇管理等作了规定，根据该条例第三条的规定，外汇是指下列以外币表示的可以用作国际清偿的支付手段和资产：外币现钞，包括纸币、铸币；外币支付凭证或者支付工具，包括票据、银行存款凭证、银行卡等；外币有价证券，包括债券、股票等；特别提款权；其他外汇资产。外国投资者以外汇的形式汇入或者汇出其资金和款项时，也应当符合《外汇管理条例》的规定。

参见 《人民币管理条例》；《外汇管理条例》

第二十二条 国家保护外国投资者和外商投资企业的知识产权，保护知识产权权利人和相关权利人的合法权益；对知识产权侵权行为，严格依法追究法律责任。

国家鼓励在外商投资过程中基于自愿原则和商业规则开展技术合作。技术合作的条件由投资各方遵循公平原则平等协商确定。行政机关及其工作人员不得利用行政手段强制转让技术。

参见 《专利法》；《商标法》；《著作权法》；《民法典》；《刑法》

第二十三条 行政机关及其工作人员对于履行职责过程中知悉的外国投资者、外商投资企业的商业秘密，应当依法予以保密，不得泄露或者非法向他人提供。

参见 《与贸易有关的知识产权协定》；《反不正当竞争法》；《民法典》；《行政许可法》

第二十四条 各级人民政府及其有关部门制定涉及外商投资的规范性文件，应当符合法律法规的规定；没有法律、行政法规依据的，不得减损外商投资企业的合法权益或者增加其义务，不得设置市场准入和退出条件，不得干预外商投资企业的正常生产经营活动。

注释 行政机关或者经法律、法规授权的具有管理公共事务职能的组织（可统称行政机关），在依法履行职能的过程中，依照其法定权限、程序，可以制定并公开发布涉及公民、法人或者其他组织权利义务，具有普遍约束力，并可在一定期限内反复适用的规范性文件。考虑到此类规范性文件直接关系公民、法人和其他组织的合法权益，本法单设一条，明确各级人民政府及其有关部门制定涉及外商投资的规范性文件应当符合法律法规的规定。对于没有法律、行政法规依据的，该规范性文件一是不得减损外商投资企业的合法权益或者增加其义务，二是不得设置市场准入和退出条件，三是不得干预外商投资企业的正常生产经营活动。

第二十五条 地方各级人民政府及其有关部门应当履行向外国投资者、外商投资企业依法作出的政策承诺以及依法订立的各类合同。

因国家利益、社会公共利益需要改变政策承诺、合同约定的，应当依照法定权限和程序进行，并依法对外国投资者、外商投资企业因此受到的损失予以补偿。

注释 在吸引外商投资工作中，一些地方政府往往通过政策承诺或者签订合同等形式，将对外国投资者或者外商投资企业的招商引资条件等予以列明。实践中，也确实存在一些地方政府在招商引资过程中乱承诺、承诺后不兑现、新官不理旧账等情况，严重影响了我国外资政策的稳定性和连续性，严重损害了政府的公信力，也严重损伤了外国投资者的投资信心。针对这一问题，本条专门作出规定：一方面，强调地方各级人民政府及其有关部门在招商过程中，应当依法作出政策承诺，依法订立各类合同，不属于其法定权限范围的，不能承诺，也不能在合同中列明。另一方面，要求地方各级人民政府及其有关部门应当履行向外国投资者、外商投资企业依法作出的政策承诺以及依法订立的各项合同；确因国家利益、社会公共利益需要改变政策承诺、合同约定的，应当依照法定权限和程序进行，并依法对外国投资者、外商投资企业因此受到的损失予以补偿。

第二十六条 国家建立外商投资企业投诉工作机制，及时处理外商投资企业或者其投资者反映的问题，协调完善相关政策措施。

外商投资企业或者其投资者认为行政机关及其工作人员的行政行为侵犯其合法权益的，可以通过外商投资企业投诉工作机制申请协调解决。

外商投资企业或者其投资者认为行政机关及其工作人员的行政行为侵犯其合法权益的，除依照前款规定通过外商投资企业投诉工作机制申请协调解决外，还可以依法申请行政复议、提起行政诉讼。

注释 完善争端解决方式是加强对外商投资合法权益保护的重要一环,为此,本条对外商投资企业投诉工作机制专门作了规定。一方面,通过投诉工作机制,及时处理外商投资企业或者其投资者反映的问题;另一方面,也通过投诉工作机制反映的问题,协调完善相关政策措施。

此外,外商投资企业设立后,按照内外资一致的原则,外商投资企业或者其投资者认为行政机关及其工作人员的行政行为侵犯其合法权益的,按照《行政复议法》和《行政诉讼法》的有关规定,可以通过行政复议、行政诉讼等途径解决。外商投资企业或者其投资者通过外商投资企业投诉工作机制申请协调解决,并不影响其在法定期限内申请行政复议、提起行政诉讼。也就是说,本条规定是为外商投资企业或者其投资者投诉、反映其在投资活动中遇到的问题提供了一个新的渠道和途径。

参见 《行政复议法》;《行政诉讼法》

第二十七条 外商投资企业可以依法成立和自愿参加商会、协会。商会、协会依照法律法规和章程的规定开展相关活动,维护会员的合法权益。

第四章 投资管理

第二十八条 外商投资准入负面清单规定禁止投资的领域,外国投资者不得投资。

外商投资准入负面清单规定限制投资的领域,外国投资者进行投资应当符合负面清单规定的条件。

外商投资准入负面清单以外的领域,按照内外资一致的原则实施管理。

注释 本法第四条第一款规定,国家对外商投资实行准入前国民待遇加负面清单管理制度。本条是对这一管理制度的细化。所谓"准入前国民待遇",是指在投资准入阶段给予外国投资者及其投资不低于本国投资者及其投资的待遇。所谓"负面清单"（即外商投资准入负面清单），是指国家规定在特定领域对外商投资实施的准入特别管理措施。准入特别管理措施包括禁止性措施（特定领域禁止外商投资）和限制性措施（对外商投资特定领域提出股比限制、高管要求、投资方式限制等）。负面清单由国务院发布或者批准发布。国家对负面清单之外的外商投资，给予国民待遇。

第二十九条 外商投资需要办理投资项目核准、备案的，按照国家有关规定执行。

注释 现行外商投资项目备案程序是：（1）项目申报单位提交项目和投资方基本情况等信息，并附相关材料；该项目需符合国家有关法律法规、发展规划、产业政策及准入标准等。（2）对不予备案的外商投资项目，地方投资主管部门应在7个工作日内出具书面意见并说明理由。

外商投资法明确规定"国家对外商投资实行准入前国民待遇加负面清单管理制度"，为我国进一步扩大对外开放，推动形成全面开放新格局奠定了坚实基础、指出了明确方向。有关主管部门也将根据外商投资法的精神和我国外商投资项目管理的需要，不断改革、放宽、简化、完善我国的外商投资项目核准、备案制度，使外国投资者到中国投资越来越简单、越来越便利。

参见 《外商投资项目核准和备案管理办法》

第三十条 外国投资者在依法需要取得许可的行业、领域进行投资的，应当依法办理相关许可手续。

有关主管部门应当按照与内资一致的条件和程序，审核外国投资者的许可申请，法律、行政法规另有规定的除外。

参见 《行政许可法》；《市场准入负面清单（2022年版）》

第三十一条 外商投资企业的组织形式、组织机构及其活动准则，适用《中华人民共和国公司法》、《中华人民共和国合伙企业法》等法律的规定。

第三十二条　外商投资企业开展生产经营活动，应当遵守法律、行政法规有关劳动保护、社会保险的规定，依照法律、行政法规和国家有关规定办理税收、会计、外汇等事宜，并接受相关主管部门依法实施的监督检查。

第三十三条　外国投资者并购中国境内企业或者以其他方式参与经营者集中的，应当依照《中华人民共和国反垄断法》的规定接受经营者集中审查。

第三十四条　国家建立外商投资信息报告制度。外国投资者或者外商投资企业应当通过企业登记系统以及企业信用信息公示系统向商务主管部门报送投资信息。

外商投资信息报告的内容和范围按照确有必要的原则确定；通过部门信息共享能够获得的投资信息，不得再行要求报送。

第三十五条　国家建立外商投资安全审查制度，对影响或者可能影响国家安全的外商投资进行安全审查。

依法作出的安全审查决定为最终决定。

第五章　法律责任

第三十六条　外国投资者投资外商投资准入负面清单规定禁止投资的领域的，由有关主管部门责令停止投资活动，限期处分股份、资产或者采取其他必要措施，恢复到实施投资前的状态；有违法所得的，没收违法所得。

外国投资者的投资活动违反外商投资准入负面清单规定的限制性准入特别管理措施的，由有关主管部门责令限期改正，采取必要措施满足准入特别管理措施的要求；逾期不改正的，依照前款规定处理。

外国投资者的投资活动违反外商投资准入负面清单规定的，除依照前两款规定处理外，还应当依法承担相应的法律责任。

第三十七条　外国投资者、外商投资企业违反本法规定，未按照外商投资信息报告制度的要求报送投资信息的，由商务主管部门责令限期改正；逾期不改正的，处十万元以上五十万元以下的罚款。

第三十八条　对外国投资者、外商投资企业违反法律、法规的行为，由有关部门依法查处，并按照国家有关规定纳入信用信息系统。

第三十九条　行政机关工作人员在外商投资促进、保护和管理工作中滥用职权、玩忽职守、徇私舞弊的，或者泄露、非法向他人提供履行职责过程中知悉的商业秘密的，依法给予处分；构成犯罪的，依法追究刑事责任。

第六章　附　　则

第四十条　任何国家或者地区在投资方面对中华人民共和国采取歧视性的禁止、限制或者其他类似措施的，中华人民共和国可以根据实际情况对该国家或者该地区采取相应的措施。

第四十一条　对外国投资者在中国境内投资银行业、证券业、保险业等金融行业，或者在证券市场、外汇市场等金融市场进行投资的管理，国家另有规定的，依照其规定。

第四十二条　本法自2020年1月1日起施行。《中华人民共和国中外合资经营企业法》、《中华人民共和国外资企业法》、《中华人民共和国中外合作经营企业法》同时废止。

本法施行前依照《中华人民共和国中外合资经营企业法》、《中华人民共和国外资企业法》、《中华人民共和国中外合作经营企业法》设立的外商投资企业，在本法施行后五年内可以继续保留原企业组织形式等。具体实施办法由国务院规定。

中华人民共和国
外商投资法实施条例

(2019年12月12日国务院第74次常务会议通过
2019年12月26日中华人民共和国国务院令第723号公布
自2020年1月1日起施行)

第一章 总 则

第一条 根据《中华人民共和国外商投资法》(以下简称外商投资法),制定本条例。

第二条 国家鼓励和促进外商投资,保护外商投资合法权益,规范外商投资管理,持续优化外商投资环境,推进更高水平对外开放。

第三条 外商投资法第二条第二款第一项、第三项所称其他投资者,包括中国的自然人在内。

第四条 外商投资准入负面清单(以下简称负面清单)由国务院投资主管部门会同国务院商务主管部门等有关部门提出,报国务院发布或者报国务院批准后由国务院投资主管部门、商务主管部门发布。

国家根据进一步扩大对外开放和经济社会发展需要,适时调整负面清单。调整负面清单的程序,适用前款规定。

第五条 国务院商务主管部门、投资主管部门以及其他有关部门按照职责分工,密切配合、相互协作,共同做好外商投资促进、保护和管理工作。

县级以上地方人民政府应当加强对外商投资促进、保护和管理工作的组织领导,支持、督促有关部门依照法律法规和职责分工开展外商投资促进、保护和管理工作,及时协调、解决外商投资促进、保护和管理工作中的重大问题。

第二章 投资促进

第六条 政府及其有关部门在政府资金安排、土地供应、税费减免、资质许可、标准制定、项目申报、人力资源政策等方面，应当依法平等对待外商投资企业和内资企业。

政府及其有关部门制定的支持企业发展的政策应当依法公开；对政策实施中需要由企业申请办理的事项，政府及其有关部门应当公开申请办理的条件、流程、时限等，并在审核中依法平等对待外商投资企业和内资企业。

第七条 制定与外商投资有关的行政法规、规章、规范性文件，或者政府及其有关部门起草与外商投资有关的法律、地方性法规，应当根据实际情况，采取书面征求意见以及召开座谈会、论证会、听证会等多种形式，听取外商投资企业和有关商会、协会等方面的意见和建议；对反映集中或者涉及外商投资企业重大权利义务问题的意见和建议，应当通过适当方式反馈采纳的情况。

与外商投资有关的规范性文件应当依法及时公布，未经公布的不得作为行政管理依据。与外商投资企业生产经营活动密切相关的规范性文件，应当结合实际，合理确定公布到施行之间的时间。

第八条 各级人民政府应当按照政府主导、多方参与的原则，建立健全外商投资服务体系，不断提升外商投资服务能力和水平。

第九条 政府及其有关部门应当通过政府网站、全国一体化在线政务服务平台集中列明有关外商投资的法律、法规、规章、规范性文件、政策措施和投资项目信息，并通过多种途径和方式加强宣传、解读，为外国投资者和外商投资企业提供咨询、指导等服务。

第十条 外商投资法第十三条所称特殊经济区域，是指经国家批准设立、实行更大力度的对外开放政策措施的特定区域。

国家在部分地区实行的外商投资试验性政策措施，经实践证明可行的，根据实际情况在其他地区或者全国范围内推广。

第十一条　国家根据国民经济和社会发展需要，制定鼓励外商投资产业目录，列明鼓励和引导外国投资者投资的特定行业、领域、地区。鼓励外商投资产业目录由国务院投资主管部门会同国务院商务主管部门等有关部门拟订，报国务院批准后由国务院投资主管部门、商务主管部门发布。

第十二条　外国投资者、外商投资企业可以依照法律、行政法规或者国务院的规定，享受财政、税收、金融、用地等方面的优惠待遇。

外国投资者以其在中国境内的投资收益在中国境内扩大投资的，依法享受相应的优惠待遇。

第十三条　外商投资企业依法和内资企业平等参与国家标准、行业标准、地方标准和团体标准的制定、修订工作。外商投资企业可以根据需要自行制定或者与其他企业联合制定企业标准。

外商投资企业可以向标准化行政主管部门和有关行政主管部门提出标准的立项建议，在标准立项、起草、技术审查以及标准实施信息反馈、评估等过程中提出意见和建议，并按照规定承担标准起草、技术审查的相关工作以及标准的外文翻译工作。

标准化行政主管部门和有关行政主管部门应当建立健全相关工作机制，提高标准制定、修订的透明度，推进标准制定、修订全过程信息公开。

第十四条　国家制定的强制性标准对外商投资企业和内资企业平等适用，不得专门针对外商投资企业适用高于强制性标准的技术要求。

第十五条　政府及其有关部门不得阻挠和限制外商投资企业自由进入本地区和本行业的政府采购市场。

政府采购的采购人、采购代理机构不得在政府采购信息发布、供应商条件确定和资格审查、评标标准等方面，对外商投资企业实行差别待遇或者歧视待遇，不得以所有制形式、组织形式、股权结构、投资者国别、产品或者服务品牌以及其他不合理的条件对供应商予以限定,不得对外商投资企业在中国境内生产的产品、提供的服务和内资企业区别对待。

第十六条 外商投资企业可以依照《中华人民共和国政府采购法》(以下简称政府采购法)及其实施条例的规定,就政府采购活动事项向采购人、采购代理机构提出询问、质疑,向政府采购监督管理部门投诉。采购人、采购代理机构、政府采购监督管理部门应当在规定的时限内作出答复或者处理决定。

第十七条 政府采购监督管理部门和其他有关部门应当加强对政府采购活动的监督检查,依法纠正和查处对外商投资企业实行差别待遇或者歧视待遇等违法违规行为。

第十八条 外商投资企业可以依法在中国境内或者境外通过公开发行股票、公司债券等证券,以及公开或者非公开发行其他融资工具、借用外债等方式进行融资。

第十九条 县级以上地方人民政府可以根据法律、行政法规、地方性法规的规定,在法定权限内制定费用减免、用地指标保障、公共服务提供等方面的外商投资促进和便利化政策措施。

县级以上地方人民政府制定外商投资促进和便利化政策措施,应当以推动高质量发展为导向,有利于提高经济效益、社会效益、生态效益,有利于持续优化外商投资环境。

第二十条 有关主管部门应当编制和公布外商投资指引,为外国投资者和外商投资企业提供服务和便利。外商投资指引应当包括投资环境介绍、外商投资办事指南、投资项目信息以及相关数据信息等内容,并及时更新。

第三章 投资保护

第二十一条 国家对外国投资者的投资不实行征收。

在特殊情况下,国家为了公共利益的需要依照法律规定对外国投资者的投资实行征收的,应当依照法定程序、以非歧视性的方式进行,并按照被征收投资的市场价值及时给予补偿。

外国投资者对征收决定不服的,可以依法申请行政复议或者提起行政诉讼。

第二十二条 外国投资者在中国境内的出资、利润、资本收益、资产处置所得、取得的知识产权许可使用费、依法获得的补偿或者赔偿、清算所得等,可以依法以人民币或者外汇自由汇入、汇出,任何单位和个人不得违法对币种、数额以及汇入、汇出的频次等进行限制。

外商投资企业的外籍职工和香港、澳门、台湾职工的工资收入和其他合法收入,可以依法自由汇出。

第二十三条 国家加大对知识产权侵权行为的惩处力度,持续强化知识产权执法,推动建立知识产权快速协同保护机制,健全知识产权纠纷多元化解决机制,平等保护外国投资者和外商投资企业的知识产权。

标准制定中涉及外国投资者和外商投资企业专利的,应当按照标准涉及专利的有关管理规定办理。

第二十四条 行政机关(包括法律、法规授权的具有管理公共事务职能的组织,下同)及其工作人员不得利用实施行政许可、行政检查、行政处罚、行政强制以及其他行政手段,强制或者变相强制外国投资者、外商投资企业转让技术。

第二十五条 行政机关依法履行职责,确需外国投资者、外商投资企业提供涉及商业秘密的材料、信息的,应当限定在履行职责所必需的范围内,并严格控制知悉范围,与履行职责无关的人员不得接触有关材料、信息。

行政机关应当建立健全内部管理制度,采取有效措施保护履行职责过程中知悉的外国投资者、外商投资企业的商业秘密;依法需要与其他行政机关共享信息的,应当对信息中含有的商业秘密进行保密处理,防止泄露。

第二十六条 政府及其有关部门制定涉及外商投资的规范性文件,应当按照国务院的规定进行合法性审核。

外国投资者、外商投资企业认为行政行为所依据的国务院部门和地方人民政府及其部门制定的规范性文件不合法，在依法对行政行为申请行政复议或者提起行政诉讼时，可以一并请求对该规范性文件进行审查。

第二十七条 外商投资法第二十五条所称政策承诺，是指地方各级人民政府及其有关部门在法定权限内，就外国投资者、外商投资企业在本地区投资所适用的支持政策、享受的优惠待遇和便利条件等作出的书面承诺。政策承诺的内容应当符合法律、法规规定。

第二十八条 地方各级人民政府及其有关部门应当履行向外国投资者、外商投资企业依法作出的政策承诺以及依法订立的各类合同，不得以行政区划调整、政府换届、机构或者职能调整以及相关责任人更替等为由违约毁约。因国家利益、社会公共利益需要改变政策承诺、合同约定的，应当依照法定权限和程序进行，并依法对外国投资者、外商投资企业因此受到的损失及时予以公平、合理的补偿。

第二十九条 县级以上人民政府及其有关部门应当按照公开透明、高效便利的原则，建立健全外商投资企业投诉工作机制，及时处理外商投资企业或者其投资者反映的问题，协调完善相关政策措施。

国务院商务主管部门会同国务院有关部门建立外商投资企业投诉工作部际联席会议制度，协调、推动中央层面的外商投资企业投诉工作，对地方的外商投资企业投诉工作进行指导和监督。县级以上地方人民政府应当指定部门或者机构负责受理本地区外商投资企业或者其投资者的投诉。

国务院商务主管部门、县级以上地方人民政府指定的部门或者机构应当完善投诉工作规则、健全投诉方式、明确投诉处理时限。投诉工作规则、投诉方式、投诉处理时限应当对外公布。

第三十条 外商投资企业或者其投资者认为行政机关及其工作人员的行政行为侵犯其合法权益，通过外商投资企业投诉工作机制申请协调解决的,有关方面进行协调时可以向被申请的行政机关及其工作人员了解情况,被申请的行政机关及其工作人员应当予以配合。协调结果应当以书面形式及时告知申请人。

外商投资企业或者其投资者依照前款规定申请协调解决有关问题的,不影响其依法申请行政复议、提起行政诉讼。

第三十一条 对外商投资企业或者其投资者通过外商投资企业投诉工作机制反映或者申请协调解决问题,任何单位和个人不得压制或者打击报复。

除外商投资企业投诉工作机制外,外商投资企业或者其投资者还可以通过其他合法途径向政府及其有关部门反映问题。

第三十二条 外商投资企业可以依法成立商会、协会。除法律、法规另有规定外,外商投资企业有权自主决定参加或者退出商会、协会,任何单位和个人不得干预。

商会、协会应当依照法律法规和章程的规定,加强行业自律,及时反映行业诉求,为会员提供信息咨询、宣传培训、市场拓展、经贸交流、权益保护、纠纷处理等方面的服务。

国家支持商会、协会依照法律法规和章程的规定开展相关活动。

第四章 投资管理

第三十三条 负面清单规定禁止投资的领域,外国投资者不得投资。负面清单规定限制投资的领域,外国投资者进行投资应当符合负面清单规定的股权要求、高级管理人员要求等限制性准入特别管理措施。

第三十四条 有关主管部门在依法履行职责过程中,对外国投资者拟投资负面清单内领域,但不符合负面清单规定的,不予办理许可、企业登记注册等相关事项;涉及固定资产投资项目核准的,不予办理相关核准事项。

有关主管部门应当对负面清单规定执行情况加强监督检查,发现外国投资者投资负面清单规定禁止投资的领域,或者外国投资者的投资活动违反负面清单规定的限制性准入特别管理措施的,依照外商投资法第三十六条的规定予以处理。

第三十五条 外国投资者在依法需要取得许可的行业、领域进行投资的,除法律、行政法规另有规定外,负责实施许可的有关主管部门应当按照与内资一致的条件和程序,审核外国投资者的许可申请,不得在许可条件、申请材料、审核环节、审核时限等方面对外国投资者设置歧视性要求。

负责实施许可的有关主管部门应当通过多种方式,优化审批服务,提高审批效率。对符合相关条件和要求的许可事项,可以按照有关规定采取告知承诺的方式办理。

第三十六条 外商投资需要办理投资项目核准、备案的,按照国家有关规定执行。

第三十七条 外商投资企业的登记注册,由国务院市场监督管理部门或者其授权的地方人民政府市场监督管理部门依法办理。国务院市场监督管理部门应当公布其授权的市场监督管理部门名单。

外商投资企业的注册资本可以用人民币表示,也可以用可自由兑换货币表示。

第三十八条 外国投资者或者外商投资企业应当通过企业登记系统以及企业信用信息公示系统向商务主管部门报送投资信息。国务院商务主管部门、市场监督管理部门应当做好相关业务系统的对接和工作衔接,并为外国投资者或者外商投资企业报送投资信息提供指导。

第三十九条 外商投资信息报告的内容、范围、频次和具体流程,由国务院商务主管部门会同国务院市场监督管理部门等有关部门按照确有必要、高效便利的原则确定并公布。商务主管部门、其他有关部门应当加强信息共享,通过部门信息共享能够获得的投资信息,不得再行要求外国投资者或者外商投资企业报送。

外国投资者或者外商投资企业报送的投资信息应当真实、准确、完整。

第四十条 国家建立外商投资安全审查制度，对影响或者可能影响国家安全的外商投资进行安全审查。

第五章 法律责任

第四十一条 政府和有关部门及其工作人员有下列情形之一的，依法依规追究责任：

（一）制定或者实施有关政策不依法平等对待外商投资企业和内资企业；

（二）违法限制外商投资企业平等参与标准制定、修订工作，或者专门针对外商投资企业适用高于强制性标准的技术要求；

（三）违法限制外国投资者汇入、汇出资金；

（四）不履行向外国投资者、外商投资企业依法作出的政策承诺以及依法订立的各类合同，超出法定权限作出政策承诺，或者政策承诺的内容不符合法律、法规规定。

第四十二条 政府采购的采购人、采购代理机构以不合理的条件对外商投资企业实行差别待遇或者歧视待遇的，依照政府采购法及其实施条例的规定追究其法律责任；影响或者可能影响中标、成交结果的，依照政府采购法及其实施条例的规定处理。

政府采购监督管理部门对外商投资企业的投诉逾期未作处理的，对直接负责的主管人员和其他直接责任人员依法给予处分。

第四十三条 行政机关及其工作人员利用行政手段强制或者变相强制外国投资者、外商投资企业转让技术的，对直接负责的主管人员和其他直接责任人员依法给予处分。

第六章 附　则

第四十四条 外商投资法施行前依照《中华人民共和国中外合资经营企业法》、《中华人民共和国外资企业法》、《中华人民共和国中外合作经营企业法》设立的外商投资企业（以下称现有外商投资企业），在外商投资法施行后5年内，可以依照《中华人民共和国公司法》、《中华人民共和国合伙企业法》等法律的规定调整其组织形式、组织机构等，并依法办理变更登记，也可以继续保留原企业组织形式、组织机构等。

自 2025 年 1 月 1 日起，对未依法调整组织形式、组织机构等并办理变更登记的现有外商投资企业，市场监督管理部门不予办理其申请的其他登记事项，并将相关情形予以公示。

第四十五条 现有外商投资企业办理组织形式、组织机构等变更登记的具体事宜，由国务院市场监督管理部门规定并公布。国务院市场监督管理部门应当加强对变更登记工作的指导，负责办理变更登记的市场监督管理部门应当通过多种方式优化服务，为企业办理变更登记提供便利。

第四十六条 现有外商投资企业的组织形式、组织机构等依法调整后，原合营、合作各方在合同中约定的股权或者权益转让办法、收益分配办法、剩余财产分配办法等，可以继续按照约定办理。

第四十七条 外商投资企业在中国境内投资，适用外商投资法和本条例的有关规定。

第四十八条 香港特别行政区、澳门特别行政区投资者在内地投资，参照外商投资法和本条例执行；法律、行政法规或者国务院另有规定的，从其规定。

台湾地区投资者在大陆投资，适用《中华人民共和国台湾同胞投资保护法》（以下简称台湾同胞投资保护法）及其实施细则的规定；台湾同胞投资保护法及其实施细则未规定的事项，参照外商投资法和本条例执行。

定居在国外的中国公民在中国境内投资，参照外商投资法和本条例执行；法律、行政法规或者国务院另有规定的，从其规定。

第四十九条 本条例自 2020 年 1 月 1 日起施行。《中华人民共和国中外合资经营企业法实施条例》、《中外合资经营企业合营期限暂行规定》、《中华人民共和国外资企业法实施细则》、《中华人民共和国中外合作经营企业法实施细则》同时废止。

2020年1月1日前制定的有关外商投资的规定与外商投资法和本条例不一致的，以外商投资法和本条例的规定为准。

最高人民法院关于适用《中华人民共和国外商投资法》若干问题的解释

（2019年12月16日最高人民法院审判委员会第1787次会议通过 2019年12月26日最高人民法院公告公布 自2020年1月1日起施行 法释〔2019〕20号）

为正确适用《中华人民共和国外商投资法》，依法平等保护中外投资者合法权益，营造稳定、公平、透明的法治化营商环境，结合审判实践，就人民法院审理平等主体之间的投资合同纠纷案件适用法律问题作出如下解释。

第一条 本解释所称投资合同，是指外国投资者即外国的自然人、企业或者其他组织因直接或者间接在中国境内进行投资而形成的相关协议，包括设立外商投资企业合同、股份转让合同、股权转让合同、财产份额或者其他类似权益转让合同、新建项目合同等协议。

外国投资者因赠与、财产分割、企业合并、企业分立等方式取得相应权益所产生的合同纠纷，适用本解释。

第二条 对外商投资法第四条所指的外商投资准入负面清单之外的领域形成的投资合同，当事人以合同未经有关行政主管部门批准、登记为由主张合同无效或者未生效的，人民法院不予支持。

前款规定的投资合同签订于外商投资法施行前，但人民法院在外商投资法施行时尚未作出生效裁判的，适用前款规定认定合同的效力。

第三条 外国投资者投资外商投资准入负面清单规定禁止投资的领域，当事人主张投资合同无效的，人民法院应予支持。

第四条 外国投资者投资外商投资准入负面清单规定限制投资的领域,当事人以违反限制性准入特别管理措施为由,主张投资合同无效的,人民法院应予支持。

人民法院作出生效裁判前,当事人采取必要措施满足准入特别管理措施的要求,当事人主张前款规定的投资合同有效的,应予支持。

第五条 在生效裁判作出前,因外商投资准入负面清单调整,外国投资者投资不再属于禁止或者限制投资的领域,当事人主张投资合同有效的,人民法院应予支持。

第六条 人民法院审理香港特别行政区、澳门特别行政区投资者、定居在国外的中国公民在内地、台湾地区投资者在大陆投资产生的相关纠纷案件,可以参照适用本解释。

第七条 本解释自 2020 年 1 月 1 日起施行。

本解释施行前本院作出的有关司法解释与本解释不一致的,以本解释为准。

最高人民法院关于审理外商投资企业纠纷案件若干问题的规定(一)

(2010 年 5 月 17 日最高人民法院审判委员会第 1487 次会议通过 根据 2020 年 12 月 23 日最高人民法院审判委员会第 1823 次会议通过的《最高人民法院关于修改〈最高人民法院关于破产企业国有划拨土地使用权应否列入破产财产等问题的批复〉等二十九件商事类司法解释的决定》修正 2020 年 12 月 29 日最高人民法院公告公布 自 2021 年 1 月 1 日起施行 法释〔2020〕18 号)

为正确审理外商投资企业在设立、变更等过程中产生的纠纷案件,保护当事人的合法权益,根据《中华人民共和国民法典》《中华人民共和国外商投资法》《中华人民共和国公司法》等法律法规的规定，结合审判实践，制定本规定。

第一条 当事人在外商投资企业设立、变更等过程中订立的合同，依法律、行政法规的规定应当经外商投资企业审批机关批准后才生效的，自批准之日起生效；未经批准的，人民法院应当认定该合同未生效。当事人请求确认该合同无效的，人民法院不予支持。

前款所述合同因未经批准而被认定未生效的，不影响合同中当事人履行报批义务条款及因该报批义务而设定的相关条款的效力。

第二条 当事人就外商投资企业相关事项达成的补充协议对已获批准的合同不构成重大或实质性变更的，人民法院不应以未经外商投资企业审批机关批准为由认定该补充协议未生效。

前款规定的重大或实质性变更包括注册资本、公司类型、经营范围、营业期限、股东认缴的出资额、出资方式的变更以及公司合并、公司分立、股权转让等。

第三条 人民法院在审理案件中，发现经外商投资企业审批机关批准的外商投资企业合同具有法律、行政法规规定的无效情形的，应当认定合同无效；该合同具有法律、行政法规规定的可撤销情形，当事人请求撤销的，人民法院应予支持。

第四条 外商投资企业合同约定一方当事人以需要办理权属变更登记的标的物出资或者提供合作条件，标的物已交付外商投资企业实际使用，且负有办理权属变更登记义务的一方当事人在人民法院指定的合理期限内完成了登记的，人民法院应当认定该方当事人履行了出资或者提供合作条件的义务。外商投资企业或其股东以该方当事人未履行出资义务为由主张该方当事人不享有股东权益的，人民法院不予支持。

外商投资企业或其股东举证证明该方当事人因迟延办理权属变更登记给外商投资企业造成损失并请求赔偿的，人民法院应予支持。

第五条 外商投资企业股权转让合同成立后，转让方和外商投资企业不履行报批义务，经受让方催告后在合理的期限内仍未履行，受让方请求解除合同并由转让方返还其已支付的转让款、赔偿因未履行报批义务而造成的实际损失的,人民法院应予支持。

第六条 外商投资企业股权转让合同成立后,转让方和外商投资企业不履行报批义务,受让方以转让方为被告、以外商投资企业为第三人提起诉讼,请求转让方与外商投资企业在一定期限内共同履行报批义务的,人民法院应予支持。受让方同时请求在转让方和外商投资企业于生效判决确定的期限内不履行报批义务时自行报批的,人民法院应予支持。

转让方和外商投资企业拒不根据人民法院生效判决确定的期限履行报批义务,受让方另行起诉,请求解除合同并赔偿损失的,人民法院应予支持。赔偿损失的范围可以包括股权的差价损失、股权收益及其他合理损失。

第七条 转让方、外商投资企业或者受让方根据本规定第六条第一款的规定就外商投资企业股权转让合同报批,未获外商投资企业审批机关批准,受让方另行起诉,请求转让方返还其已支付的转让款的,人民法院应予支持。受让方请求转让方赔偿因此造成的损失的,人民法院应根据转让方是否存在过错以及过错大小认定其是否承担赔偿责任及具体赔偿数额。

第八条 外商投资企业股权转让合同约定受让方支付转让款后转让方才办理报批手续,受让方未支付股权转让款,经转让方催告后在合理的期限内仍未履行,转让方请求解除合同并赔偿因迟延履行而造成的实际损失的,人民法院应予支持。

第九条 外商投资企业股权转让合同成立后,受让方未支付股权转让款,转让方和外商投资企业亦未履行报批义务,转让方请求受让方支付股权转让款的,人民法院应当中止审理,指令转让方在一定期限内办理报批手续。该股权转让合同获得外商投资企业审批机关批准的,对转让方关于支付转让款的诉讼请求,人民法院应予支持。

第十条 外商投资企业股权转让合同成立后,受让方已实际参与外商投资企业的经营管理并获取收益,但合同未获外商投资企业审批机关批准,转让方请求受让方退出外商投资企业的经营管理并将受让方因实际参与经营管理而获得的收益在扣除相关成本费用后支付给转让方的,人民法院应予支持。

第十一条 外商投资企业一方股东将股权全部或部分转让给股东之外的第三人,应当经其他股东一致同意,其他股东以未征得其同意为由请求撤销股权转让合同的,人民法院应予支持。具有以下情形之一的除外:

(一)有证据证明其他股东已经同意的;

(二)转让方已就股权转让事项书面通知,其他股东自接到书面通知之日满三十日未予答复;

(三)其他股东不同意转让,又不购买该转让的股权。

第十二条 外商投资企业一方股东将股权全部或部分转让给股东之外的第三人,其他股东以该股权转让侵害了其优先购买权为由请求撤销股权转让合同的,人民法院应予支持。其他股东在知道或者应当知道股权转让合同签订之日起一年内未主张优先购买权的除外。

前款规定的转让方、受让方以侵害其他股东优先购买权为由请求认定股权转让合同无效的,人民法院不予支持。

第十三条 外商投资企业股东与债权人订立的股权质押合同,除法律、行政法规另有规定或者合同另有约定外,自成立时生效。未办理质权登记的,不影响股权质押合同的效力。

当事人仅以股权质押合同未经外商投资企业审批机关批准为由主张合同无效或未生效的,人民法院不予支持。

股权质押合同依照民法典的相关规定办理了出质登记的,股权质权自登记时设立。

第十四条 当事人之间约定一方实际投资、另一方作为外商投资企业名义股东,实际投资者请求确认其在外商投资企业中的股东身份或者请求变更外商投资企业股东的,人民法院不予支持。同时具备以下条件的除外:

(一)实际投资者已经实际投资;

(二)名义股东以外的其他股东认可实际投资者的股东身份;

(三)人民法院或当事人在诉讼期间就将实际投资者变更为股东

征得了外商投资企业审批机关的同意。

第十五条 合同约定一方实际投资、另一方作为外商投资企业名义股东，不具有法律、行政法规规定的无效情形的，人民法院应认定该合同有效。一方当事人仅以未经外商投资企业审批机关批准为由主张该合同无效或者未生效的，人民法院不予支持。

实际投资者请求外商投资企业名义股东依据双方约定履行相应义务的，人民法院应予支持。

双方未约定利益分配，实际投资者请求外商投资企业名义股东向其交付从外商投资企业获得的收益的，人民法院应予支持。外商投资企业名义股东向实际投资者请求支付必要报酬的，人民法院应酌情予以支持。

第十六条 外商投资企业名义股东不履行与实际投资者之间的合同，致使实际投资者不能实现合同目的，实际投资者请求解除合同并由外商投资企业名义股东承担违约责任的，人民法院应予支持。

第十七条 实际投资者根据其与外商投资企业名义股东的约定，直接向外商投资企业请求分配利润或者行使其他股东权利的，人民法院不予支持。

第十八条 实际投资者与外商投资企业名义股东之间的合同被认定无效，名义股东持有的股权价值高于实际投资额，实际投资者请求名义股东向其返还投资款并根据其实际投资情况以及名义股东参与外商投资企业经营管理的情况对股权收益在双方之间进行合理分配的，人民法院应予支持。

外商投资企业名义股东明确表示放弃股权或者拒绝继续持有股权的，人民法院可以判令以拍卖、变卖名义股东持有的外商投资企业股权所得向实际投资者返还投资款，其余款项根据实际投资者的实际投资情况、名义股东参与外商投资企业经营管理的情况在双方之间进行合理分配。

第十九条 实际投资者与外商投资企业名义股东之间的合同被认定无效，名义股东持有的股权价值低于实际投资额，实际投资者请求名义股东向其返还现有股权的等值价款的，人民法院应予支持；

外商投资企业名义股东明确表示放弃股权或者拒绝继续持有股权的，人民法院可以判令以拍卖、变卖名义股东持有的外商投资企业股权所得向实际投资者返还投资款。

实际投资者请求名义股东赔偿损失的，人民法院应当根据名义股东对合同无效是否存在过错及过错大小认定其是否承担赔偿责任及具体赔偿数额。

第二十条　实际投资者与外商投资企业名义股东之间的合同因恶意串通，损害国家、集体或者第三人利益，被认定无效的，人民法院应当将因此取得的财产收归国家所有或者返还集体、第三人。

第二十一条　外商投资企业一方股东或者外商投资企业以提供虚假材料等欺诈或者其他不正当手段向外商投资企业审批机关申请变更外商投资企业批准证书所载股东，导致外商投资企业他方股东丧失股东身份或原有股权份额，他方股东请求确认股东身份或原有股权份额的，人民法院应予支持。第三人已经善意取得该股权的除外。

他方股东请求侵权股东或者外商投资企业赔偿损失的，人民法院应予支持。

第二十二条　人民法院审理香港特别行政区、澳门特别行政区、台湾地区的投资者、定居在国外的中国公民在内地投资设立企业产生的相关纠纷案件，参照适用本规定。

第二十三条　本规定施行后，案件尚在一审或者二审阶段的，适用本规定；本规定施行前已经终审的案件，人民法院进行再审时，不适用本规定。

第二十四条　本规定施行前本院作出的有关司法解释与本规定相抵触的，以本规定为准。

优化营商环境条例

(2019年10月8日国务院第66次常务会议通过 2019年10月22日中华人民共和国国务院令第722号公布 自2020年1月1日起施行)

第一章 总 则

第一条 为了持续优化营商环境，不断解放和发展社会生产力，加快建设现代化经济体系，推动高质量发展，制定本条例。

第二条 本条例所称营商环境，是指企业等市场主体在市场经济活动中所涉及的体制机制性因素和条件。

第三条 国家持续深化简政放权、放管结合、优化服务改革，最大限度减少政府对市场资源的直接配置，最大限度减少政府对市场活动的直接干预，加强和规范事中事后监管，着力提升政务服务能力和水平，切实降低制度性交易成本，更大激发市场活力和社会创造力，增强发展动力。

各级人民政府及其部门应当坚持政务公开透明，以公开为常态、不公开为例外，全面推进决策、执行、管理、服务、结果公开。

第四条 优化营商环境应当坚持市场化、法治化、国际化原则，以市场主体需求为导向，以深刻转变政府职能为核心，创新体制机制、强化协同联动、完善法治保障，对标国际先进水平，为各类市场主体投资兴业营造稳定、公平、透明、可预期的良好环境。

第五条 国家加快建立统一开放、竞争有序的现代市场体系，依法促进各类生产要素自由流动，保障各类市场主体公平参与市场竞争。

第六条 国家鼓励、支持、引导非公有制经济发展，激发非公有制经济活力和创造力。

国家进一步扩大对外开放，积极促进外商投资，平等对待内资企业、外商投资企业等各类市场主体。

第七条 各级人民政府应当加强对优化营商环境工作的组织领导，完善优化营商环境的政策措施，建立健全统筹推进、督促落实优化营商环境工作的相关机制，及时协调、解决优化营商环境工作中的重大问题。

县级以上人民政府有关部门应当按照职责分工，做好优化营商环境的相关工作。县级以上地方人民政府根据实际情况，可以明确优化营商环境工作的主管部门。

国家鼓励和支持各地区、各部门结合实际情况，在法治框架内积极探索原创性、差异化的优化营商环境具体措施；对探索中出现失误或者偏差，符合规定条件的，可以予以免责或者减轻责任。

第八条 国家建立和完善以市场主体和社会公众满意度为导向的营商环境评价体系，发挥营商环境评价对优化营商环境的引领和督促作用。

开展营商环境评价，不得影响各地区、各部门正常工作，不得影响市场主体正常生产经营活动或者增加市场主体负担。

任何单位不得利用营商环境评价谋取利益。

第九条 市场主体应当遵守法律法规，恪守社会公德和商业道德，诚实守信、公平竞争，履行安全、质量、劳动者权益保护、消费者权益保护等方面的法定义务，在国际经贸活动中遵循国际通行规则。

第二章 市场主体保护

第十条 国家坚持权利平等、机会平等、规则平等，保障各种所有制经济平等受到法律保护。

第十一条 市场主体依法享有经营自主权。对依法应当由市场主体自主决策的各类事项，任何单位和个人不得干预。

第十二条 国家保障各类市场主体依法平等使用资金、技术、人力资源、土地使用权及其他自然资源等各类生产要素和公共服务资源。

各类市场主体依法平等适用国家支持发展的政策。政府及其有关部门在政府资金安排、土地供应、税费减免、资质许可、标准制定、项目申报、职称评定、人力资源政策等方面，应当依法平等对待各类市场主体，不得制定或者实施歧视性政策措施。

第十三条 招标投标和政府采购应当公开透明、公平公正，依法平等对待各类所有制和不同地区的市场主体，不得以不合理条件或者产品产地来源等进行限制或者排斥。

政府有关部门应当加强招标投标和政府采购监管，依法纠正和查处违法违规行为。

第十四条 国家依法保护市场主体的财产权和其他合法权益，保护企业经营者人身和财产安全。

严禁违反法定权限、条件、程序对市场主体的财产和企业经营者个人财产实施查封、冻结和扣押等行政强制措施；依法确需实施前述行政强制措施的，应当限定在所必需的范围内。

禁止在法律、法规规定之外要求市场主体提供财力、物力或者人力的摊派行为。市场主体有权拒绝任何形式的摊派。

第十五条 国家建立知识产权侵权惩罚性赔偿制度，推动建立知识产权快速协同保护机制，健全知识产权纠纷多元化解决机制和知识产权维权援助机制，加大对知识产权的保护力度。

国家持续深化商标注册、专利申请便利化改革，提高商标注册、专利申请审查效率。

第十六条 国家加大中小投资者权益保护力度，完善中小投资者权益保护机制，保障中小投资者的知情权、参与权，提升中小投资者维护合法权益的便利度。

第十七条 除法律、法规另有规定外，市场主体有权自主决定加入或者退出行业协会商会等社会组织，任何单位和个人不得干预。

除法律、法规另有规定外，任何单位和个人不得强制或者变相强制市场主体参加评比、达标、表彰、培训、考核、考试以及类似活动，不得借前述活动向市场主体收费或者变相收费。

第十八条 国家推动建立全国统一的市场主体维权服务平台，

为市场主体提供高效、便捷的维权服务。

第三章 市场环境

第十九条 国家持续深化商事制度改革，统一企业登记业务规范，统一数据标准和平台服务接口，采用统一社会信用代码进行登记管理。

国家推进"证照分离"改革，持续精简涉企经营许可事项，依法采取直接取消审批、审批改为备案、实行告知承诺、优化审批服务等方式，对所有涉企经营许可事项进行分类管理，为企业取得营业执照后开展相关经营活动提供便利。除法律、行政法规规定的特定领域外，涉企经营许可事项不得作为企业登记的前置条件。

政府有关部门应当按照国家有关规定，简化企业从申请设立到具备一般性经营条件所需办理的手续。在国家规定的企业开办时限内，各地区应当确定并公开具体办理时间。

企业申请办理住所等相关变更登记的，有关部门应当依法及时办理，不得限制。除法律、法规、规章另有规定外，企业迁移后其持有的有效许可证件不再重复办理。

第二十条 国家持续放宽市场准入，并实行全国统一的市场准入负面清单制度。市场准入负面清单以外的领域，各类市场主体均可以依法平等进入。

各地区、各部门不得另行制定市场准入性质的负面清单。

第二十一条 政府有关部门应当加大反垄断和反不正当竞争执法力度，有效预防和制止市场经济活动中的垄断行为、不正当竞争行为以及滥用行政权力排除、限制竞争的行为，营造公平竞争的市场环境。

第二十二条 国家建立健全统一开放、竞争有序的人力资源市场体系，打破城乡、地区、行业分割和身份、性别等歧视，促进人力资源有序社会性流动和合理配置。

第二十三条 政府及其有关部门应当完善政策措施、强化创新服务，鼓励和支持市场主体拓展创新空间，持续推进产品、技术、商业模式、管理等创新，充分发挥市场主体在推动科技成果转化中的作用。

第二十四条　政府及其有关部门应当严格落实国家各项减税降费政策，及时研究解决政策落实中的具体问题，确保减税降费政策全面、及时惠及市场主体。

第二十五条　设立政府性基金、涉企行政事业性收费、涉企保证金，应当有法律、行政法规依据或者经国务院批准。对政府性基金、涉企行政事业性收费、涉企保证金以及实行政府定价的经营服务性收费，实行目录清单管理并向社会公开，目录清单之外的前述收费和保证金一律不得执行。推广以金融机构保函替代现金缴纳涉企保证金。

第二十六条　国家鼓励和支持金融机构加大对民营企业、中小企业的支持力度，降低民营企业、中小企业综合融资成本。

金融监督管理部门应当完善对商业银行等金融机构的监管考核和激励机制，鼓励、引导其增加对民营企业、中小企业的信贷投放，并合理增加中长期贷款和信用贷款支持，提高贷款审批效率。

商业银行等金融机构在授信中不得设置不合理条件，不得对民营企业、中小企业设置歧视性要求。商业银行等金融机构应当按照国家有关规定规范收费行为，不得违规向服务对象收取不合理费用。商业银行应当向社会公开开设企业账户的服务标准、资费标准和办理时限。

第二十七条　国家促进多层次资本市场规范健康发展，拓宽市场主体融资渠道，支持符合条件的民营企业、中小企业依法发行股票、债券以及其他融资工具，扩大直接融资规模。

第二十八条　供水、供电、供气、供热等公用企事业单位应当向社会公开服务标准、资费标准等信息，为市场主体提供安全、便捷、稳定和价格合理的服务，不得强迫市场主体接受不合理的服务条件，不得以任何名义收取不合理费用。各地区应当优化报装流程，在国家规定的报装办理时限内确定并公开具体办理时间。

政府有关部门应当加强对公用企事业单位运营的监督管理。

第二十九条 行业协会商会应当依照法律、法规和章程，加强行业自律，及时反映行业诉求，为市场主体提供信息咨询、宣传培训、市场拓展、权益保护、纠纷处理等方面的服务。

国家依法严格规范行业协会商会的收费、评比、认证等行为。

第三十条 国家加强社会信用体系建设，持续推进政务诚信、商务诚信、社会诚信和司法公信建设，提高全社会诚信意识和信用水平，维护信用信息安全，严格保护商业秘密和个人隐私。

第三十一条 地方各级人民政府及其有关部门应当履行向市场主体依法作出的政策承诺以及依法订立的各类合同，不得以行政区划调整、政府换届、机构或者职能调整以及相关责任人更替等为由违约毁约。因国家利益、社会公共利益需要改变政策承诺、合同约定，应当依照法定权限和程序进行，并依法对市场主体因此受到的损失予以补偿。

第三十二条 国家机关、事业单位不得违约拖欠市场主体的货物、工程、服务等账款，大型企业不得利用优势地位拖欠中小企业账款。

县级以上人民政府及其有关部门应当加大对国家机关、事业单位拖欠市场主体账款的清理力度，并通过加强预算管理、严格责任追究等措施，建立防范和治理国家机关、事业单位拖欠市场主体账款的长效机制。

第三十三条 政府有关部门应当优化市场主体注销办理流程，精简申请材料、压缩办理时间、降低注销成本。对设立后未开展生产经营活动或者无债权债务的市场主体，可以按照简易程序办理注销。对有债权债务的市场主体，在债权债务依法解决后及时办理注销。

县级以上地方人民政府应当根据需要建立企业破产工作协调机制，协调解决企业破产过程中涉及的有关问题。

第四章 政务服务

第三十四条 政府及其有关部门应当进一步增强服务意识，切实转变工作作风，为市场主体提供规范、便利、高效的政务服务。

第三十五条 政府及其有关部门应当推进政务服务标准化，按照减环节、减材料、减时限的要求，编制并向社会公开政务服务事项（包括行政权力事项和公共服务事项，下同）标准化工作流程和办事指南，细化量化政务服务标准，压缩自由裁量权，推进同一事项实行无差别受理、同标准办理。没有法律、法规、规章依据，不得增设政务服务事项的办理条件和环节。

第三十六条 政府及其有关部门办理政务服务事项，应当根据实际情况，推行当场办结、一次办结、限时办结等制度，实现集中办理、就近办理、网上办理、异地可办。需要市场主体补正有关材料、手续的，应当一次性告知需要补正的内容；需要进行现场踏勘、现场核查、技术审查、听证论证的，应当及时安排、限时办结。

法律、法规、规章以及国家有关规定对政务服务事项办理时限有规定的，应当在规定的时限内尽快办结；没有规定的，应当按照合理、高效的原则确定办理时限并按时办结。各地区可以在国家规定的政务服务事项办理时限内进一步压减时间，并应当向社会公开；超过办理时间的，办理单位应当公开说明理由。

地方各级人民政府已设立政务服务大厅的，本行政区域内各类政务服务事项一般应当进驻政务服务大厅统一办理。对政务服务大厅中部门分设的服务窗口，应当创造条件整合为综合窗口，提供一站式服务。

第三十七条 国家加快建设全国一体化在线政务服务平台（以下称一体化在线平台），推动政务服务事项在全国范围内实现"一网通办"。除法律、法规另有规定或者涉及国家秘密等情形外，政务服务事项应当按照国务院确定的步骤，纳入一体化在线平台办理。

国家依托一体化在线平台，推动政务信息系统整合，优化政务流程，促进政务服务跨地区、跨部门、跨层级数据共享和业务协同。政府及其有关部门应当按照国家有关规定，提供数据共享服务，及时将有关政务服务数据上传至一体化在线平台，加强共享数据使用全过程管理，确保共享数据安全。

国家建立电子证照共享服务系统，实现电子证照跨地区、跨部门共享和全国范围内互信互认。各地区、各部门应当加强电子证照的推广应用。

各地区、各部门应当推动政务服务大厅与政务服务平台全面对接融合。市场主体有权自主选择政务服务办理渠道，行政机关不得限定办理渠道。

第三十八条 政府及其有关部门应当通过政府网站、一体化在线平台，集中公布涉及市场主体的法律、法规、规章、行政规范性文件和各类政策措施，并通过多种途径和方式加强宣传解读。

第三十九条 国家严格控制新设行政许可。新设行政许可应当按照行政许可法和国务院的规定严格设定标准，并进行合法性、必要性和合理性审查论证。对通过事中事后监管或者市场机制能够解决以及行政许可法和国务院规定不得设立行政许可的事项，一律不得设立行政许可，严禁以备案、登记、注册、目录、规划、年检、年报、监制、认定、认证、审定以及其他任何形式变相设定或者实施行政许可。

法律、行政法规和国务院决定对相关管理事项已作出规定，但未采取行政许可管理方式的，地方不得就该事项设定行政许可。对相关管理事项尚未制定法律、行政法规的，地方可以依法就该事项设定行政许可。

第四十条 国家实行行政许可清单管理制度，适时调整行政许可清单并向社会公布，清单之外不得违法实施行政许可。

国家大力精简已有行政许可。对已取消的行政许可，行政机关不得继续实施或者变相实施，不得转由行业协会商会或者其他组织实施。

对实行行政许可管理的事项，行政机关应当通过整合实施、下放审批层级等多种方式，优化审批服务，提高审批效率，减轻市场主体负担。符合相关条件和要求的，可以按照有关规定采取告知承诺的方式办理。

第四十一条 县级以上地方人民政府应当深化投资审批制度改革，根据项目性质、投资规模等分类规范投资审批程序，精简审批要件，简化技术审查事项，强化项目决策与用地、规划等建设条件落实的协同，实行与相关审批在线并联办理。

第四十二条 设区的市级以上地方人民政府应当按照国家有关规定，优化工程建设项目（不包括特殊工程和交通、水利、能源等领域的重大工程）审批流程，推行并联审批、多图联审、联合竣工验收等方式，简化审批手续，提高审批效能。

在依法设立的开发区、新区和其他有条件的区域，按照国家有关规定推行区域评估，由设区的市级以上地方人民政府组织对一定区域内压覆重要矿产资源、地质灾害危险性等事项进行统一评估，不再对区域内的市场主体单独提出评估要求。区域评估的费用不得由市场主体承担。

第四十三条 作为办理行政审批条件的中介服务事项（以下称法定行政审批中介服务）应当有法律、法规或者国务院决定依据；没有依据的，不得作为办理行政审批的条件。中介服务机构应当明确办理法定行政审批中介服务的条件、流程、时限、收费标准，并向社会公开。

国家加快推进中介服务机构与行政机关脱钩。行政机关不得为市场主体指定或者变相指定中介服务机构；除法定行政审批中介服务外，不得强制或者变相强制市场主体接受中介服务。行政机关所属事业单位、主管的社会组织及其举办的企业不得开展与本机关所负责行政审批相关的中介服务，法律、行政法规另有规定的除外。

行政机关在行政审批过程中需要委托中介服务机构开展技术性服务的，应当通过竞争性方式选择中介服务机构，并自行承担服务费用，不得转嫁给市场主体承担。

第四十四条 证明事项应当有法律、法规或者国务院决定依据。

设定证明事项，应当坚持确有必要、从严控制的原则。对通过法定证照、法定文书、书面告知承诺、政府部门内部核查和部门间核查、网络核查、合同凭证等能够办理，能够被其他材料涵盖或者替代，以及开具单位无法调查核实的，不得设定证明事项。

政府有关部门应当公布证明事项清单，逐项列明设定依据、索要单位、开具单位、办理指南等。清单之外，政府部门、公用企业单位和服务机构不得索要证明。各地区、各部门之间应当加强证明的互认共享，避免重复索要证明。

第四十五条 政府及其有关部门应当按照国家促进跨境贸易便利化的有关要求，依法削减进出口环节审批事项，取消不必要的监管要求，优化简化通关流程，提高通关效率，清理规范口岸收费，降低通关成本，推动口岸和国际贸易领域相关业务统一通过国际贸易"单一窗口"办理。

第四十六条 税务机关应当精简办税资料和流程，简并申报缴税次数，公开涉税事项办理时限，压减办税时间，加大推广使用电子发票的力度，逐步实现全程网上办税，持续优化纳税服务。

第四十七条 不动产登记机构应当按照国家有关规定，加强部门协作，实行不动产登记、交易和缴税一窗受理、并行办理，压缩办理时间，降低办理成本。在国家规定的不动产登记时限内，各地区应当确定并公开具体办理时间。

国家推动建立统一的动产和权利担保登记公示系统，逐步实现市场主体在一个平台上办理动产和权利担保登记。纳入统一登记公示系统的动产和权利范围另行规定。

第四十八条 政府及其有关部门应当按照构建亲清新型政商关系的要求，建立畅通有效的政企沟通机制，采取多种方式及时听取市场主体的反映和诉求，了解市场主体生产经营中遇到的困难和问题，并依法帮助其解决。

建立政企沟通机制，应当充分尊重市场主体意愿，增强针对性和有效性，不得干扰市场主体正常生产经营活动，不得增加市场主体负担。

第四十九条　政府及其有关部门应当建立便利、畅通的渠道,受理有关营商环境的投诉和举报。

第五十条　新闻媒体应当及时、准确宣传优化营商环境的措施和成效,为优化营商环境创造良好舆论氛围。

国家鼓励对营商环境进行舆论监督,但禁止捏造虚假信息或者歪曲事实进行不实报道。

第五章　监管执法

第五十一条　政府有关部门应当严格按照法律法规和职责,落实监管责任,明确监管对象和范围、厘清监管事权,依法对市场主体进行监管,实现监管全覆盖。

第五十二条　国家健全公开透明的监管规则和标准体系。国务院有关部门应当分领域制定全国统一、简明易行的监管规则和标准,并向社会公开。

第五十三条　政府及其有关部门应当按照国家关于加快构建以信用为基础的新型监管机制的要求,创新和完善信用监管,强化信用监管的支撑保障,加强信用监管的组织实施,不断提升信用监管效能。

第五十四条　国家推行"双随机、一公开"监管,除直接涉及公共安全和人民群众生命健康等特殊行业、重点领域外,市场监管领域的行政检查应当通过随机抽取检查对象、随机选派执法检查人员、抽查事项及查处结果及时向社会公开的方式进行。针对同一检查对象的多个检查事项,应当尽可能合并或者纳入跨部门联合抽查范围。

对直接涉及公共安全和人民群众生命健康等特殊行业、重点领域,依法依规实行全覆盖的重点监管,并严格规范重点监管的程序;对通过投诉举报、转办交办、数据监测等发现的问题,应当有针对性地进行检查并依法依规处理。

第五十五条　政府及其有关部门应当按照鼓励创新的原则,对新技术、新产业、新业态、新模式等实行包容审慎监管,针对其性质、特点分类制定和实行相应的监管规则和标准,留足发展空间,同时确保质量和安全,不得简单化予以禁止或者不予监管。

第五十六条 政府及其有关部门应当充分运用互联网、大数据等技术手段,依托国家统一建立的在线监管系统,加强监管信息归集共享和关联整合,推行以远程监管、移动监管、预警防控为特征的非现场监管,提升监管的精准化、智能化水平。

第五十七条 国家建立健全跨部门、跨区域行政执法联动响应和协作机制,实现违法线索互联、监管标准互通、处理结果互认。

国家统筹配置行政执法职能和执法资源,在相关领域推行综合行政执法,整合精简执法队伍,减少执法主体和执法层级,提高基层执法能力。

第五十八条 行政执法机关应当按照国家有关规定,全面落实行政执法公示、行政执法全过程记录和重大行政执法决定法制审核制度,实现行政执法信息及时准确公示、行政执法全过程留痕和可回溯管理、重大行政执法决定法制审核全覆盖。

第五十九条 行政执法中应当推广运用说服教育、劝导示范、行政指导等非强制性手段,依法慎重实施行政强制。采用非强制性手段能够达到行政管理目的的,不得实施行政强制;违法行为情节轻微或者社会危害较小的,可以不实施行政强制;确需实施行政强制的,应当尽可能减少对市场主体正常生产经营活动的影响。

开展清理整顿、专项整治等活动,应当严格依法进行,除涉及人民群众生命安全、发生重特大事故或者举办国家重大活动,并报经有权机关批准外,不得在相关区域采取要求相关行业、领域的市场主体普遍停产、停业的措施。

禁止将罚没收入与行政执法机关利益挂钩。

第六十条 国家健全行政执法自由裁量基准制度,合理确定裁量范围、种类和幅度,规范行政执法自由裁量权的行使。

第六章 法治保障

第六十一条 国家根据优化营商环境需要，依照法定权限和程序及时制定或者修改、废止有关法律、法规、规章、行政规范性文件。

优化营商环境的改革措施涉及调整实施现行法律、行政法规等有关规定的，依照法定程序经有权机关授权后，可以先行先试。

第六十二条 制定与市场主体生产经营活动密切相关的行政法规、规章、行政规范性文件，应当按照国务院的规定，充分听取市场主体、行业协会商会的意见。

除依法需要保密外，制定与市场主体生产经营活动密切相关的行政法规、规章、行政规范性文件，应当通过报纸、网络等向社会公开征求意见，并建立健全意见采纳情况反馈机制。向社会公开征求意见的期限一般不少于30日。

第六十三条 制定与市场主体生产经营活动密切相关的行政法规、规章、行政规范性文件，应当按照国务院的规定进行公平竞争审查。

制定涉及市场主体权利义务的行政规范性文件，应当按照国务院的规定进行合法性审核。

市场主体认为地方性法规同行政法规相抵触，或者认为规章同法律、行政法规相抵触的，可以向国务院书面提出审查建议，由有关机关按照规定程序处理。

第六十四条 没有法律、法规或者国务院决定和命令依据的，行政规范性文件不得减损市场主体合法权益或者增加其义务，不得设置市场准入和退出条件，不得干预市场主体正常生产经营活动。

涉及市场主体权利义务的行政规范性文件应当按照法定要求和程序予以公布，未经公布的不得作为行政管理依据。

第六十五条 制定与市场主体生产经营活动密切相关的行政法规、规章、行政规范性文件，应当结合实际，确定是否为市场主体留出必要的适应调整期。

政府及其有关部门应当统筹协调、合理把握规章、行政规范性文件等的出台节奏，全面评估政策效果，避免因政策叠加或者相互不协调对市场主体正常生产经营活动造成不利影响。

第六十六条 国家完善调解、仲裁、行政裁决、行政复议、诉讼等有机衔接、相互协调的多元化纠纷解决机制，为市场主体提供高效、便捷的纠纷解决途径。

第六十七条 国家加强法治宣传教育，落实国家机关普法责任制，提高国家工作人员依法履职能力，引导市场主体合法经营、依法维护自身合法权益，不断增强全社会的法治意识，为营造法治化营商环境提供基础性支撑。

第六十八条 政府及其有关部门应当整合律师、公证、司法鉴定、调解、仲裁等公共法律服务资源，加快推进公共法律服务体系建设，全面提升公共法律服务能力和水平，为优化营商环境提供全方位法律服务。

第六十九条 政府和有关部门及其工作人员有下列情形之一的，依法依规追究责任：

（一）违法干预应当由市场主体自主决策的事项；

（二）制定或者实施政策措施不依法平等对待各类市场主体；

（三）违反法定权限、条件、程序对市场主体的财产和企业经营者个人财产实施查封、冻结和扣押等行政强制措施；

（四）在法律、法规规定之外要求市场主体提供财力、物力或者人力；

（五）没有法律、法规依据，强制或者变相强制市场主体参加评比、达标、表彰、培训、考核、考试以及类似活动，或者借前述活动向市场主体收费或者变相收费；

（六）违法设立或者在目录清单之外执行政府性基金、涉企行政事业性收费、涉企保证金；

（七）不履行向市场主体依法作出的政策承诺以及依法订立的各类合同，或者违约拖欠市场主体的货物、工程、服务等账款；

（八）变相设定或者实施行政许可，继续实施或者变相实施已取消的行政许可，或者转由行业协会商会或者其他组织实施已取消的行政许可；

（九）为市场主体指定或者变相指定中介服务机构，或者违法强制市场主体接受中介服务；

（十）制定与市场主体生产经营活动密切相关的行政法规、规章、行政规范性文件时，不按照规定听取市场主体、行业协会商会的意见；

（十一）其他不履行优化营商环境职责或者损害营商环境的情形。

第七十条 公用企事业单位有下列情形之一的，由有关部门责令改正，依法追究法律责任：

（一）不向社会公开服务标准、资费标准、办理时限等信息；

（二）强迫市场主体接受不合理的服务条件；

（三）向市场主体收取不合理费用。

第七十一条 行业协会商会、中介服务机构有下列情形之一的，由有关部门责令改正，依法追究法律责任：

（一）违法开展收费、评比、认证等行为；

（二）违法干预市场主体加入或者退出行业协会商会等社会组织；

（三）没有法律、法规依据，强制或者变相强制市场主体参加评比、达标、表彰、培训、考核、考试以及类似活动，或者借前述活动向市场主体收费或者变相收费；

（四）不向社会公开办理法定行政审批中介服务的条件、流程、时限、收费标准；

（五）违法强制或者变相强制市场主体接受中介服务。

第七章 附 则

第七十二条 本条例自 2020 年 1 月 1 日起施行。

促进个体工商户发展条例

(2022年9月26日国务院第190次常务会议通过 2022年10月1日中华人民共和国国务院令第755号公布 自2022年11月1日起施行)

第一条 为了鼓励、支持和引导个体经济健康发展，维护个体工商户合法权益，稳定和扩大城乡就业，充分发挥个体工商户在国民经济和社会发展中的重要作用，制定本条例。

第二条 有经营能力的公民在中华人民共和国境内从事工商业经营，依法登记为个体工商户的，适用本条例。

第三条 促进个体工商户发展工作坚持中国共产党的领导，发挥党组织在个体工商户发展中的引领作用和党员先锋模范作用。

个体工商户中的党组织和党员按照中国共产党章程的规定开展党的活动。

第四条 个体经济是社会主义市场经济的重要组成部分，个体工商户是重要的市场主体，在繁荣经济、增加就业、推动创业创新、方便群众生活等方面发挥着重要作用。

国家持续深化简政放权、放管结合、优化服务改革，优化营商环境，积极扶持、加强引导、依法规范，为个体工商户健康发展创造有利条件。

第五条 国家对个体工商户实行市场平等准入、公平待遇的原则。

第六条 个体工商户可以个人经营，也可以家庭经营。个体工商户的财产权、经营自主权等合法权益受法律保护，任何单位和个人不得侵害或者非法干预。

第七条 国务院建立促进个体工商户发展部际联席会议制度，研究并推进实施促进个体工商户发展的重大政策措施，统筹协调促进个体工商户发展工作中的重大事项。

国务院市场监督管理部门会同有关部门加强对促进个体工商户发展工作的宏观指导、综合协调和监督检查。

第八条　国务院发展改革、财政、人力资源社会保障、住房城乡建设、商务、金融、税务、市场监督管理等有关部门在各自职责范围内研究制定税费支持、创业扶持、职业技能培训、社会保障、金融服务、登记注册、权益保护等方面的政策措施，做好促进个体工商户发展工作。

第九条　县级以上地方人民政府应当将促进个体工商户发展纳入本级国民经济和社会发展规划，结合本行政区域个体工商户发展情况制定具体措施并组织实施，为个体工商户发展提供支持。

第十条　国家加强个体工商户发展状况监测分析，定期开展抽样调查、监测统计和活跃度分析，强化个体工商户发展信息的归集、共享和运用。

第十一条　市场主体登记机关应当为个体工商户提供依法合规、规范统一、公开透明、便捷高效的登记服务。

第十二条　国务院市场监督管理部门应当根据个体工商户发展特点，改革完善个体工商户年度报告制度，简化内容、优化流程，提供简易便捷的年度报告服务。

第十三条　个体工商户可以自愿变更经营者或者转型为企业。变更经营者的，可以直接向市场主体登记机关申请办理变更登记。涉及有关行政许可的，行政许可部门应当简化手续，依法为个体工商户提供便利。

个体工商户变更经营者或者转型为企业的，应当结清依法应缴纳的税款等，对原有债权债务作出妥善处理，不得损害他人的合法权益。

第十四条　国家加强个体工商户公共服务平台体系建设，为个体工商户提供法律政策、市场供求、招聘用工、创业培训、金融支持等信息服务。

第十五条　依法成立的个体劳动者协会在市场监督管理部门指导下，充分发挥桥梁纽带作用，推动个体工商户党的建设，为个体工商户提供服务，维护个体工商户合法权益，引导个体工商户诚信自律。

个体工商户自愿加入个体劳动者协会。

第十六条 政府及其有关部门在制定相关政策措施时，应当充分听取个体工商户以及相关行业组织的意见，不得违反规定在资质许可、项目申报、政府采购、招标投标等方面对个体工商户制定或者实施歧视性政策措施。

第十七条 县级以上地方人民政府应当结合本行政区域实际情况，根据个体工商户的行业类型、经营规模、经营特点等，对个体工商户实施分型分类培育和精准帮扶。

第十八条 县级以上地方人民政府应当采取有效措施，为个体工商户增加经营场所供给，降低经营场所使用成本。

第十九条 国家鼓励和引导创业投资机构和社会资金支持个体工商户发展。

县级以上地方人民政府应当充分发挥各类资金作用，为个体工商户在创业创新、贷款融资、职业技能培训等方面提供资金支持。

第二十条 国家实行有利于个体工商户发展的财税政策。

县级以上地方人民政府及其有关部门应当严格落实相关财税支持政策，确保精准、及时惠及个体工商户。

第二十一条 国家推动建立和完善个体工商户信用评价体系，鼓励金融机构开发和提供适合个体工商户发展特点的金融产品和服务，扩大个体工商户贷款规模和覆盖面，提高贷款精准性和便利度。

第二十二条 县级以上地方人民政府应当支持个体工商户参加社会保险，对符合条件的个体工商户给予相应的支持。

第二十三条 县级以上地方人民政府应当完善创业扶持政策，支持个体工商户参加职业技能培训，鼓励各类公共就业服务机构为个体工商户提供招聘用工服务。

第二十四条 县级以上地方人民政府应当结合城乡社区服务体系建设，支持个体工商户在社区从事与居民日常生活密切相关的经营活动，满足居民日常生活消费需求。

第二十五条 国家引导和支持个体工商户加快数字化发展、实现线上线下一体化经营。

平台经营者应当在入驻条件、服务规则、收费标准等方面，为个体工商户线上经营提供支持，不得利用服务协议、平台规则、数据算法、技术等手段，对平台内个体工商户进行不合理限制、附加不合理条件或者收取不合理费用。

第二十六条 国家加大对个体工商户的字号、商标、专利、商业秘密等权利的保护力度。

国家鼓励和支持个体工商户提升知识产权的创造运用水平、增强市场竞争力。

第二十七条 县级以上地方人民政府制定实施城乡建设规划及城市和交通管理、市容环境治理、产业升级等相关政策措施，应当充分考虑个体工商户经营需要和实际困难，实施引导帮扶。

第二十八条 各级人民政府对因自然灾害、事故灾难、公共卫生事件、社会安全事件等原因造成经营困难的个体工商户，结合实际情况及时采取纾困帮扶措施。

第二十九条 政府及其有关部门按照国家有关规定，对个体工商户先进典型进行表彰奖励，不断提升个体工商户经营者的荣誉感。

第三十条 任何单位和个人不得违反法律法规和国家有关规定向个体工商户收费或者变相收费，不得擅自扩大收费范围或者提高收费标准，不得向个体工商户集资、摊派，不得强行要求个体工商户提供赞助或者接受有偿服务。

任何单位和个人不得诱导、强迫劳动者登记注册为个体工商户。

第三十一条 机关、企业事业单位不得要求个体工商户接受不合理的付款期限、方式、条件和违约责任等交易条件，不得违约拖欠个体工商户账款，不得通过强制个体工商户接受商业汇票等非现金支付方式变相拖欠账款。

第三十二条 县级以上地方人民政府应当提升个体工商户发展质量，不得将个体工商户数量增长率、年度报告率等作为绩效考核评价指标。

第三十三条 个体工商户对违反本条例规定、侵害自身合法权益的行为，有权向有关部门投诉、举报。

县级以上地方人民政府及其有关部门应当畅通投诉、举报途径，并依法及时处理。

第三十四条 个体工商户应当依法经营、诚实守信，自觉履行劳动用工、安全生产、食品安全、职业卫生、环境保护、公平竞争等方面的法定义务。

对涉及公共安全和人民群众生命健康等重点领域，有关行政部门应当加强监督管理，维护良好市场秩序。

第三十五条 个体工商户开展经营活动违反有关法律规定的，有关行政部门应当按照教育和惩戒相结合、过罚相当的原则，依法予以处理。

第三十六条 政府及其有关部门的工作人员在促进个体工商户发展工作中不履行或者不正确履行职责，损害个体工商户合法权益，造成严重后果的，依法依规给予处分；构成犯罪的，依法追究刑事责任。

第三十七条 香港特别行政区、澳门特别行政区永久性居民中的中国公民，台湾地区居民可以按照国家有关规定，申请登记为个体工商户。

第三十八条 省、自治区、直辖市可以结合本行政区域实际情况，制定促进个体工商户发展的具体办法。

第三十九条 本条例自2022年11月1日起施行。《个体工商户条例》同时废止。

最高人民法院关于适用《中华人民共和国公司法》时间效力的若干规定

（2024年6月27日最高人民法院审判委员会第1922次会议通过 2024年6月29日最高人民法院公告公布 自2024年7月1日起施行 法释〔2024〕7号）

为正确适用2023年12月29日第十四届全国人民代表大会常务委员会第七次会议第二次修订的《中华人民共和国公司法》，根据《中华人民共和国立法法》《中华人民共和国民法典》等法律规定，就人民法院在审理与公司有关的民事纠纷案件中，涉及公司法时间效力的有关问题作出如下规定。

第一条 公司法施行后的法律事实引起的民事纠纷案件，适用公司法的规定。

公司法施行前的法律事实引起的民事纠纷案件，当时的法律、司法解释有规定的，适用当时的法律、司法解释的规定，但是适用公司法更有利于实现其立法目的，适用公司法的规定：

（一）公司法施行前，公司的股东会召集程序不当，未被通知参加会议的股东自决议作出之日起一年内请求人民法院撤销的，适用公司法第二十六条第二款的规定；

（二）公司法施行前的股东会决议、董事会决议被人民法院依法确认不成立，对公司根据该决议与善意相对人形成的法律关系效力发生争议的，适用公司法第二十八条第二款的规定；

（三）公司法施行前，股东以债权出资，因出资方式发生争议的，适用公司法第四十八条第一款的规定；

（四）公司法施行前，有限责任公司股东向股东以外的人转让

股权,因股权转让发生争议的,适用公司法第八十四条第二款的规定;

(五)公司法施行前,公司违反法律规定向股东分配利润、减少注册资本造成公司损失,因损害赔偿责任发生争议的,分别适用公司法第二百一十一条、第二百二十六条的规定;

(六)公司法施行前作出利润分配决议,因利润分配时限发生争议的,适用公司法第二百一十二条的规定;

(七)公司法施行前,公司减少注册资本,股东对相应减少出资额或者股份数量发生争议的,适用公司法第二百二十四条第三款的规定。

第二条 公司法施行前与公司有关的民事法律行为,依据当时的法律、司法解释认定无效而依据公司法认定有效,因民事法律行为效力发生争议的下列情形,适用公司法的规定:

(一)约定公司对所投资企业债务承担连带责任,对该约定效力发生争议的,适用公司法第十四条第二款的规定;

(二)公司作出使用资本公积金弥补亏损的公司决议,对该决议效力发生争议的,适用公司法第二百一十四条的规定;

(三)公司与其持股百分之九十以上的公司合并,对合并决议效力发生争议的,适用公司法第二百一十九条的规定。

第三条 公司法施行前订立的与公司有关的合同,合同的履行持续至公司法施行后,因公司法施行前的履行行为发生争议的,适用当时的法律、司法解释的规定;因公司法施行后的履行行为发生争议的下列情形,适用公司法的规定:

(一)代持上市公司股票合同,适用公司法第一百四十条第二款的规定;

(二)上市公司控股子公司取得该上市公司股份合同,适用公司法第一百四十一条的规定;

(三)股份有限公司为他人取得本公司或者母公司的股份提供赠与、借款、担保以及其他财务资助合同,适用公司法第一百六十三条的规定。

第四条 公司法施行前的法律事实引起的民事纠纷案件，当时的法律、司法解释没有规定而公司法作出规定的下列情形，适用公司法的规定：

（一）股东转让未届出资期限的股权，受让人未按期足额缴纳出资的，关于转让人、受让人出资责任的认定，适用公司法第八十八条第一款的规定；

（二）有限责任公司的控股股东滥用股东权利，严重损害公司或者其他股东利益，其他股东请求公司按照合理价格收购其股权的，适用公司法第八十九条第三款、第四款的规定；

（三）对股份有限公司股东会决议投反对票的股东请求公司按照合理价格收购其股份的，适用公司法第一百六十一条的规定；

（四）不担任公司董事的控股股东、实际控制人执行公司事务的民事责任认定，适用公司法第一百八十条的规定；

（五）公司的控股股东、实际控制人指示董事、高级管理人员从事活动损害公司或者股东利益的民事责任认定，适用公司法第一百九十二条的规定；

（六）不明显背离相关当事人合理预期的其他情形。

第五条 公司法施行前的法律事实引起的民事纠纷案件，当时的法律、司法解释已有原则性规定，公司法作出具体规定的下列情形，适用公司法的规定：

（一）股份有限公司章程对股份转让作了限制规定，因该规定发生争议的，适用公司法第一百五十七条的规定；

（二）对公司监事实施挪用公司资金等禁止性行为、违法关联交易、不当谋取公司商业机会、经营限制的同类业务的赔偿责任认定，分别适用公司法第一百八十一条、第一百八十二条第一款、第一百八十三条、第一百八十四条的规定；

（三）对公司董事、高级管理人员不当谋取公司商业机会、经营限制的同类业务的赔偿责任认定，分别适用公司法第一百八十三条、第一百八十四条的规定；

（四）对关联关系主体范围以及关联交易性质的认定，适用公司法第一百八十二条、第二百六十五条第四项的规定。

第六条 应当进行清算的法律事实发生在公司法施行前，因清算责任发生争议的，适用当时的法律、司法解释的规定。

应当清算的法律事实发生在公司法施行前，但至公司法施行日未满十五日的，适用公司法第二百三十二条的规定，清算义务人履行清算义务的期限自公司法施行日重新起算。

第七条 公司法施行前已经终审的民事纠纷案件，当事人申请再审或者人民法院按照审判监督程序决定再审的，适用当时的法律、司法解释的规定。

第八条 本规定自2024年7月1日起施行。

最高人民法院关于《中华人民共和国公司法》第八十八条第一款不溯及适用的批复

(2024年12月24日最高人民法院审判委员会第1939次会议通过 2024年12月24日最高人民法院公告公布 自2024年12月24日起施行 法释〔2024〕15号)

河南省高级人民法院：

你院《关于公司法第八十八条第一款是否溯及适用的请示》收悉。经研究，批复如下：

2024年7月1日起施行的《中华人民共和国公司法》第八十八条第一款仅适用于2024年7月1日之后发生的未届出资期限的股权转让行为。对于2024年7月1日之前股东未届出资期限转让股权引发的出资责任纠纷，人民法院应当根据原公司法等有关法律的规定精神公平公正处理。

本批复公布施行后，最高人民法院以前发布的司法解释与本批复规定不一致的，不再适用。

最高人民法院关于适用《中华人民共和国公司法》若干问题的规定（一）

（2006年3月27日最高人民法院审判委员会第1382次会议通过 根据2014年2月17日最高人民法院审判委员会第1607次会议《关于修改关于适用〈中华人民共和国公司法〉若干问题的规定的决定》修正 2014年2月20日最高人民法院公告公布 自2014年3月1日起施行 法释〔2014〕2号）

为正确适用2005年10月27日十届全国人大常委会第十八次会议修订的《中华人民共和国公司法》，对人民法院在审理相关的民事纠纷案件中，具体适用公司法的有关问题规定如下：

第一条 公司法实施后，人民法院尚未审结的和新受理的民事案件，其民事行为或事件发生在公司法实施以前的，适用当时的法律法规和司法解释。

第二条 因公司法实施前有关民事行为或者事件发生纠纷起诉到人民法院的，如当时的法律法规和司法解释没有明确规定时，可参照适用公司法的有关规定。

第三条 原告以公司法第二十二条第二款、第七十四条第二款规定事由，向人民法院提起诉讼时，超过公司法规定期限的，人民法院不予受理。

第四条 公司法第一百五十一条规定的180日以上连续持股期间，

应为股东向人民法院提起诉讼时,已期满的持股时间;规定的合计持有公司百分之一以上股份,是指两个以上股东持股份额的合计。

第五条 人民法院对公司法实施前已经终审的案件依法进行再审时,不适用公司法的规定。

第六条 本规定自公布之日起实施。

最高人民法院关于适用《中华人民共和国公司法》若干问题的规定(二)

(2008年5月5日最高人民法院审判委员会第1447次会议通过 根据2014年2月17日最高人民法院审判委员会第1607次会议《关于修改关于适用〈中华人民共和国公司法〉若干问题的规定的决定》第一次修正 根据2020年12月23日最高人民法院审判委员会第1823次会议通过的《最高人民法院关于修改〈最高人民法院关于破产企业国有划拨土地使用权应否列入破产财产等问题的批复〉等二十九件商事类司法解释的决定》第二次修正 2020年12月29日最高人民法院公告公布 自2021年1月1日起施行 法释〔2020〕18号)

为正确适用《中华人民共和国公司法》,结合审判实践,就人民法院审理公司解散和清算案件适用法律问题作出如下规定。

第一条 单独或者合计持有公司全部股东表决权百分之十以上的股东,以下列事由之一提起解散公司诉讼,并符合公司法第一百八十二条规定的,人民法院应予受理:

(一)公司持续两年以上无法召开股东会或者股东大会,公司经营管理发生严重困难的;

（二）股东表决时无法达到法定或者公司章程规定的比例，持续两年以上不能做出有效的股东会或者股东大会决议，公司经营管理发生严重困难的；

（三）公司董事长期冲突，且无法通过股东会或者股东大会解决，公司经营管理发生严重困难的；

（四）经营管理发生其他严重困难，公司继续存续会使股东利益受到重大损失的情形。

股东以知情权、利润分配请求权等权益受到损害，或者公司亏损、财产不足以偿还全部债务，以及公司被吊销企业法人营业执照未进行清算等为由，提起解散公司诉讼的，人民法院不予受理。

第二条 股东提起解散公司诉讼，同时又申请人民法院对公司进行清算的，人民法院对其提出的清算申请不予受理。人民法院可以告知原告，在人民法院判决解散公司后，依据民法典第七十条、公司法第一百八十三条和本规定第七条的规定，自行组织清算或者另行申请人民法院对公司进行清算。

第三条 股东提起解散公司诉讼时，向人民法院申请财产保全或者证据保全的，在股东提供担保且不影响公司正常经营的情形下，人民法院可予以保全。

第四条 股东提起解散公司诉讼应当以公司为被告。

原告以其他股东为被告一并提起诉讼的，人民法院应当告知原告将其他股东变更为第三人；原告坚持不予变更的，人民法院应当驳回原告对其他股东的起诉。

原告提起解散公司诉讼应当告知其他股东，或者由人民法院通知其参加诉讼。其他股东或者有关利害关系人申请以共同原告或者第三人身份参加诉讼的，人民法院应予准许。

第五条 人民法院审理解散公司诉讼案件，应当注重调解。当事人协商同意由公司或者股东收购股份，或者以减资等方式使公司存续，且不违反法律、行政法规强制性规定的，人民法院应予支持。当事人不能协商一致使公司存续的，人民法院应当及时判决。

经人民法院调解公司收购原告股份的，公司应当自调解书生效之日起六个月内将股份转让或者注销。股份转让或者注销之前,原告不得以公司收购其股份为由对抗公司债权人。

第六条 人民法院关于解散公司诉讼作出的判决,对公司全体股东具有法律约束力。

人民法院判决驳回解散公司诉讼请求后,提起该诉讼的股东或者其他股东又以同一事实和理由提起解散公司诉讼的,人民法院不予受理。

第七条 公司应当依照民法典第七十条、公司法第一百八十三条的规定,在解散事由出现之日起十五日内成立清算组,开始自行清算。

有下列情形之一,债权人、公司股东、董事或其他利害关系人申请人民法院指定清算组进行清算的,人民法院应予受理:

(一)公司解散逾期不成立清算组进行清算的;

(二)虽然成立清算组但故意拖延清算的;

(三)违法清算可能严重损害债权人或者股东利益的。

第八条 人民法院受理公司清算案件,应当及时指定有关人员组成清算组。

清算组成员可以从下列人员或者机构中产生:

(一)公司股东、董事、监事、高级管理人员;

(二)依法设立的律师事务所、会计师事务所、破产清算事务所等社会中介机构;

(三)依法设立的律师事务所、会计师事务所、破产清算事务所等社会中介机构中具备相关专业知识并取得执业资格的人员。

第九条 人民法院指定的清算组成员有下列情形之一的,人民法院可以根据债权人、公司股东、董事或其他利害关系人的申请,或者依职权更换清算组成员:

(一)有违反法律或者行政法规的行为;

(二)丧失执业能力或者民事行为能力;

(三)有严重损害公司或者债权人利益的行为。

第十条 公司依法清算结束并办理注销登记前,有关公司的民事诉讼,应当以公司的名义进行。

公司成立清算组的,由清算组负责人代表公司参加诉讼;尚未成立清算组的,由原法定代表人代表公司参加诉讼。

第十一条 公司清算时,清算组应当按照公司法第一百八十五条的规定,将公司解散清算事宜书面通知全体已知债权人,并根据公司规模和营业地域范围在全国或者公司注册登记地省级有影响的报纸上进行公告。

清算组未按照前款规定履行通知和公告义务,导致债权人未及时申报债权而未获清偿,债权人主张清算组成员对因此造成的损失承担赔偿责任的,人民法院应依法予以支持。

第十二条 公司清算时,债权人对清算组核定的债权有异议的,可以要求清算组重新核定。清算组不予重新核定,或者债权人对重新核定的债权仍有异议,债权人以公司为被告向人民法院提起诉讼请求确认的,人民法院应予受理。

第十三条 债权人在规定的期限内未申报债权,在公司清算程序终结前补充申报的,清算组应予登记。

公司清算程序终结,是指清算报告经股东会、股东大会或者人民法院确认完毕。

第十四条 债权人补充申报的债权,可以在公司尚未分配财产中依法清偿。公司尚未分配财产不能全额清偿,债权人主张股东以其在剩余财产分配中已经取得的财产予以清偿的,人民法院应予支持;但债权人因重大过错未在规定期限内申报债权的除外。

债权人或者清算组,以公司尚未分配财产和股东在剩余财产分配中已经取得的财产,不能全额清偿补充申报的债权为由,向人民法院提出破产清算申请的,人民法院不予受理。

第十五条 公司自行清算的,清算方案应当报股东会或者股东大会决议确认;人民法院组织清算的,清算方案应当报人民法院确认。未经确认的清算方案,清算组不得执行。

执行未经确认的清算方案给公司或者债权人造成损失,公司、股东、董事、公司其他利害关系人或者债权人主张清算组成员承担赔偿责任的,人民法院应依法予以支持。

第十六条 人民法院组织清算的,清算组应当自成立之日起六个月内清算完毕。

因特殊情况无法在六个月内完成清算的,清算组应当向人民法院申请延长。

第十七条 人民法院指定的清算组在清理公司财产、编制资产负债表和财产清单时,发现公司财产不足清偿债务的,可以与债权人协商制作有关债务清偿方案。

债务清偿方案经全体债权人确认且不损害其他利害关系人利益的,人民法院可依清算组的申请裁定予以认可。清算组依据该清偿方案清偿债务后,应当向人民法院申请裁定终结清算程序。

债权人对债务清偿方案不予确认或者人民法院不予认可的,清算组应当依法向人民法院申请宣告破产。

第十八条 有限责任公司的股东、股份有限公司的董事和控股股东未在法定期限内成立清算组开始清算,导致公司财产贬值、流失、毁损或者灭失,债权人主张其在造成损失范围内对公司债务承担赔偿责任的,人民法院应依法予以支持。

有限责任公司的股东、股份有限公司的董事和控股股东因怠于履行义务,导致公司主要财产、账册、重要文件等灭失,无法进行清算,债权人主张其对公司债务承担连带清偿责任的,人民法院应依法予以支持。

上述情形系实际控制人原因造成,债权人主张实际控制人对公司债务承担相应民事责任的,人民法院应依法予以支持。

第十九条 有限责任公司的股东、股份有限公司的董事和控股股东,以及公司的实际控制人在公司解散后,恶意处置公司财产给债权人造成损失,或者未经依法清算,以虚假的清算报告骗取公司登记机关办理法人注销登记,债权人主张其对公司债务承担相应赔偿责任的,人民法院应依法予以支持。

第二十条 公司解散应当在依法清算完毕后,申请办理注销登记。公司未经清算即办理注销登记,导致公司无法进行清算,债权人主张有限责任公司的股东、股份有限公司的董事和控股股东,以及公司的实际控制人对公司债务承担清偿责任的，人民法院应依法予以支持。

公司未经依法清算即办理注销登记，股东或者第三人在公司登记机关办理注销登记时承诺对公司债务承担责任，债权人主张其对公司债务承担相应民事责任的，人民法院应依法予以支持。

第二十一条 按照本规定第十八条和第二十条第一款的规定应当承担责任的有限责任公司的股东、股份有限公司的董事和控股股东，以及公司的实际控制人为二人以上的，其中一人或者数人依法承担民事责任后，主张其他人员按照过错大小分担责任的，人民法院应依法予以支持。

第二十二条 公司解散时，股东尚未缴纳的出资均应作为清算财产。股东尚未缴纳的出资，包括到期应缴未缴的出资，以及依照公司法第二十六条和第八十条的规定分期缴纳尚未届满缴纳期限的出资。

公司财产不足以清偿债务时，债权人主张未缴出资股东，以及公司设立时的其他股东或者发起人在未缴出资范围内对公司债务承担连带清偿责任的，人民法院应依法予以支持。

第二十三条 清算组成员从事清算事务时，违反法律、行政法规或者公司章程给公司或者债权人造成损失，公司或者债权人主张其承担赔偿责任的，人民法院应依法予以支持。

有限责任公司的股东、股份有限公司连续一百八十日以上单独或者合计持有公司百分之一以上股份的股东，依据公司法第一百五十一条第三款的规定，以清算组成员有前款所述行为为由向人民法院提起诉讼的，人民法院应予受理。

公司已经清算完毕注销，上述股东参照公司法第一百五十一条第三款的规定，直接以清算组成员为被告、其他股东为第三人向人民法院提起诉讼的，人民法院应予受理。

第二十四条 解散公司诉讼案件和公司清算案件由公司住所地人民法院管辖。公司住所地是指公司主要办事机构所在地。公司办事机构所在地不明确的，由其注册地人民法院管辖。

基层人民法院管辖县、县级市或者区的公司登记机关核准登记公司的解散诉讼案件和公司清算案件；中级人民法院管辖地区、地级市以上的公司登记机关核准登记公司的解散诉讼案件和公司清算案件。

最高人民法院关于适用《中华人民共和国公司法》若干问题的规定（三）

（2010年12月6日最高人民法院审判委员会第1504次会议通过　根据2014年2月17日最高人民法院审判委员会第1607次会议《关于修改关于适用〈中华人民共和国公司法〉若干问题的规定的决定》第一次修正　根据2020年12月23日最高人民法院审判委员会第1823次会议通过的《最高人民法院关于修改〈最高人民法院关于破产企业国有划拨土地使用权应否列入破产财产等问题的批复〉等二十九件商事类司法解释的决定》第二次修正　2020年12月29日最高人民法院公告公布　自2021年1月1日起施行　法释〔2020〕18号）

为正确适用《中华人民共和国公司法》，结合审判实践，就人民法院审理公司设立、出资、股权确认等纠纷案件适用法律问题作出如下规定。

第一条　为设立公司而签署公司章程、向公司认购出资或者股份并履行公司设立职责的人，应当认定为公司的发起人，包括有限责任公司设立时的股东。

第二条　发起人为设立公司以自己名义对外签订合同，合同相对人请求该发起人承担合同责任的，人民法院应予支持；公司成立后合同相对人请求公司承担合同责任的，人民法院应予支持。

第三条　发起人以设立中公司名义对外签订合同，公司成立后合同相对人请求公司承担合同责任的，人民法院应予支持。

公司成立后有证据证明发起人利用设立中公司的名义为自己的利益与相对人签订合同，公司以此为由主张不承担合同责任的，人民法院应予支持，但相对人为善意的除外。

第四条 公司因故未成立，债权人请求全体或者部分发起人对设立公司行为所产生的费用和债务承担连带清偿责任的，人民法院应予支持。

部分发起人依照前款规定承担责任后，请求其他发起人分担的，人民法院应当判令其他发起人按照约定的责任承担比例分担责任；没有约定责任承担比例的，按照约定的出资比例分担责任；没有约定出资比例的，按照均等份额分担责任。

因部分发起人的过错导致公司未成立，其他发起人主张其承担设立行为所产生的费用和债务的，人民法院应当根据过错情况，确定过错一方的责任范围。

第五条 发起人因履行公司设立职责造成他人损害，公司成立后受害人请求公司承担侵权赔偿责任的，人民法院应予支持；公司未成立，受害人请求全体发起人承担连带赔偿责任的，人民法院应予支持。

公司或者无过错的发起人承担赔偿责任后，可以向有过错的发起人追偿。

第六条 股份有限公司的认股人未按期缴纳所认股份的股款，经公司发起人催缴后在合理期间内仍未缴纳，公司发起人对该股份另行募集的，人民法院应当认定该募集行为有效。认股人延期缴纳股款给公司造成损失，公司请求该认股人承担赔偿责任的，人民法院应予支持。

第七条 出资人以不享有处分权的财产出资，当事人之间对于出资行为效力产生争议的，人民法院可以参照民法典第三百一十一条的规定予以认定。

以贪污、受贿、侵占、挪用等违法犯罪所得的货币出资后取得股权的，对违法犯罪行为予以追究、处罚时，应当采取拍卖或者变卖的方式处置其股权。

第八条 出资人以划拨土地使用权出资，或者以设定权利负担的土地使用权出资，公司、其他股东或者公司债权人主张认定出资人未履行出资义务的，人民法院应当责令当事人在指定的合理期间内办理土地变更手续或者解除权利负担；逾期未办理或者未解除的，人民法院应当认定出资人未依法全面履行出资义务。

第九条 出资人以非货币财产出资，未依法评估作价，公司、其他股东或者公司债权人请求认定出资人未履行出资义务的，人民法院应当委托具有合法资格的评估机构对该财产评估作价。评估确定的价额显著低于公司章程所定价额的，人民法院应当认定出资人未依法全面履行出资义务。

第十条 出资人以房屋、土地使用权或者需要办理权属登记的知识产权等财产出资，已经交付公司使用但未办理权属变更手续，公司、其他股东或者公司债权人主张认定出资人未履行出资义务的，人民法院应当责令当事人在指定的合理期间内办理权属变更手续；在前述期间内办理了权属变更手续的，人民法院应当认定其已经履行了出资义务；出资人主张自其实际交付财产给公司使用时享有相应股东权利的，人民法院应予支持。

出资人以前款规定的财产出资，已经办理权属变更手续但未交付给公司使用，公司或者其他股东主张其向公司交付、并在实际交付之前不享有相应股东权利的，人民法院应予支持。

第十一条 出资人以其他公司股权出资，符合下列条件的，人民法院应当认定出资人已履行出资义务：

（一）出资的股权由出资人合法持有并依法可以转让；

（二）出资的股权无权利瑕疵或者权利负担；

（三）出资人已履行关于股权转让的法定手续；

（四）出资的股权已依法进行了价值评估。

股权出资不符合前款第（一）、（二）、（三）项的规定，公司、其他股东或者公司债权人请求认定出资人未履行出资义务的，人民法院应当责令该出资人在指定的合理期间内采取补正措施，以符合上述条件；逾期未补正的，人民法院应当认定其未依法全面履行出资义务。

股权出资不符合本条第一款第（四）项的规定，公司、其他股东或者公司债权人请求认定出资人未履行出资义务的，人民法院应当按照本规定第九条的规定处理。

第十二条 公司成立后，公司、股东或者公司债权人以相关股东的行为符合下列情形之一且损害公司权益为由，请求认定该股东抽逃出资的，人民法院应予支持：

（一）制作虚假财务会计报表虚增利润进行分配；

（二）通过虚构债权债务关系将其出资转出；

（三）利用关联交易将出资转出；

（四）其他未经法定程序将出资抽回的行为。

第十三条 股东未履行或者未全面履行出资义务，公司或者其他股东请求其向公司依法全面履行出资义务的，人民法院应予支持。

公司债权人请求未履行或者未全面履行出资义务的股东在未出资本息范围内对公司债务不能清偿的部分承担补充赔偿责任的，人民法院应予支持；未履行或者未全面履行出资义务的股东已经承担上述责任，其他债权人提出相同请求的，人民法院不予支持。

股东在公司设立时未履行或者未全面履行出资义务，依照本条第一款或者第二款提起诉讼的原告，请求公司的发起人与被告股东承担连带责任的，人民法院应予支持；公司的发起人承担责任后，可以向被告股东追偿。

股东在公司增资时未履行或者未全面履行出资义务，依照本条第一款或者第二款提起诉讼的原告，请求未尽公司法第一百四十七条第一款规定的义务而使出资未缴足的董事、高级管理人员承担相应责任的，人民法院应予支持；董事、高级管理人员承担责任后，可以向被告股东追偿。

第十四条 股东抽逃出资，公司或者其他股东请求其向公司返还出资本息、协助抽逃出资的其他股东、董事、高级管理人员或者实际控制人对此承担连带责任的，人民法院应予支持。

公司债权人请求抽逃出资的股东在抽逃出资本息范围内对公司

债务不能清偿的部分承担补充赔偿责任、协助抽逃出资的其他股东、董事、高级管理人员或者实际控制人对此承担连带责任的,人民法院应予支持;抽逃出资的股东已经承担上述责任,其他债权人提出相同请求的,人民法院不予支持。

第十五条 出资人以符合法定条件的非货币财产出资后,因市场变化或者其他客观因素导致出资财产贬值,公司、其他股东或者公司债权人请求该出资人承担补足出资责任的,人民法院不予支持。但是,当事人另有约定的除外。

第十六条 股东未履行或者未全面履行出资义务或者抽逃出资,公司根据公司章程或者股东会决议对其利润分配请求权、新股优先认购权、剩余财产分配请求权等股东权利作出相应的合理限制,该股东请求认定该限制无效的,人民法院不予支持。

第十七条 有限责任公司的股东未履行出资义务或者抽逃全部出资,经公司催告缴纳或者返还,其在合理期间内仍未缴纳或者返还出资,公司以股东会决议解除该股东的股东资格,该股东请求确认该解除行为无效的,人民法院不予支持。

在前款规定的情形下,人民法院在判决时应当释明,公司应当及时办理法定减资程序或者由其他股东或者第三人缴纳相应的出资。在办理法定减资程序或者其他股东或者第三人缴纳相应的出资之前,公司债权人依照本规定第十三条或者第十四条请求相关当事人承担相应责任的,人民法院应予支持。

第十八条 有限责任公司的股东未履行或者未全面履行出资义务即转让股权,受让人对此知道或者应当知道,公司请求该股东履行出资义务、受让人对此承担连带责任的,人民法院应予支持;公司债权人依照本规定第十三条第二款向该股东提起诉讼,同时请求前述受让人对此承担连带责任的,人民法院应予支持。

受让人根据前款规定承担责任后,向该未履行或者未全面履行出资义务的股东追偿的,人民法院应予支持。但是,当事人另有约定的除外。

第十九条 公司股东未履行或者未全面履行出资义务或者抽逃

出资，公司或者其他股东请求其向公司全面履行出资义务或者返还出资，被告股东以诉讼时效为由进行抗辩的，人民法院不予支持。

公司债权人的债权未过诉讼时效期间，其依照本规定第十三条第二款、第十四条第二款的规定请求未履行或者未全面履行出资义务或者抽逃出资的股东承担赔偿责任，被告股东以出资义务或者返还出资义务超过诉讼时效期间为由进行抗辩的，人民法院不予支持。

第二十条 当事人之间对是否已履行出资义务发生争议，原告提供对股东履行出资义务产生合理怀疑证据的，被告股东应当就其已履行出资义务承担举证责任。

第二十一条 当事人向人民法院起诉请求确认其股东资格的，应当以公司为被告，与案件争议股权有利害关系的人作为第三人参加诉讼。

第二十二条 当事人之间对股权归属发生争议，一方请求人民法院确认其享有股权的，应当证明以下事实之一：

（一）已经依法向公司出资或者认缴出资，且不违反法律法规强制性规定；

（二）已经受让或者以其他形式继受公司股权，且不违反法律法规强制性规定。

第二十三条 当事人依法履行出资义务或者依法继受取得股权后，公司未根据公司法第三十一条、第三十二条的规定签发出资证明书、记载于股东名册并办理公司登记机关登记，当事人请求公司履行上述义务的，人民法院应予支持。

第二十四条 有限责任公司的实际出资人与名义出资人订立合同，约定由实际出资人出资并享有投资权益，以名义出资人为名义股东，实际出资人与名义股东对该合同效力发生争议的，如无法律规定的无效情形，人民法院应当认定该合同有效。

前款规定的实际出资人与名义股东因投资权益的归属发生争议，实际出资人以其实际履行了出资义务为由向名义股东主张权利的，人民法院应予支持。名义股东以公司股东名册记载、公司登记机关登记为由否认实际出资人权利的，人民法院不予支持。

实际出资人未经公司其他股东半数以上同意，请求公司变更股东、签发出资证明书、记载于股东名册、记载于公司章程并办理公司登记机关登记的，人民法院不予支持。

第二十五条　名义股东将登记于其名下的股权转让、质押或者以其他方式处分，实际出资人以其对于股权享有实际权利为由，请求认定处分股权行为无效的，人民法院可以参照民法典第三百一十一条的规定处理。

名义股东处分股权造成实际出资人损失，实际出资人请求名义股东承担赔偿责任的，人民法院应予支持。

第二十六条　公司债权人以登记于公司登记机关的股东未履行出资义务为由，请求其对公司债务不能清偿的部分在未出资本息范围内承担补充赔偿责任，股东以其仅为名义股东而非实际出资人为由进行抗辩的，人民法院不予支持。

名义股东根据前款规定承担赔偿责任后，向实际出资人追偿的，人民法院应予支持。

第二十七条　股权转让后尚未向公司登记机关办理变更登记，原股东将仍登记于其名下的股权转让、质押或者以其他方式处分，受让股东以其对于股权享有实际权利为由，请求认定处分股权行为无效的，人民法院可以参照民法典第三百一十一条的规定处理。

原股东处分股权造成受让股东损失，受让股东请求原股东承担赔偿责任、对于未及时办理变更登记有过错的董事、高级管理人员或者实际控制人承担相应责任的，人民法院应予支持；受让股东对于未及时办理变更登记也有过错的，可以适当减轻上述董事、高级管理人员或者实际控制人的责任。

第二十八条　冒用他人名义出资并将该他人作为股东在公司登记机关登记的，冒名登记行为人应当承担相应责任；公司、其他股东或者公司债权人以未履行出资义务为由，请求被冒名登记为股东的承担补足出资责任或者对公司债务不能清偿部分的赔偿责任的，人民法院不予支持。

最高人民法院关于适用《中华人民共和国公司法》若干问题的规定（四）

（2016年12月5日最高人民法院审判委员会第1702次会议通过　根据2020年12月23日最高人民法院审判委员会第1823次会议通过的《最高人民法院关于修改〈最高人民法院关于破产企业国有划拨土地使用权应否列入破产财产等问题的批复〉等二十九件商事类司法解释的决定》修正　2020年12月29日最高人民法院公告公布　自2021年1月1日起施行　法释〔2020〕18号）

为正确适用《中华人民共和国公司法》，结合人民法院审判实践，现就公司决议效力、股东知情权、利润分配权、优先购买权和股东代表诉讼等案件适用法律问题作出如下规定。

第一条　公司股东、董事、监事等请求确认股东会或者股东大会、董事会决议无效或者不成立的，人民法院应当依法予以受理。

第二条　依据民法典第八十五条、公司法第二十二条第二款请求撤销股东会或者股东大会、董事会决议的原告，应当在起诉时具有公司股东资格。

第三条　原告请求确认股东会或者股东大会、董事会决议不成立、无效或者撤销决议的案件，应当列公司为被告。对决议涉及的其他利害关系人，可以依法列为第三人。

一审法庭辩论终结前，其他有原告资格的人以相同的诉讼请求申请参加前款规定诉讼的，可以列为共同原告。

第四条　股东请求撤销股东会或者股东大会、董事会决议，符合民法典第八十五条、公司法第二十二条第二款规定的，人民法院应当予以支持,但会议召集程序或者表决方式仅有轻微瑕疵,且对决议未产生实质影响的,人民法院不予支持。

第五条 股东会或者股东大会、董事会决议存在下列情形之一,当事人主张决议不成立的,人民法院应当予以支持:

(一)公司未召开会议的,但依据公司法第三十七条第二款或者公司章程规定可以不召开股东会或者股东大会而直接作出决定,并由全体股东在决定文件上签名、盖章的除外;

(二)会议未对决议事项进行表决的;

(三)出席会议的人数或者股东所持表决权不符合公司法或者公司章程规定的;

(四)会议的表决结果未达到公司法或者公司章程规定的通过比例的;

(五)导致决议不成立的其他情形。

第六条 股东会或者股东大会、董事会决议被人民法院判决确认无效或者撤销的,公司依据该决议与善意相对人形成的民事法律关系不受影响。

第七条 股东依据公司法第三十三条、第九十七条或者公司章程的规定,起诉请求查阅或者复制公司特定文件材料的,人民法院应当依法予以受理。

公司有证据证明前款规定的原告在起诉时不具有公司股东资格的,人民法院应当驳回起诉,但原告有初步证据证明在持股期间其合法权益受到损害,请求依法查阅或者复制其持股期间的公司特定文件材料的除外。

第八条 有限责任公司有证据证明股东存在下列情形之一的,人民法院应当认定股东有公司法第三十三条第二款规定的"不正当目的":

(一)股东自营或者为他人经营与公司主营业务有实质性竞争关系业务的,但公司章程另有规定或者全体股东另有约定的除外;

(二)股东为了向他人通报有关信息查阅公司会计账簿,可能损害公司合法利益的;

（三）股东在向公司提出查阅请求之日前的三年内，曾通过查阅公司会计账簿，向他人通报有关信息损害公司合法利益的；

（四）股东有不正当目的的其他情形。

第九条 公司章程、股东之间的协议等实质性剥夺股东依据公司法第三十三条、第九十七条规定查阅或者复制公司文件材料的权利，公司以此为由拒绝股东查阅或者复制的，人民法院不予支持。

第十条 人民法院审理股东请求查阅或者复制公司特定文件材料的案件，对原告诉讼请求予以支持的，应当在判决中明确查阅或者复制公司特定文件材料的时间、地点和特定文件材料的名录。

股东依据人民法院生效判决查阅公司文件材料的，在该股东在场的情况下，可以由会计师、律师等依法或者依据执业行为规范负有保密义务的中介机构执业人员辅助进行。

第十一条 股东行使知情权后泄露公司商业秘密导致公司合法利益受到损害，公司请求该股东赔偿相关损失的，人民法院应当予以支持。

根据本规定第十条辅助股东查阅公司文件材料的会计师、律师等泄露公司商业秘密导致公司合法利益受到损害，公司请求其赔偿相关损失的，人民法院应当予以支持。

第十二条 公司董事、高级管理人员等未依法履行职责，导致公司未依法制作或者保存公司法第三十三条、第九十七条规定的公司文件材料，给股东造成损失，股东依法请求负有相应责任的公司董事、高级管理人员承担民事赔偿责任的，人民法院应当予以支持。

第十三条 股东请求公司分配利润案件，应当列公司为被告。

一审法庭辩论终结前，其他股东基于同一分配方案请求分配利润并申请参加诉讼的，应当列为共同原告。

第十四条 股东提交载明具体分配方案的股东会或者股东大会的有效决议，请求公司分配利润，公司拒绝分配利润且其关于无法执行决议的抗辩理由不成立的，人民法院应当判决公司按照决议载明的具体分配方案向股东分配利润。

第十五条 股东未提交载明具体分配方案的股东会或者股东大

会决议，请求公司分配利润的，人民法院应当驳回其诉讼请求，但违反法律规定滥用股东权利导致公司不分配利润，给其他股东造成损失的除外。

第十六条 有限责任公司的自然人股东因继承发生变化时，其他股东主张依据公司法第七十一条第三款规定行使优先购买权的，人民法院不予支持，但公司章程另有规定或者全体股东另有约定的除外。

第十七条 有限责任公司的股东向股东以外的人转让股权，应就其股权转让事项以书面或者其他能够确认收悉的合理方式通知其他股东征求同意。其他股东半数以上不同意转让，不同意的股东不购买的，人民法院应当认定视为同意转让。

经股东同意转让的股权，其他股东主张转让股东应当向其以书面或者其他能够确认收悉的合理方式通知转让股权的同等条件的，人民法院应当予以支持。

经股东同意转让的股权，在同等条件下，转让股东以外的其他股东主张优先购买的，人民法院应当予以支持，但转让股东依据本规定第二十条放弃转让的除外。

第十八条 人民法院在判断是否符合公司法第七十一条第三款及本规定所称的"同等条件"时，应当考虑转让股权的数量、价格、支付方式及期限等因素。

第十九条 有限责任公司的股东主张优先购买转让股权的，应当在收到通知后，在公司章程规定的行使期间内提出购买请求。公司章程没有规定行使期间或者规定不明确的，以通知确定的期间为准，通知确定的期间短于三十日或者未明确行使期间的，行使期间为三十日。

第二十条 有限责任公司的转让股东，在其他股东主张优先购买后又不同意转让股权的，对其他股东优先购买的主张，人民法院不予支持，但公司章程另有规定或者全体股东另有约定的除外。其他股东主张转让股东赔偿其损失合理的，人民法院应当予以支持。

第二十一条 有限责任公司的股东向股东以外的人转让股权，未就其股权转让事项征求其他股东意见，或者以欺诈、恶意串通等手段，损害其他股东优先购买权，其他股东主张按照同等条件购买该转让股权的，人民法院应当予以支持，但其他股东自知道或者应当知道行使优先购买权的同等条件之日起三十日内没有主张，或者自股权变更登记之日起超过一年的除外。

前款规定的其他股东仅提出确认股权转让合同及股权变动效力等请求，未同时主张按照同等条件购买转让股权的，人民法院不予支持，但其他股东非因自身原因导致无法行使优先购买权，请求损害赔偿的除外。

股东以外的股权受让人，因股东行使优先购买权而不能实现合同目的的，可以依法请求转让股东承担相应民事责任。

第二十二条 通过拍卖向股东以外的人转让有限责任公司股权的，适用公司法第七十一条第二款、第三款或者第七十二条规定的"书面通知""通知""同等条件"时，根据相关法律、司法解释确定。

在依法设立的产权交易场所转让有限责任公司国有股权的，适用公司法第七十一条第二款、第三款或者第七十二条规定的"书面通知""通知""同等条件"时，可以参照产权交易场所的交易规则。

第二十三条 监事会或者不设监事会的有限责任公司的监事依据公司法第一百五十一条第一款规定对董事、高级管理人员提起诉讼的，应当列公司为原告，依法由监事会主席或者不设监事会的有限责任公司的监事代表公司进行诉讼。

董事会或者不设董事会的有限责任公司的执行董事依据公司法第一百五十一条第一款规定对监事提起诉讼的，或者依据公司法第一百五十一条第三款规定对他人提起诉讼的，应当列公司为原告，依法由董事长或者执行董事代表公司进行诉讼。

第二十四条 符合公司法第一百五十一条第一款规定条件的股东，依据公司法第一百五十一条第二款、第三款规定，直接对董事、监事、高级管理人员或者他人提起诉讼的，应当列公司为第三人参加诉讼。

一审法庭辩论终结前，符合公司法第一百五十一条第一款规定条件的其他股东，以相同的诉讼请求申请参加诉讼的，应当列为共同原告。

第二十五条 股东依据公司法第一百五十一条第二款、第三款规定直接提起诉讼的案件，胜诉利益归属于公司。股东请求被告直接向其承担民事责任的，人民法院不予支持。

第二十六条 股东依据公司法第一百五十一条第二款、第三款规定直接提起诉讼的案件，其诉讼请求部分或者全部得到人民法院支持的，公司应当承担股东因参加诉讼支付的合理费用。

第二十七条 本规定自2017年9月1日起施行。

本规定施行后尚未终审的案件，适用本规定；本规定施行前已经终审的案件，或者适用审判监督程序再审的案件，不适用本规定。

最高人民法院关于适用《中华人民共和国公司法》若干问题的规定（五）

（2019年4月22日最高人民法院审判委员会第1766次会议审议通过 根据2020年12月23日最高人民法院审判委员会第1823次会议通过的《最高人民法院关于修改〈最高人民法院关于破产企业国有划拨土地使用权应否列入破产财产等问题的批复〉等二十九件商事类司法解释的决定》修正 2020年12月29日最高人民法院公告公布 自2021年1月1日起施行 法释〔2020〕18号）

为正确适用《中华人民共和国公司法》，结合人民法院审判实践，就股东权益保护等纠纷案件适用法律问题作出如下规定。

第一条 关联交易损害公司利益，原告公司依据民法典第八十四条、公司法第二十一条规定请求控股股东、实际控制人、董事、监事、高级管理人员赔偿所造成的损失，被告仅以该交易已经履行了信息披露、经股东会或者股东大会同意等法律、行政法规或者公司章程规定的程序为由抗辩的，人民法院不予支持。

公司没有提起诉讼的，符合公司法第一百五十一条第一款规定条件的股东，可以依据公司法第一百五十一条第二款、第三款规定向人民法院提起诉讼。

第二条 关联交易合同存在无效、可撤销或者对公司不发生效力的情形，公司没有起诉合同相对方的，符合公司法第一百五十一条第一款规定条件的股东，可以依据公司法第一百五十一条第二款、第三款规定向人民法院提起诉讼。

第三条 董事任期届满前被股东会或者股东大会有效决议解除职务，其主张解除不发生法律效力的，人民法院不予支持。

董事职务被解除后，因补偿与公司发生纠纷提起诉讼的，人民法院应当依据法律、行政法规、公司章程的规定或者合同的约定，综合考虑解除的原因、剩余任期、董事薪酬等因素，确定是否补偿以及补偿的合理数额。

第四条 分配利润的股东会或者股东大会决议作出后，公司应当在决议载明的时间内完成利润分配。决议没有载明时间的，以公司章程规定的为准。决议、章程中均未规定时间或者时间超过一年的，公司应当自决议作出之日起一年内完成利润分配。

决议中载明的利润分配完成时间超过公司章程规定时间的，股东可以依据民法典第八十五条、公司法第二十二条第二款规定请求人民法院撤销决议中关于该时间的规定。

第五条 人民法院审理涉及有限责任公司股东重大分歧案件时，应当注重调解。当事人协商一致以下列方式解决分歧，且不违反法律、行政法规的强制性规定的，人民法院应予支持：

（一）公司回购部分股东股份；

（二）其他股东受让部分股东股份；

（三）他人受让部分股东股份；

（四）公司减资；

（五）公司分立；

（六）其他能够解决分歧，恢复公司正常经营，避免公司解散的方式。

第六条 本规定自2019年4月29日起施行。

本规定施行后尚未终审的案件，适用本规定；本规定施行前已经终审的案件，或者适用审判监督程序再审的案件，不适用本规定。

本院以前发布的司法解释与本规定不一致的，以本规定为准。

国务院关于实施《中华人民共和国公司法》注册资本登记管理制度的规定

(2024年6月7日国务院第34次常务会议通过 2024年7月1日中华人民共和国国务院令第784号公布 自公布之日起施行)

第一条 为了加强公司注册资本登记管理，规范股东依法履行出资义务，维护市场交易安全，优化营商环境，根据《中华人民共和国公司法》(以下简称公司法)，制定本规定。

第二条 2024年6月30日前登记设立的公司，有限责任公司剩余认缴出资期限自2027年7月1日起超过5年的，应当在2027年6月30日前将其剩余认缴出资期限调整至5年内并记载于公司章程，股东应当在调整后的认缴出资期限内足额缴纳认缴的出资额；股份有限公司的发起人应当在2027年6月30日前按照其认购的股份全额缴纳股款。

公司生产经营涉及国家利益或者重大公共利益，国务院有关主管部门或者省级人民政府提出意见的，国务院市场监督管理部门可以同意其按原出资期限出资。

第三条 公司出资期限、注册资本明显异常的，公司登记机关可以结合公司的经营范围、经营状况以及股东的出资能力、主营项目、资产规模等进行研判，认定违背真实性、合理性原则的，可以依法要求其及时调整。

第四条 公司调整股东认缴和实缴的出资额、出资方式、出资期限，或者调整发起人认购的股份数等，应当自相关信息产生之日起20个工作日内通过国家企业信用信息公示系统向社会公示。

公司应当确保前款公示信息真实、准确、完整。

第五条 公司登记机关采取随机抽取检查对象、随机选派执法检查人员的方式，对公司公示认缴和实缴情况进行监督检查。

公司登记机关应当加强与有关部门的信息互联共享，根据公司的信用风险状况实施分类监管，强化信用风险分类结果的综合应用。

第六条 公司未按照本规定调整出资期限、注册资本的，由公司登记机关责令改正；逾期未改正的，由公司登记机关在国家企业信用信息公示系统作出特别标注并向社会公示。

第七条 公司因被吊销营业执照、责令关闭或者被撤销，或者通过其住所、经营场所无法联系被列入经营异常名录，出资期限、注册资本不符合本规定且无法调整的，公司登记机关对其另册管理，在国家企业信用信息公示系统作出特别标注并向社会公示。

第八条 公司自被吊销营业执照、责令关闭或者被撤销之日起，满3年未向公司登记机关申请注销公司登记的，公司登记机关可以通过国家企业信用信息公示系统予以公告，公告期限不少于60日。

公告期内，相关部门、债权人以及其他利害关系人向公司登记机关提出异议的，注销程序终止。公告期限届满后无异议的，公司登记机关可以注销公司登记，并在国家企业信用信息公示系统作出特别标注。

第九条 公司的股东或者发起人未按照本规定缴纳认缴的出资额或者股款，或者公司未依法公示有关信息的，依照公司法、《企业信息公示暂行条例》的有关规定予以处罚。

第十条 公司登记机关应当对公司调整出资期限、注册资本加强指导，制定具体操作指南，优化办理流程，提高登记效率，提升登记便利化水平。

第十一条 国务院市场监督管理部门根据本规定,制定公司注册资本登记管理的具体实施办法。

第十二条 上市公司依照公司法和国务院规定,在公司章程中规定在董事会中设置审计委员会,并载明审计委员会的组成、职权等事项。

第十三条 本规定自公布之日起施行。

中华人民共和国
市场主体登记管理条例

(2021年4月14日国务院第131次常务会议通过 2021年7月27日中华人民共和国国务院令第746号公布 自2022年3月1日起施行)

第一章 总 则

第一条 为了规范市场主体登记管理行为,推进法治化市场建设,维护良好市场秩序和市场主体合法权益,优化营商环境,制定本条例。

第二条 本条例所称市场主体,是指在中华人民共和国境内以营利为目的从事经营活动的下列自然人、法人及非法人组织:

(一)公司、非公司企业法人及其分支机构;

(二)个人独资企业、合伙企业及其分支机构;

(三)农民专业合作社(联合社)及其分支机构;

(四)个体工商户;

(五)外国公司分支机构;

(六)法律、行政法规规定的其他市场主体。

第三条 市场主体应当依照本条例办理登记。未经登记,不得以市场主体名义从事经营活动。法律、行政法规规定无需办理登记的除外。

市场主体登记包括设立登记、变更登记和注销登记。

第四条 市场主体登记管理应当遵循依法合规、规范统一、公开透明、便捷高效的原则。

第五条 国务院市场监督管理部门主管全国市场主体登记管理工作。

县级以上地方人民政府市场监督管理部门主管本辖区市场主体登记管理工作，加强统筹指导和监督管理。

第六条 国务院市场监督管理部门应当加强信息化建设，制定统一的市场主体登记数据和系统建设规范。

县级以上地方人民政府承担市场主体登记工作的部门（以下称登记机关）应当优化市场主体登记办理流程，提高市场主体登记效率，推行当场办结、一次办结、限时办结等制度，实现集中办理、就近办理、网上办理、异地可办，提升市场主体登记便利化程度。

第七条 国务院市场监督管理部门和国务院有关部门应当推动市场主体登记信息与其他政府信息的共享和运用，提升政府服务效能。

第二章　登记事项

第八条 市场主体的一般登记事项包括：

（一）名称；

（二）主体类型；

（三）经营范围；

（四）住所或者主要经营场所；

（五）注册资本或者出资额；

（六）法定代表人、执行事务合伙人或者负责人姓名。

除前款规定外，还应当根据市场主体类型登记下列事项：

（一）有限责任公司股东、股份有限公司发起人、非公司企业法人出资人的姓名或者名称；

（二）个人独资企业的投资人姓名及居所；

（三）合伙企业的合伙人名称或者姓名、住所、承担责任方式；

（四）个体工商户的经营者姓名、住所、经营场所；

（五）法律、行政法规规定的其他事项。

第九条 市场主体的下列事项应当向登记机关办理备案：

（一）章程或者合伙协议；

（二）经营期限或者合伙期限；

（三）有限责任公司股东或者股份有限公司发起人认缴的出资数额，合伙企业合伙人认缴或者实际缴付的出资数额、缴付期限和出资方式；

（四）公司董事、监事、高级管理人员；

（五）农民专业合作社（联合社）成员；

（六）参加经营的个体工商户家庭成员姓名；

（七）市场主体登记联络员、外商投资企业法律文件送达接受人；

（八）公司、合伙企业等市场主体受益所有人相关信息；

（九）法律、行政法规规定的其他事项。

第十条 市场主体只能登记一个名称，经登记的市场主体名称受法律保护。

市场主体名称由申请人依法自主申报。

第十一条 市场主体只能登记一个住所或者主要经营场所。

电子商务平台内的自然人经营者可以根据国家有关规定，将电子商务平台提供的网络经营场所作为经营场所。

省、自治区、直辖市人民政府可以根据有关法律、行政法规的规定和本地区实际情况，自行或者授权下级人民政府对住所或者主要经营场所作出更加便利市场主体从事经营活动的具体规定。

第十二条 有下列情形之一的，不得担任公司、非公司企业法人的法定代表人：

（一）无民事行为能力或者限制民事行为能力；

（二）因贪污、贿赂、侵占财产、挪用财产或者破坏社会主义市场经济秩序被判处刑罚，执行期满未逾5年，或者因犯罪被剥夺政治权利，执行期满未逾5年；

（三）担任破产清算的公司、非公司企业法人的法定代表人、董事或者厂长、经理，对破产负有个人责任的，自破产清算完结之日起未逾3年；

（四）担任因违法被吊销营业执照、责令关闭的公司、非公司企业法人的法定代表人，并负有个人责任的，自被吊销营业执照之日起未逾3年；

（五）个人所负数额较大的债务到期未清偿；

（六）法律、行政法规规定的其他情形。

第十三条 除法律、行政法规或者国务院决定另有规定外，市场主体的注册资本或者出资额实行认缴登记制，以人民币表示。

出资方式应当符合法律、行政法规的规定。公司股东、非公司企业法人出资人、农民专业合作社（联合社）成员不得以劳务、信用、自然人姓名、商誉、特许经营权或者设定担保的财产等作价出资。

第十四条 市场主体的经营范围包括一般经营项目和许可经营项目。经营范围中属于在登记前依法须经批准的许可经营项目，市场主体应当在申请登记时提交有关批准文件。

市场主体应当按照登记机关公布的经营项目分类标准办理经营范围登记。

第三章 登记规范

第十五条 市场主体实行实名登记。申请人应当配合登记机关核验身份信息。

第十六条 申请办理市场主体登记，应当提交下列材料：

（一）申请书；

（二）申请人资格文件、自然人身份证明；

（三）住所或者主要经营场所相关文件；

（四）公司、非公司企业法人、农民专业合作社（联合社）章程或者合伙企业合伙协议；

（五）法律、行政法规和国务院市场监督管理部门规定提交的其他材料。

国务院市场监督管理部门应当根据市场主体类型分别制定登记材料清单和文书格式样本，通过政府网站、登记机关服务窗口等向社会公开。

登记机关能够通过政务信息共享平台获取的市场主体登记相关信息，不得要求申请人重复提供。

第十七条 申请人应当对提交材料的真实性、合法性和有效性负责。

第十八条 申请人可以委托其他自然人或者中介机构代其办理市场主体登记。受委托的自然人或者中介机构代为办理登记事宜应当遵守有关规定，不得提供虚假信息和材料。

第十九条 登记机关应当对申请材料进行形式审查。对申请材料齐全、符合法定形式的予以确认并当场登记。不能当场登记的，应当在3个工作日内予以登记；情形复杂的，经登记机关负责人批准，可以再延长3个工作日。

申请材料不齐全或者不符合法定形式的，登记机关应当一次性告知申请人需要补正的材料。

第二十条 登记申请不符合法律、行政法规规定，或者可能危害国家安全、社会公共利益的，登记机关不予登记并说明理由。

第二十一条 申请人申请市场主体设立登记，登记机关依法予以登记的，签发营业执照。营业执照签发日期为市场主体的成立日期。

法律、行政法规或者国务院决定规定设立市场主体须经批准的，应当在批准文件有效期内向登记机关申请登记。

第二十二条 营业执照分为正本和副本，具有同等法律效力。

电子营业执照与纸质营业执照具有同等法律效力。

营业执照样式、电子营业执照标准由国务院市场监督管理部门统一制定。

第二十三条 市场主体设立分支机构,应当向分支机构所在地的登记机关申请登记。

第二十四条 市场主体变更登记事项,应当自作出变更决议、决定或者法定变更事项发生之日起 30 日内向登记机关申请变更登记。

市场主体变更登记事项属于依法须经批准的,申请人应当在批准文件有效期内向登记机关申请变更登记。

第二十五条 公司、非公司企业法人的法定代表人在任职期间发生本条例第十二条所列情形之一的,应当向登记机关申请变更登记。

第二十六条 市场主体变更经营范围,属于依法须经批准的项目的,应当自批准之日起 30 日内申请变更登记。许可证或者批准文件被吊销、撤销或者有效期届满的,应当自许可证或者批准文件被吊销、撤销或者有效期届满之日起 30 日内向登记机关申请变更登记或者办理注销登记。

第二十七条 市场主体变更住所或者主要经营场所跨登记机关辖区的,应当在迁入新的住所或者主要经营场所前,向迁入地登记机关申请变更登记。迁出地登记机关无正当理由不得拒绝移交市场主体档案等相关材料。

第二十八条 市场主体变更登记涉及营业执照记载事项的,登记机关应当及时为市场主体换发营业执照。

第二十九条 市场主体变更本条例第九条规定的备案事项的,应当自作出变更决议、决定或者法定变更事项发生之日起 30 日内向登记机关办理备案。农民专业合作社(联合社)成员发生变更的,应当自本会计年度终了之日起 90 日内向登记机关办理备案。

第三十条 因自然灾害、事故灾难、公共卫生事件、社会安全事件等原因造成经营困难的,市场主体可以自主决定在一定时期内歇业。法律、行政法规另有规定的除外。

市场主体应当在歇业前与职工依法协商劳动关系处理等有关

事项。

市场主体应当在歇业前向登记机关办理备案。登记机关通过国家企业信用信息公示系统向社会公示歇业期限、法律文书送达地址等信息。

市场主体歇业的期限最长不得超过3年。市场主体在歇业期间开展经营活动的，视为恢复营业，市场主体应当通过国家企业信用信息公示系统向社会公示。

市场主体歇业期间，可以以法律文书送达地址代替住所或者主要经营场所。

第三十一条 市场主体因解散、被宣告破产或者其他法定事由需要终止的，应当依法向登记机关申请注销登记。经登记机关注销登记，市场主体终止。

市场主体注销依法须经批准的，应当经批准后向登记机关申请注销登记。

第三十二条 市场主体注销登记前依法应当清算的，清算组应当自成立之日起10日内将清算组成员、清算组负责人名单通过国家企业信用信息公示系统公告。清算组可以通过国家企业信用信息公示系统发布债权人公告。

清算组应当自清算结束之日起30日内向登记机关申请注销登记。市场主体申请注销登记前，应当依法办理分支机构注销登记。

第三十三条 市场主体未发生债权债务或者已将债权债务清偿完结，未发生或者已结清清偿费用、职工工资、社会保险费用、法定补偿金、应缴纳税款（滞纳金、罚款），并由全体投资人书面承诺对上述情况的真实性承担法律责任的，可以按照简易程序办理注销登记。

市场主体应当将承诺书及注销登记申请通过国家企业信用信息公示系统公示，公示期为20日。在公示期内无相关部门、债权人及其他利害关系人提出异议的，市场主体可以于公示期届满之日起20日内向登记机关申请注销登记。

个体工商户按照简易程序办理注销登记的，无需公示，由登记机关将个体工商户的注销登记申请推送至税务等有关部门,有关部门在10日内没有提出异议的,可以直接办理注销登记。

市场主体注销依法须经批准的,或者市场主体被吊销营业执照、责令关闭、撤销,或者被列入经营异常名录的,不适用简易注销程序。

第三十四条 人民法院裁定强制清算或者裁定宣告破产的,有关清算组、破产管理人可以持人民法院终结强制清算程序的裁定或者终结破产程序的裁定,直接向登记机关申请办理注销登记。

第四章 监督管理

第三十五条 市场主体应当按照国家有关规定公示年度报告和登记相关信息。

第三十六条 市场主体应当将营业执照置于住所或者主要经营场所的醒目位置。从事电子商务经营的市场主体应当在其首页显著位置持续公示营业执照信息或者相关链接标识。

第三十七条 任何单位和个人不得伪造、涂改、出租、出借、转让营业执照。

营业执照遗失或者毁坏的,市场主体应当通过国家企业信用信息公示系统声明作废,申请补领。

登记机关依法作出变更登记、注销登记和撤销登记决定的,市场主体应当缴回营业执照。拒不缴回或者无法缴回营业执照的,由登记机关通过国家企业信用信息公示系统公告营业执照作废。

第三十八条 登记机关应当根据市场主体的信用风险状况实施分级分类监管。

登记机关应当采取随机抽取检查对象、随机选派执法检查人员的方式,对市场主体登记事项进行监督检查,并及时向社会公开监督检查结果。

第三十九条 登记机关对市场主体涉嫌违反本条例规定的行为进行查处,可以行使下列职权:

（一）进入市场主体的经营场所实施现场检查；

（二）查阅、复制、收集与市场主体经营活动有关的合同、票据、账簿以及其他资料；

（三）向与市场主体经营活动有关的单位和个人调查了解情况；

（四）依法责令市场主体停止相关经营活动；

（五）依法查询涉嫌违法的市场主体的银行账户；

（六）法律、行政法规规定的其他职权。

登记机关行使前款第四项、第五项规定的职权的，应当经登记机关主要负责人批准。

第四十条 提交虚假材料或者采取其他欺诈手段隐瞒重要事实取得市场主体登记的，受虚假市场主体登记影响的自然人、法人和其他组织可以向登记机关提出撤销市场主体登记的申请。

登记机关受理申请后，应当及时开展调查。经调查认定存在虚假市场主体登记情形的，登记机关应当撤销市场主体登记。相关市场主体和人员无法联系或者拒不配合的，登记机关可以将相关市场主体的登记时间、登记事项等通过国家企业信用信息公示系统向社会公示，公示期为45日。相关市场主体及其利害关系人在公示期内没有提出异议的，登记机关可以撤销市场主体登记。

因虚假市场主体登记被撤销的市场主体，其直接责任人自市场主体登记被撤销之日起3年内不得再次申请市场主体登记。登记机关应当通过国家企业信用信息公示系统予以公示。

第四十一条 有下列情形之一的，登记机关可以不予撤销市场主体登记：

（一）撤销市场主体登记可能对社会公共利益造成重大损害；

（二）撤销市场主体登记后无法恢复到登记前的状态；

（三）法律、行政法规规定的其他情形。

第四十二条 登记机关或者其上级机关认定撤销市场主体登记决定错误的，可以撤销该决定，恢复原登记状态，并通过国家企业信用信息公示系统公示。

第五章　法律责任

第四十三条　未经设立登记从事经营活动的，由登记机关责令改正，没收违法所得；拒不改正的，处1万元以上10万元以下的罚款；情节严重的，依法责令关闭停业，并处10万元以上50万元以下的罚款。

第四十四条　提交虚假材料或者采取其他欺诈手段隐瞒重要事实取得市场主体登记的，由登记机关责令改正，没收违法所得，并处5万元以上20万元以下的罚款；情节严重的，处20万元以上100万元以下的罚款，吊销营业执照。

第四十五条　实行注册资本实缴登记制的市场主体虚报注册资本取得市场主体登记的，由登记机关责令改正，处虚报注册资本金额5%以上15%以下的罚款；情节严重的，吊销营业执照。

实行注册资本实缴登记制的市场主体的发起人、股东虚假出资，未交付或者未按期交付作为出资的货币或者非货币财产的，或者在市场主体成立后抽逃出资的，由登记机关责令改正，处虚假出资金额5%以上15%以下的罚款。

第四十六条　市场主体未依照本条例办理变更登记的，由登记机关责令改正；拒不改正的，处1万元以上10万元以下的罚款；情节严重的，吊销营业执照。

第四十七条　市场主体未依照本条例办理备案的，由登记机关责令改正；拒不改正的，处5万元以下的罚款。

第四十八条　市场主体未依照本条例将营业执照置于住所或者主要经营场所醒目位置的，由登记机关责令改正；拒不改正的，处3万元以下的罚款。

从事电子商务经营的市场主体未在其首页显著位置持续公示营业执照信息或者相关链接标识的，由登记机关依照《中华人民共和国电子商务法》处罚。

市场主体伪造、涂改、出租、出借、转让营业执照的，由登记机关没收违法所得，处 10 万元以下的罚款；情节严重的，处 10 万元以上 50 万元以下的罚款，吊销营业执照。

第四十九条 违反本条例规定的，登记机关确定罚款金额时，应当综合考虑市场主体的类型、规模、违法情节等因素。

第五十条 登记机关及其工作人员违反本条例规定未履行职责或者履行职责不当的，对直接负责的主管人员和其他直接责任人员依法给予处分。

第五十一条 违反本条例规定，构成犯罪的，依法追究刑事责任。

第五十二条 法律、行政法规对市场主体登记管理违法行为处罚另有规定的，从其规定。

第六章 附　　则

第五十三条 国务院市场监督管理部门可以依照本条例制定市场主体登记和监督管理的具体办法。

第五十四条 无固定经营场所摊贩的管理办法，由省、自治区、直辖市人民政府根据当地实际情况另行规定。

第五十五条 本条例自 2022 年 3 月 1 日起施行。《中华人民共和国公司登记管理条例》、《中华人民共和国企业法人登记管理条例》、《中华人民共和国合伙企业登记管理办法》、《农民专业合作社登记管理条例》、《企业法人法定代表人登记管理规定》同时废止。

公司登记管理实施办法

（2024 年 12 月 20 日国家市场监督管理总局令第 95 号公布　自 2025 年 2 月 10 日起施行）

第一条 为了规范公司登记管理，维护交易安全，优化营商环境，根据《中华人民共和国公司法》《国务院关于实施〈中华人民共和国公司法〉注册资本登记管理制度的规定》等法律、行政法规,制定本办法。

第二条 办理公司登记、备案,申请人应当对提交材料的真实性、合法性和有效性负责。

第三条 公司登记机关应当按照构建全国统一大市场的要求,规范履行登记管理职责,维护诚信安全的市场秩序。

第四条 公司营业执照应当载明下列事项:

(一)名称;

(二)住所;

(三)法定代表人姓名;

(四)注册资本;

(五)公司类型;

(六)经营范围;

(七)登记机关;

(八)成立日期;

(九)统一社会信用代码。

第五条 有限责任公司股东认缴出资应当遵循诚实信用原则,全体股东认缴的出资额由股东按照公司章程的规定自公司成立之日起五年内缴足。股份有限公司发起人应当在公司成立前按照其认购的股份全额缴纳股款。

采取向社会公开募集设立的方式成立的股份有限公司,办理登记时应当依法提交验资机构出具的验资证明;有限责任公司、采取发起设立或者向特定对象募集设立的方式成立的股份有限公司,办理登记时无需提交验资机构出具的验资证明。

法律、行政法规以及国务院决定对公司注册资本实缴、注册资本最低限额、股东出资期限等另有规定的,从其规定。

第六条 股东可以用货币出资,也可以用实物、知识产权、土地使用权、股权、债权等可以用货币估价并可以依法转让的非货币财产作价出资。法律对数据、网络虚拟财产的权属等有规定的,股东可以按照规定用数据、网络虚拟财产作价出资。但是,法律、行政法规规定不得作为出资的财产除外。

对作为出资的非货币财产应当依法评估作价，核实财产，不得高估或者低估作价。

第七条 有限责任公司增加注册资本的，股东认缴新增资本的出资按照公司章程的规定自注册资本变更登记之日起五年内缴足。

股份有限公司为增加注册资本发行新股的，应当在公司股东全额缴纳新增股款后，办理注册资本变更登记。

第八条 2024年6月30日前登记设立的有限责任公司，剩余认缴出资期限自2027年7月1日起超过五年的，应当在2027年6月30日前将其剩余认缴出资期限调整至五年内，并记载于公司章程，股东应当在调整后的认缴出资期限内足额缴纳认缴的出资额；剩余认缴出资期限自2027年7月1日起不足五年或者已缴足注册资本的，无需调整认缴出资期限。

2024年6月30日前登记设立的股份有限公司发起人或者股东应当在2027年6月30日前按照其认购的股份全额缴纳股款。

第九条 2024年6月30日前登记设立的公司生产经营涉及国家利益或者重大公共利益的，由国务院有关主管部门或者省级人民政府提出意见，经国家市场监督管理总局同意，可以按2024年6月30日前确定的出资期限出资。

第十条 2024年6月30日前登记设立的公司存在下列情形之一的，公司登记机关应当对公司注册资本的真实性、合理性进行研判：

（一）认缴出资期限三十年以上；

（二）注册资本十亿元人民币以上；

（三）其他明显不符合客观常识的情形。

公司登记机关可以结合公司的经营范围、经营状况以及股东的出资能力、主营项目、资产规模等进行综合研判，必要时组织行业专业机构进行评估或者与相关部门协商。公司及其股东应当配合提供情况说明以及相关材料。

公司登记机关认定公司出资期限、注册资本明显异常，违背真实性、合理性原则的，依法要求公司及时调整，并按程序向省级市场监督管理部门报告，接受省级市场监督管理部门的指导和监督。

第十一条 有限责任公司股东认缴和实缴的出资额、出资方式和出资日期，股份有限公司发起人认购的股份数等信息应当自产生之日起二十个工作日内通过国家企业信用信息公示系统向社会公示。

公司应当确保前款公示信息真实、准确、完整。

第十二条 公司经营范围应当符合市场准入负面清单规定，外商投资公司以及外商投资企业直接投资公司的经营范围还应当符合外商投资准入特别管理措施规定。

第十三条 设置审计委员会行使监事会职权的公司，应当在进行董事备案时标明相关董事担任审计委员会成员的信息。

第十四条 公司设立登记时应当依法对登记联络员进行备案，提供登记联络员的电话号码、电子邮箱等常用联系方式，委托登记联络员负责公司与公司登记机关之间的联络工作，确保有效沟通。

登记联络员可以由公司法定代表人、董事、监事、高级管理人员、股东、员工等人员担任。

登记联络员变更的，公司应当自变更之日起三十日内向公司登记机关办理备案。

第十五条 公司董事、监事、高级管理人员存在《中华人民共和国公司法》第一百七十八条规定情形之一的，公司应当依法及时解除其职务，自知道或者应当知道之日起原则上不得超过三十日，并应当自解除其职务之日起三十日内依法向登记机关办理备案。

第十六条 申请人可以委托中介机构或者其他自然人代其办理公司登记、备案。中介机构及其工作人员、其他自然人代为办理公司登记、备案事宜，应当诚实守信、依法履责，标明其代理身份并提交授权委托书，不得提交虚假材料或者采取其他欺诈手段隐瞒重要事实，不得利用从事公司登记、备案代理业务损害国家利益、社会公共利益或者他人合法权益。

第十七条 公司法定代表人、董事、监事、高级管理人员、股东等被依法限制人身自由，无法通过实名认证系统、本人现场办理或者提交公证文件等方式核验身份信息的，可以按照相关国家机关允许的方式进行实名验证。

第十八条 公司申请住所或者经营场所登记,应当提交住所或者经营场所合法使用证明。公司登记机关简化、免收住所或者经营场所使用证明材料的,应当通过部门间数据共享等方式验证核实申请人申请登记的住所或者经营场所客观存在且公司依法拥有所有权或者使用权。

第十九条 公司申请登记或者备案的事项存在下列情形之一的,公司登记机关不予办理设立登记或者相关事项的变更登记及备案:

(一)公司名称不符合企业名称登记管理相关规定的;

(二)公司注册资本、股东出资期限及出资额明显异常且拒不调整的;

(三)经营范围中属于在登记前依法须经批准的许可经营项目,未获得批准的;

(四)涉及虚假登记的直接责任人自登记被撤销之日起三年内再次申请登记的;

(五)可能危害国家安全、社会公共利益的;

(六)其他不符合法律、行政法规规定的情形。

第二十条 有证据证明申请人明显滥用公司法人独立地位和股东有限责任,通过变更法定代表人、股东、注册资本或者注销公司等方式,恶意转移财产、逃避债务或者规避行政处罚,可能危害社会公共利益的,公司登记机关依法不予办理相关登记或者备案,已经办理的予以撤销。

第二十一条 公司办理歇业备案的,公司登记机关应当将相关信息及时共享至税务、人力资源社会保障等部门,推动高效办理歇业备案涉及的其他事项。

第二十二条 公司股东死亡、注销或者被撤销,导致公司无法办理注销登记的,可以由该股东股权的全体合法继受主体或者该股东的全体投资人代为依法办理注销登记相关事项,并在注销决议上说明代为办理注销登记的相关情况。

第二十三条 因公司未按期依法履行生效法律文书明确的登记

备案事项相关法定义务，人民法院向公司登记机关送达协助执行通知书，要求协助涤除法定代表人、董事、监事、高级管理人员、股东、分公司负责人等信息的，公司登记机关依法通过国家企业信用信息公示系统向社会公示涤除信息。

第二十四条 2024年6月30日前登记设立的公司因被吊销营业执照、责令关闭、撤销，或者通过登记的住所、经营场所无法联系被列入经营异常名录，导致公司出资期限、注册资本不符合法律规定且无法调整的，公司登记机关对其另册管理，在国家企业信用信息公示系统作出特别标注并向社会公示。

被纳入另册管理的公司，不再按照登记在册的公司进行统计和登记管理。

前款所述公司依法调整出资期限、注册资本的，公司登记机关应当恢复其登记在册状态。

第二十五条 公司统一社会信用代码具有唯一性。公司依法注销或者被撤销设立登记后，公司登记机关应当保留其统一社会信用代码。

第二十六条 中介机构明知或者应当知道申请人提交虚假材料或者采取其他欺诈手段隐瞒重要事实进行公司登记，仍接受委托代为办理，或者协助其进行虚假登记的，由公司登记机关没收违法所得，处十万元以下的罚款。

中介机构以自己名义或者冒用他人名义提交虚假材料或者采取其他欺诈手段隐瞒重要事实进行公司登记的，由公司登记机关按照《中华人民共和国公司法》第二百五十条规定对公司以及直接负责的主管人员和其他直接责任人员依法从重处罚。

第二十七条 法律、行政法规或者部门规章对违反本办法规定的行为有处罚规定的，依照其规定。

第二十八条 外商投资的公司登记管理适用本办法。有关外商投资法律、行政法规或者部门规章对其登记另有规定的，适用其规定。

第二十九条 本办法自2025年2月10日起施行。

中华人民共和国反垄断法

(2007年8月30日第十届全国人民代表大会常务委员会第二十九次会议通过 根据2022年6月24日第十三届全国人民代表大会常务委员会第三十五次会议《关于修改〈中华人民共和国反垄断法〉的决定》修正)

第一章 总 则

第一条 为了预防和制止垄断行为,保护市场公平竞争,鼓励创新,提高经济运行效率,维护消费者利益和社会公共利益,促进社会主义市场经济健康发展,制定本法。

第二条 中华人民共和国境内经济活动中的垄断行为,适用本法;中华人民共和国境外的垄断行为,对境内市场竞争产生排除、限制影响的,适用本法。

第三条 本法规定的垄断行为包括:

(一) 经营者达成垄断协议;

(二) 经营者滥用市场支配地位;

(三) 具有或者可能具有排除、限制竞争效果的经营者集中。

第四条 反垄断工作坚持中国共产党的领导。

国家坚持市场化、法治化原则,强化竞争政策基础地位,制定和实施与社会主义市场经济相适应的竞争规则,完善宏观调控,健全统一、开放、竞争、有序的市场体系。

第五条 国家建立健全公平竞争审查制度。

行政机关和法律、法规授权的具有管理公共事务职能的组织在制定涉及市场主体经济活动的规定时,应当进行公平竞争审查。

第六条 经营者可以通过公平竞争、自愿联合,依法实施集中,扩大经营规模,提高市场竞争能力。

第七条 具有市场支配地位的经营者,不得滥用市场支配地位,排除、限制竞争。

第八条 国有经济占控制地位的关系国民经济命脉和国家安全的行业以及依法实行专营专卖的行业，国家对其经营者的合法经营活动予以保护，并对经营者的经营行为及其商品和服务的价格依法实施监管和调控，维护消费者利益，促进技术进步。

前款规定行业的经营者应当依法经营，诚实守信，严格自律，接受社会公众的监督，不得利用其控制地位或者专营专卖地位损害消费者利益。

第九条 经营者不得利用数据和算法、技术、资本优势以及平台规则等从事本法禁止的垄断行为。

第十条 行政机关和法律、法规授权的具有管理公共事务职能的组织不得滥用行政权力，排除、限制竞争。

第十一条 国家健全完善反垄断规则制度，强化反垄断监管力量，提高监管能力和监管体系现代化水平，加强反垄断执法司法，依法公正高效审理垄断案件，健全行政执法和司法衔接机制，维护公平竞争秩序。

第十二条 国务院设立反垄断委员会，负责组织、协调、指导反垄断工作，履行下列职责：

（一）研究拟订有关竞争政策；

（二）组织调查、评估市场总体竞争状况，发布评估报告；

（三）制定、发布反垄断指南；

（四）协调反垄断行政执法工作；

（五）国务院规定的其他职责。

国务院反垄断委员会的组成和工作规则由国务院规定。

第十三条 国务院反垄断执法机构负责反垄断统一执法工作。

国务院反垄断执法机构根据工作需要，可以授权省、自治区、直辖市人民政府相应的机构，依照本法规定负责有关反垄断执法工作。

第十四条 行业协会应当加强行业自律，引导本行业的经营者依法竞争，合规经营，维护市场竞争秩序。

第十五条 本法所称经营者,是指从事商品生产、经营或者提供服务的自然人、法人和非法人组织。

本法所称相关市场,是指经营者在一定时期内就特定商品或者服务(以下统称商品)进行竞争的商品范围和地域范围。

第二章 垄断协议

第十六条 本法所称垄断协议,是指排除、限制竞争的协议、决定或者其他协同行为。

第十七条 禁止具有竞争关系的经营者达成下列垄断协议:

(一)固定或者变更商品价格;

(二)限制商品的生产数量或者销售数量;

(三)分割销售市场或者原材料采购市场;

(四)限制购买新技术、新设备或者限制开发新技术、新产品;

(五)联合抵制交易;

(六)国务院反垄断执法机构认定的其他垄断协议。

第十八条 禁止经营者与交易相对人达成下列垄断协议:

(一)固定向第三人转售商品的价格;

(二)限定向第三人转售商品的最低价格;

(三)国务院反垄断执法机构认定的其他垄断协议。

对前款第一项和第二项规定的协议,经营者能够证明其不具有排除、限制竞争效果的,不予禁止。

经营者能够证明其在相关市场的市场份额低于国务院反垄断执法机构规定的标准,并符合国务院反垄断执法机构规定的其他条件的,不予禁止。

第十九条 经营者不得组织其他经营者达成垄断协议或者为其他经营者达成垄断协议提供实质性帮助。

第二十条 经营者能够证明所达成的协议属于下列情形之一的,不适用本法第十七条、第十八条第一款、第十九条的规定:

(一)为改进技术、研究开发新产品的;

（二）为提高产品质量、降低成本、增进效率，统一产品规格、标准或者实行专业化分工的；

（三）为提高中小经营者经营效率，增强中小经营者竞争力的；

（四）为实现节约能源、保护环境、救灾救助等社会公共利益的；

（五）因经济不景气，为缓解销售量严重下降或者生产明显过剩的；

（六）为保障对外贸易和对外经济合作中的正当利益的；

（七）法律和国务院规定的其他情形。

属于前款第一项至第五项情形，不适用本法第十七条、第十八条第一款、第十九条规定的，经营者还应当证明所达成的协议不会严重限制相关市场的竞争，并且能够使消费者分享由此产生的利益。

第二十一条 行业协会不得组织本行业的经营者从事本章禁止的垄断行为。

第三章　滥用市场支配地位

第二十二条 禁止具有市场支配地位的经营者从事下列滥用市场支配地位的行为：

（一）以不公平的高价销售商品或者以不公平的低价购买商品；

（二）没有正当理由，以低于成本的价格销售商品；

（三）没有正当理由，拒绝与交易相对人进行交易；

（四）没有正当理由，限定交易相对人只能与其进行交易或者只能与其指定的经营者进行交易；

（五）没有正当理由搭售商品，或者在交易时附加其他不合理的交易条件；

（六）没有正当理由，对条件相同的交易相对人在交易价格等交易条件上实行差别待遇；

（七）国务院反垄断执法机构认定的其他滥用市场支配地位的行为。

具有市场支配地位的经营者不得利用数据和算法、技术以及平台规则等从事前款规定的滥用市场支配地位的行为。

本法所称市场支配地位，是指经营者在相关市场内具有能够控制商品价格、数量或者其他交易条件，或者能够阻碍、影响其他经营者进入相关市场能力的市场地位。

第二十三条 认定经营者具有市场支配地位，应当依据下列因素：

（一）该经营者在相关市场的市场份额，以及相关市场的竞争状况；

（二）该经营者控制销售市场或者原材料采购市场的能力；

（三）该经营者的财力和技术条件；

（四）其他经营者对该经营者在交易上的依赖程度；

（五）其他经营者进入相关市场的难易程度；

（六）与认定该经营者市场支配地位有关的其他因素。

第二十四条 有下列情形之一的，可以推定经营者具有市场支配地位：

（一）一个经营者在相关市场的市场份额达到二分之一的；

（二）两个经营者在相关市场的市场份额合计达到三分之二的；

（三）三个经营者在相关市场的市场份额合计达到四分之三的。

有前款第二项、第三项规定的情形，其中有的经营者市场份额不足十分之一的，不应当推定该经营者具有市场支配地位。

被推定具有市场支配地位的经营者，有证据证明不具有市场支配地位的，不应当认定其具有市场支配地位。

第四章　经营者集中

第二十五条 经营者集中是指下列情形：

（一）经营者合并；

（二）经营者通过取得股权或者资产的方式取得对其他经营者的控制权；

（三）经营者通过合同等方式取得对其他经营者的控制权或者能够对其他经营者施加决定性影响。

第二十六条 经营者集中达到国务院规定的申报标准的，经营者应当事先向国务院反垄断执法机构申报，未申报的不得实施集中。

经营者集中未达到国务院规定的申报标准，但有证据证明该经营者集中具有或者可能具有排除、限制竞争效果的，国务院反垄断执法机构可以要求经营者申报。

经营者未依照前两款规定进行申报的，国务院反垄断执法机构应当依法进行调查。

第二十七条 经营者集中有下列情形之一的，可以不向国务院反垄断执法机构申报：

（一）参与集中的一个经营者拥有其他每个经营者百分之五十以上有表决权的股份或者资产的；

（二）参与集中的每个经营者百分之五十以上有表决权的股份或者资产被同一个未参与集中的经营者拥有的。

第二十八条 经营者向国务院反垄断执法机构申报集中，应当提交下列文件、资料：

（一）申报书；

（二）集中对相关市场竞争状况影响的说明；

（三）集中协议；

（四）参与集中的经营者经会计师事务所审计的上一会计年度财务会计报告；

（五）国务院反垄断执法机构规定的其他文件、资料。

申报书应当载明参与集中的经营者的名称、住所、经营范围、预定实施集中的日期和国务院反垄断执法机构规定的其他事项。

第二十九条 经营者提交的文件、资料不完备的，应当在国务院反垄断执法机构规定的期限内补交文件、资料。经营者逾期未补交文件、资料的，视为未申报。

第三十条 国务院反垄断执法机构应当自收到经营者提交的符合本法第二十八条规定的文件、资料之日起三十日内，对申报的经营者集中进行初步审查，作出是否实施进一步审查的决定，并书面通知经营者。国务院反垄断执法机构作出决定前，经营者不得实施集中。

国务院反垄断执法机构作出不实施进一步审查的决定或者逾期未作出决定的，经营者可以实施集中。

第三十一条　国务院反垄断执法机构决定实施进一步审查的，应当自决定之日起九十日内审查完毕，作出是否禁止经营者集中的决定，并书面通知经营者。作出禁止经营者集中的决定，应当说明理由。审查期间，经营者不得实施集中。

有下列情形之一的，国务院反垄断执法机构经书面通知经营者，可以延长前款规定的审查期限，但最长不得超过六十日：

（一）经营者同意延长审查期限的；

（二）经营者提交的文件、资料不准确，需要进一步核实的；

（三）经营者申报后有关情况发生重大变化的。

国务院反垄断执法机构逾期未作出决定的，经营者可以实施集中。

第三十二条　有下列情形之一的，国务院反垄断执法机构可以决定中止计算经营者集中的审查期限，并书面通知经营者：

（一）经营者未按照规定提交文件、资料，导致审查工作无法进行；

（二）出现对经营者集中审查具有重大影响的新情况、新事实，不经核实将导致审查工作无法进行；

（三）需要对经营者集中附加的限制性条件进一步评估，且经营者提出中止请求。

自中止计算审查期限的情形消除之日起，审查期限继续计算，国务院反垄断执法机构应当书面通知经营者。

第三十三条　审查经营者集中，应当考虑下列因素：

（一）参与集中的经营者在相关市场的市场份额及其对市场的控制力；

（二）相关市场的市场集中度；

（三）经营者集中对市场进入、技术进步的影响；

（四）经营者集中对消费者和其他有关经营者的影响；

（五）经营者集中对国民经济发展的影响；

（六）国务院反垄断执法机构认为应当考虑的影响市场竞争的其他因素。

第三十四条 经营者集中具有或者可能具有排除、限制竞争效果的，国务院反垄断执法机构应当作出禁止经营者集中的决定。但是，经营者能够证明该集中对竞争产生的有利影响明显大于不利影响，或者符合社会公共利益的，国务院反垄断执法机构可以作出对经营者集中不予禁止的决定。

第三十五条 对不予禁止的经营者集中，国务院反垄断执法机构可以决定附加减少集中对竞争产生不利影响的限制性条件。

第三十六条 国务院反垄断执法机构应当将禁止经营者集中的决定或者对经营者集中附加限制性条件的决定，及时向社会公布。

第三十七条 国务院反垄断执法机构应当健全经营者集中分类分级审查制度，依法加强对涉及国计民生等重要领域的经营者集中的审查，提高审查质量和效率。

第三十八条 对外资并购境内企业或者以其他方式参与经营者集中，涉及国家安全的，除依照本法规定进行经营者集中审查外，还应当按照国家有关规定进行国家安全审查。

第五章　滥用行政权力排除、限制竞争

第三十九条 行政机关和法律、法规授权的具有管理公共事务职能的组织不得滥用行政权力，限定或者变相限定单位或者个人经营、购买、使用其指定的经营者提供的商品。

第四十条 行政机关和法律、法规授权的具有管理公共事务职能的组织不得滥用行政权力，通过与经营者签订合作协议、备忘录等方式，妨碍其他经营者进入相关市场或者对其他经营者实行不平等待遇，排除、限制竞争。

第四十一条 行政机关和法律、法规授权的具有管理公共事务职能的组织不得滥用行政权力,实施下列行为,妨碍商品在地区之间的自由流通:

(一)对外地商品设定歧视性收费项目、实行歧视性收费标准,或者规定歧视性价格;

(二)对外地商品规定与本地同类商品不同的技术要求、检验标准,或者对外地商品采取重复检验、重复认证等歧视性技术措施,限制外地商品进入本地市场;

(三)采取专门针对外地商品的行政许可,限制外地商品进入本地市场;

(四)设置关卡或者采取其他手段,阻碍外地商品进入或者本地商品运出;

(五)妨碍商品在地区之间自由流通的其他行为。

第四十二条 行政机关和法律、法规授权的具有管理公共事务职能的组织不得滥用行政权力,以设定歧视性资质要求、评审标准或者不依法发布信息等方式,排斥或者限制经营者参加招标投标以及其他经营活动。

第四十三条 行政机关和法律、法规授权的具有管理公共事务职能的组织不得滥用行政权力,采取与本地经营者不平等待遇等方式,排斥、限制、强制或者变相强制外地经营者在本地投资或者设立分支机构。

第四十四条 行政机关和法律、法规授权的具有管理公共事务职能的组织不得滥用行政权力,强制或者变相强制经营者从事本法规定的垄断行为。

第四十五条 行政机关和法律、法规授权的具有管理公共事务职能的组织不得滥用行政权力,制定含有排除、限制竞争内容的规定。

第六章 对涉嫌垄断行为的调查

第四十六条 反垄断执法机构依法对涉嫌垄断行为进行调查。

对涉嫌垄断行为，任何单位和个人有权向反垄断执法机构举报。反垄断执法机构应当为举报人保密。

举报采用书面形式并提供相关事实和证据的，反垄断执法机构应当进行必要的调查。

第四十七条 反垄断执法机构调查涉嫌垄断行为，可以采取下列措施：

（一）进入被调查的经营者的营业场所或者其他有关场所进行检查；

（二）询问被调查的经营者、利害关系人或者其他有关单位或者个人，要求其说明有关情况；

（三）查阅、复制被调查的经营者、利害关系人或者其他有关单位或者个人的有关单证、协议、会计账簿、业务函电、电子数据等文件、资料；

（四）查封、扣押相关证据；

（五）查询经营者的银行账户。

采取前款规定的措施，应当向反垄断执法机构主要负责人书面报告，并经批准。

第四十八条 反垄断执法机构调查涉嫌垄断行为，执法人员不得少于二人，并应当出示执法证件。

执法人员进行询问和调查，应当制作笔录，并由被询问人或者被调查人签字。

第四十九条 反垄断执法机构及其工作人员对执法过程中知悉的商业秘密、个人隐私和个人信息依法负有保密义务。

第五十条 被调查的经营者、利害关系人或者其他有关单位或者个人应当配合反垄断执法机构依法履行职责，不得拒绝、阻碍反垄断执法机构的调查。

第五十一条 被调查的经营者、利害关系人有权陈述意见。反垄断执法机构应当对被调查的经营者、利害关系人提出的事实、理由和证据进行核实。

第五十二条 反垄断执法机构对涉嫌垄断行为调查核实后，认为构成垄断行为的，应当依法作出处理决定，并可以向社会公布。

第五十三条 对反垄断执法机构调查的涉嫌垄断行为，被调查的经营者承诺在反垄断执法机构认可的期限内采取具体措施消除该行为后果的，反垄断执法机构可以决定中止调查。中止调查的决定应当载明被调查的经营者承诺的具体内容。

反垄断执法机构决定中止调查的，应当对经营者履行承诺的情况进行监督。经营者履行承诺的，反垄断执法机构可以决定终止调查。

有下列情形之一的，反垄断执法机构应当恢复调查：

（一）经营者未履行承诺的；

（二）作出中止调查决定所依据的事实发生重大变化的；

（三）中止调查的决定是基于经营者提供的不完整或者不真实的信息作出的。

第五十四条 反垄断执法机构依法对涉嫌滥用行政权力排除、限制竞争的行为进行调查，有关单位或者个人应当配合。

第五十五条 经营者、行政机关和法律、法规授权的具有管理公共事务职能的组织，涉嫌违反本法规定的，反垄断执法机构可以对其法定代表人或者负责人进行约谈，要求其提出改进措施。

第七章 法律责任

第五十六条 经营者违反本法规定，达成并实施垄断协议的，由反垄断执法机构责令停止违法行为，没收违法所得，并处上一年度销售额百分之一以上百分之十以下的罚款，上一年度没有销售额的，处五百万元以下的罚款；尚未实施所达成的垄断协议的，可以处三百万元以下的罚款。经营者的法定代表人、主要负责人和直接责任人员对达成垄断协议负有个人责任的，可以处一百万元以下的罚款。

经营者组织其他经营者达成垄断协议或者为其他经营者达成垄断协议提供实质性帮助的，适用前款规定。

经营者主动向反垄断执法机构报告达成垄断协议的有关情况并

提供重要证据的,反垄断执法机构可以酌情减轻或者免除对该经营者的处罚。

行业协会违反本法规定,组织本行业的经营者达成垄断协议的,由反垄断执法机构责令改正,可以处三百万元以下的罚款;情节严重的,社会团体登记管理机关可以依法撤销登记。

第五十七条 经营者违反本法规定,滥用市场支配地位的,由反垄断执法机构责令停止违法行为,没收违法所得,并处上一年度销售额百分之一以上百分之十以下的罚款。

第五十八条 经营者违反本法规定实施集中,且具有或者可能具有排除、限制竞争效果的,由国务院反垄断执法机构责令停止实施集中、限期处分股份或者资产、限期转让营业以及采取其他必要措施恢复到集中前的状态,处上一年度销售额百分之十以下的罚款;不具有排除、限制竞争效果的,处五百万元以下的罚款。

第五十九条 对本法第五十六条、第五十七条、第五十八条规定的罚款,反垄断执法机构确定具体罚款数额时,应当考虑违法行为的性质、程度、持续时间和消除违法行为后果的情况等因素。

第六十条 经营者实施垄断行为,给他人造成损失的,依法承担民事责任。

经营者实施垄断行为,损害社会公共利益的,设区的市级以上人民检察院可以依法向人民法院提起民事公益诉讼。

第六十一条 行政机关和法律、法规授权的具有管理公共事务职能的组织滥用行政权力,实施排除、限制竞争行为的,由上级机关责令改正;对直接负责的主管人员和其他直接责任人员依法给予处分。反垄断执法机构可以向有关上级机关提出依法处理的建议。行政机关和法律、法规授权的具有管理公共事务职能的组织应当将有关改正情况书面报告上级机关和反垄断执法机构。

法律、行政法规对行政机关和法律、法规授权的具有管理公共事务职能的组织滥用行政权力实施排除、限制竞争行为的处理另有规定的,依照其规定。

第六十二条 对反垄断执法机构依法实施的审查和调查,拒绝提供有关材料、信息，或者提供虚假材料、信息，或者隐匿、销毁、转移证据，或者有其他拒绝、阻碍调查行为的，由反垄断执法机构责令改正，对单位处上一年度销售额百分之一以下的罚款，上一年度没有销售额或者销售额难以计算的，处五百万元以下的罚款；对个人处五十万元以下的罚款。

第六十三条 违反本法规定，情节特别严重、影响特别恶劣、造成特别严重后果的，国务院反垄断执法机构可以在本法第五十六条、第五十七条、第五十八条、第六十二条规定的罚款数额的二倍以上五倍以下确定具体罚款数额。

第六十四条 经营者因违反本法规定受到行政处罚的，按照国家有关规定记入信用记录，并向社会公示。

第六十五条 对反垄断执法机构依据本法第三十四条、第三十五条作出的决定不服的，可以先依法申请行政复议；对行政复议决定不服的，可以依法提起行政诉讼。

对反垄断执法机构作出的前款规定以外的决定不服的，可以依法申请行政复议或者提起行政诉讼。

第六十六条 反垄断执法机构工作人员滥用职权、玩忽职守、徇私舞弊或者泄露执法过程中知悉的商业秘密、个人隐私和个人信息的，依法给予处分。

第六十七条 违反本法规定，构成犯罪的，依法追究刑事责任。

第八章 附 则

第六十八条 经营者依照有关知识产权的法律、行政法规规定行使知识产权的行为，不适用本法；但是，经营者滥用知识产权，排除、限制竞争的行为，适用本法。

第六十九条 农业生产者及农村经济组织在农产品生产、加工、销售、运输、储存等经营活动中实施的联合或者协同行为，不适用本法。

第七十条 本法自 2008 年 8 月 1 日起施行。

中华人民共和国反不正当竞争法

(1993年9月2日第八届全国人民代表大会常务委员会第三次会议通过 2017年11月4日第十二届全国人民代表大会常务委员会第三十次会议修订 根据2019年4月23日第十三届全国人民代表大会常务委员会第十次会议《关于修改〈中华人民共和国建筑法〉等八部法律的决定》修正)

第一章 总 则

第一条 【立法目的】为了促进社会主义市场经济健康发展,鼓励和保护公平竞争,制止不正当竞争行为,保护经营者和消费者的合法权益,制定本法。

第二条 【经营原则】经营者在生产经营活动中,应当遵循自愿、平等、公平、诚信的原则,遵守法律和商业道德。

本法所称的不正当竞争行为,是指经营者在生产经营活动中,违反本法规定,扰乱市场竞争秩序,损害其他经营者或者消费者的合法权益的行为。

本法所称的经营者,是指从事商品生产、经营或者提供服务(以下所称商品包括服务)的自然人、法人和非法人组织。

第三条 【政府管理】各级人民政府应当采取措施,制止不正当竞争行为,为公平竞争创造良好的环境和条件。

国务院建立反不正当竞争工作协调机制,研究决定反不正当竞争重大政策,协调处理维护市场竞争秩序的重大问题。

第四条 【查处部门】县级以上人民政府履行工商行政管理职责的部门对不正当竞争行为进行查处;法律、行政法规规定由其他部门查处的,依照其规定。

第五条 【社会监督】国家鼓励、支持和保护一切组织和个人对不正当竞争行为进行社会监督。

国家机关及其工作人员不得支持、包庇不正当竞争行为。

行业组织应当加强行业自律,引导、规范会员依法竞争,维护市场竞争秩序。

第二章 不正当竞争行为

第六条 【混淆行为】经营者不得实施下列混淆行为,引人误认为是他人商品或者与他人存在特定联系:

(一)擅自使用与他人有一定影响的商品名称、包装、装潢等相同或者近似的标识;

(二)擅自使用他人有一定影响的企业名称(包括简称、字号等)、社会组织名称(包括简称等)、姓名(包括笔名、艺名、译名等);

(三)擅自使用他人有一定影响的域名主体部分、网站名称、网页等;

(四)其他足以引人误认为是他人商品或者与他人存在特定联系的混淆行为。

第七条 【商业贿赂与正当回扣】经营者不得采用财物或者其他手段贿赂下列单位或者个人,以谋取交易机会或者竞争优势:

(一)交易相对方的工作人员;

(二)受交易相对方委托办理相关事务的单位或者个人;

(三)利用职权或者影响力影响交易的单位或者个人。

经营者在交易活动中,可以以明示方式向交易相对方支付折扣,或者向中间人支付佣金。经营者向交易相对方支付折扣、向中间人支付佣金的,应当如实入账。接受折扣、佣金的经营者也应当如实入账。

经营者的工作人员进行贿赂的,应当认定为经营者的行为;但是,经营者有证据证明该工作人员的行为与为经营者谋取交易机会或者竞争优势无关的除外。

第八条 【禁止虚假或误解宣传】经营者不得对其商品的性能、

功能、质量、销售状况、用户评价、曾获荣誉等作虚假或者引人误解的商业宣传,欺骗、误导消费者。

经营者不得通过组织虚假交易等方式,帮助其他经营者进行虚假或者引人误解的商业宣传。

第九条 【不得侵犯商业秘密】 经营者不得实施下列侵犯商业秘密的行为:

(一)以盗窃、贿赂、欺诈、胁迫、电子侵入或者其他不正当手段获取权利人的商业秘密;

(二)披露、使用或者允许他人使用以前项手段获取的权利人的商业秘密;

(三)违反保密义务或者违反权利人有关保守商业秘密的要求,披露、使用或者允许他人使用其所掌握的商业秘密;

(四)教唆、引诱、帮助他人违反保密义务或者违反权利人有关保守商业秘密的要求,获取、披露、使用或者允许他人使用权利人的商业秘密。

经营者以外的其他自然人、法人和非法人组织实施前款所列违法行为的,视为侵犯商业秘密。

第三人明知或者应知商业秘密权利人的员工、前员工或者其他单位、个人实施本条第一款所列违法行为,仍获取、披露、使用或者允许他人使用该商业秘密的,视为侵犯商业秘密。

本法所称的商业秘密,是指不为公众所知悉、具有商业价值并经权利人采取相应保密措施的技术信息、经营信息等商业信息。

第十条 【有奖销售禁止情形】 经营者进行有奖销售不得存在下列情形:

(一)所设奖的种类、兑奖条件、奖金金额或者奖品等有奖销售信息不明确,影响兑奖;

(二)采用谎称有奖或者故意让内定人员中奖的欺骗方式进行有奖销售;

(三)抽奖式的有奖销售,最高奖的金额超过五万元。

第十一条 【不得损害商誉】 经营者不得编造、传播虚假信息或者误导性信息，损害竞争对手的商业信誉、商品声誉。

第十二条　【互联网不正当竞争行为】经营者利用网络从事生产经营活动，应当遵守本法的各项规定。

经营者不得利用技术手段，通过影响用户选择或者其他方式，实施下列妨碍、破坏其他经营者合法提供的网络产品或者服务正常运行的行为：

（一）未经其他经营者同意，在其合法提供的网络产品或者服务中，插入链接、强制进行目标跳转；

（二）误导、欺骗、强迫用户修改、关闭、卸载其他经营者合法提供的网络产品或者服务；

（三）恶意对其他经营者合法提供的网络产品或者服务实施不兼容；

（四）其他妨碍、破坏其他经营者合法提供的网络产品或者服务正常运行的行为。

第三章　对涉嫌不正当竞争行为的调查

第十三条　【监督检查措施】监督检查部门调查涉嫌不正当竞争行为，可以采取下列措施：

（一）进入涉嫌不正当竞争行为的经营场所进行检查；

（二）询问被调查的经营者、利害关系人及其他有关单位、个人，要求其说明有关情况或者提供与被调查行为有关的其他资料；

（三）查询、复制与涉嫌不正当竞争行为有关的协议、账簿、单据、文件、记录、业务函电和其他资料；

（四）查封、扣押与涉嫌不正当竞争行为有关的财物；

（五）查询涉嫌不正当竞争行为的经营者的银行账户。

采取前款规定的措施，应当向监督检查部门主要负责人书面报告，并经批准。采取前款第四项、第五项规定的措施，应当向设区的市级以上人民政府监督检查部门主要负责人书面报告，并经批准。

监督检查部门调查涉嫌不正当竞争行为，应当遵守《中华人民共和国行政强制法》和其他有关法律、行政法规的规定，并应当将查处结果及时向社会公开。

第十四条 【被调查者义务】监督检查部门调查涉嫌不正当竞争行为，被调查的经营者、利害关系人及其他有关单位、个人应当如实提供有关资料或者情况。

第十五条 【检查人员部门及保密义务】监督检查部门及其工作人员对调查过程中知悉的商业秘密负有保密义务。

第十六条 【举报制度】对涉嫌不正当竞争行为，任何单位和个人有权向监督检查部门举报，监督检查部门接到举报后应当依法及时处理。

监督检查部门应当向社会公开受理举报的电话、信箱或者电子邮件地址，并为举报人保密。对实名举报并提供相关事实和证据的，监督检查部门应当将处理结果告知举报人。

第四章 法律责任

第十七条 【民事赔偿及范围】经营者违反本法规定，给他人造成损害的，应当依法承担民事责任。

经营者的合法权益受到不正当竞争行为损害的，可以向人民法院提起诉讼。

因不正当竞争行为受到损害的经营者的赔偿数额，按照其因被侵权所受到的实际损失确定；实际损失难以计算的，按照侵权人因侵权所获得的利益确定。经营者恶意实施侵犯商业秘密行为，情节严重的，可以在按照上述方法确定数额的一倍以上五倍以下确定赔偿数额。赔偿数额还应当包括经营者为制止侵权行为所支付的合理开支。

经营者违反本法第六条、第九条规定，权利人因被侵权所受到的实际损失、侵权人因侵权所获得的利益难以确定的，由人民法院根据侵权行为的情节判决给予权利人五百万元以下的赔偿。

第十八条 【混淆行为的责任】经营者违反本法第六条规定实施混淆行为的,由监督检查部门责令停止违法行为,没收违法商品。违法经营额五万元以上的,可以并处违法经营额五倍以下的罚款;没有违法经营额或者违法经营额不足五万元的,可以并处二十五万元以下的罚款。情节严重的,吊销营业执照。

经营者登记的企业名称违反本法第六条规定的,应当及时办理名称变更登记;名称变更前,由原企业登记机关以统一社会信用代码代替其名称。

第十九条 【商业贿赂的责任】经营者违反本法第七条规定贿赂他人的,由监督检查部门没收违法所得,处十万元以上三百万元以下的罚款。情节严重的,吊销营业执照。

第二十条 【虚假或误解宣传的责任】经营者违反本法第八条规定对其商品作虚假或者引人误解的商业宣传,或者通过组织虚假交易等方式帮助其他经营者进行虚假或者引人误解的商业宣传的,由监督检查部门责令停止违法行为,处二十万元以上一百万元以下的罚款;情节严重的,处一百万元以上二百万元以下的罚款,可以吊销营业执照。

经营者违反本法第八条规定,属于发布虚假广告的,依照《中华人民共和国广告法》的规定处罚。

第二十一条 【侵犯商业秘密的责任】经营者以及其他自然人、法人和非法人组织违反本法第九条规定侵犯商业秘密的,由监督检查部门责令停止违法行为,没收违法所得,处十万元以上一百万元以下的罚款;情节严重的,处五十万元以上五百万元以下的罚款。

第二十二条 【违法有奖销售的责任】经营者违反本法第十条规定进行有奖销售的,由监督检查部门责令停止违法行为,处五万元以上五十万元以下的罚款。

第二十三条 【损害商誉的责任】经营者违反本法第十一条规定损害竞争对手商业信誉、商品声誉的,由监督检查部门责令停止违法行为、消除影响,处十万元以上五十万元以下的罚款;情节严重的，处五十万元以上三百万元以下的罚款。

第二十四条 【互联网不正当竞争行为的责任】经营者违反本法第十二条规定妨碍、破坏其他经营者合法提供的网络产品或者服务正常运行的，由监督检查部门责令停止违法行为，处十万元以上五十万元以下的罚款；情节严重的，处五十万元以上三百万元以下的罚款。

第二十五条 【从轻、减轻或免除处罚】经营者违反本法规定从事不正当竞争，有主动消除或者减轻违法行为危害后果等法定情形的，依法从轻或者减轻行政处罚；违法行为轻微并及时纠正，没有造成危害后果的，不予行政处罚。

第二十六条 【信用记录及公示】经营者违反本法规定从事不正当竞争，受到行政处罚的，由监督检查部门记入信用记录，并依照有关法律、行政法规的规定予以公示。

第二十七条 【民事责任优先】经营者违反本法规定，应当承担民事责任、行政责任和刑事责任，其财产不足以支付的，优先用于承担民事责任。

第二十八条 【妨害监督检查的责任】妨害监督检查部门依照本法履行职责，拒绝、阻碍调查的，由监督检查部门责令改正，对个人可以处五千元以下的罚款，对单位可以处五万元以下的罚款，并可以由公安机关依法给予治安管理处罚。

第二十九条 【被处罚者的法律救济】当事人对监督检查部门作出的决定不服的，可以依法申请行政复议或者提起行政诉讼。

第三十条 【检查人员违法的责任】监督检查部门的工作人员滥用职权、玩忽职守、徇私舞弊或者泄露调查过程中知悉的商业秘密的，依法给予处分。

第三十一条 【刑事责任】违反本法规定，构成犯罪的，依法追究刑事责任。

第三十二条 【举证责任】在侵犯商业秘密的民事审判程序中，商业秘密权利人提供初步证据，证明其已经对所主张的商业秘密采取保密措施，且合理表明商业秘密被侵犯，涉嫌侵权人应当证明权利人所主张的商业秘密不属于本法规定的商业秘密。

商业秘密权利人提供初步证据合理表明商业秘密被侵犯，且提供以下证据之一的，涉嫌侵权人应当证明其不存在侵犯商业秘密的行为：

（一）有证据表明涉嫌侵权人有渠道或者机会获取商业秘密，且其使用的信息与该商业秘密实质上相同；

（二）有证据表明商业秘密已经被涉嫌侵权人披露、使用或者有被披露、使用的风险；

（三）有其他证据表明商业秘密被涉嫌侵权人侵犯。

第五章 附 则

第三十三条 【实施日期】本法自2018年1月1日起施行。

公平竞争审查条例

（2024年5月11日国务院第32次常务会议通过 2024年6月6日中华人民共和国国务院令第783号公布 自2024年8月1日起施行）

第一章 总 则

第一条 为了规范公平竞争审查工作，促进市场公平竞争，优化营商环境，建设全国统一大市场，根据《中华人民共和国反垄断法》等法律，制定本条例。

第二条 起草涉及经营者经济活动的法律、行政法规、地方性法规、规章、规范性文件以及具体政策措施（以下统称政策措施），行政机关和法律、法规授权的具有管理公共事务职能的组织（以下统称起草单位）应当依照本条例规定开展公平竞争审查。

第三条 公平竞争审查工作坚持中国共产党的领导，贯彻党和国家路线方针政策和决策部署。

国家加强公平竞争审查工作,保障各类经营者依法平等使用生产要素、公平参与市场竞争。

第四条 国务院建立公平竞争审查协调机制,统筹、协调和指导全国公平竞争审查工作,研究解决公平竞争审查工作中的重大问题,评估全国公平竞争审查工作情况。

第五条 县级以上地方人民政府应当建立健全公平竞争审查工作机制,保障公平竞争审查工作力量,并将公平竞争审查工作经费纳入本级政府预算。

第六条 国务院市场监督管理部门负责指导实施公平竞争审查制度,督促有关部门和地方开展公平竞争审查工作。

县级以上地方人民政府市场监督管理部门负责在本行政区域组织实施公平竞争审查制度。

第七条 县级以上人民政府将公平竞争审查工作情况纳入法治政府建设、优化营商环境等考核评价内容。

第二章 审查标准

第八条 起草单位起草的政策措施,不得含有下列限制或者变相限制市场准入和退出的内容:

(一)对市场准入负面清单以外的行业、领域、业务等违法设置审批程序;

(二)违法设置或者授予特许经营权;

(三)限定经营、购买或者使用特定经营者提供的商品或者服务(以下统称商品);

(四)设置不合理或者歧视性的准入、退出条件;

(五)其他限制或者变相限制市场准入和退出的内容。

第九条 起草单位起草的政策措施,不得含有下列限制商品、要素自由流动的内容:

(一)限制外地或者进口商品、要素进入本地市场,或者阻碍本地经营者迁出、商品、要素输出；

（二）排斥、限制、强制或者变相强制外地经营者在本地投资经营或者设立分支机构；

（三）排斥、限制或者变相限制外地经营者参加本地政府采购、招标投标；

（四）对外地或者进口商品、要素设置歧视性收费项目、收费标准、价格或者补贴；

（五）在资质标准、监管执法等方面对外地经营者在本地投资经营设置歧视性要求；

（六）其他限制商品、要素自由流动的内容。

第十条 起草单位起草的政策措施，没有法律、行政法规依据或者未经国务院批准，不得含有下列影响生产经营成本的内容：

（一）给予特定经营者税收优惠；

（二）给予特定经营者选择性、差异化的财政奖励或者补贴；

（三）给予特定经营者要素获取、行政事业性收费、政府性基金、社会保险费等方面的优惠；

（四）其他影响生产经营成本的内容。

第十一条 起草单位起草的政策措施，不得含有下列影响生产经营行为的内容：

（一）强制或者变相强制经营者实施垄断行为，或者为经营者实施垄断行为提供便利条件；

（二）超越法定权限制定政府指导价、政府定价，为特定经营者提供优惠价格；

（三）违法干预实行市场调节价的商品、要素的价格水平；

（四）其他影响生产经营行为的内容。

第十二条 起草单位起草的政策措施，具有或者可能具有排除、限制竞争效果，但符合下列情形之一，且没有对公平竞争影响更小的替代方案，并能够确定合理的实施期限或者终止条件的，可以出台：

（一）为维护国家安全和发展利益的；

（二）为促进科学技术进步、增强国家自主创新能力的；

(三) 为实现节约能源、保护环境、救灾救助等社会公共利益的;
(四) 法律、行政法规规定的其他情形。

第三章 审查机制

第十三条 拟由部门出台的政策措施,由起草单位在起草阶段开展公平竞争审查。

拟由多个部门联合出台的政策措施,由牵头起草单位在起草阶段开展公平竞争审查。

第十四条 拟由县级以上人民政府出台或者提请本级人民代表大会及其常务委员会审议的政策措施,由本级人民政府市场监督管理部门会同起草单位在起草阶段开展公平竞争审查。起草单位应当开展初审,并将政策措施草案和初审意见送市场监督管理部门审查。

第十五条 国家鼓励有条件的地区探索建立跨区域、跨部门的公平竞争审查工作机制。

第十六条 开展公平竞争审查,应当听取有关经营者、行业协会商会等利害关系人关于公平竞争影响的意见。涉及社会公众利益的,应当听取社会公众意见。

第十七条 开展公平竞争审查,应当按照本条例规定的审查标准,在评估对公平竞争影响后,作出审查结论。

适用本条例第十二条规定的,应当在审查结论中详细说明。

第十八条 政策措施未经公平竞争审查,或者经公平竞争审查认为违反本条例第八条至第十一条规定且不符合第十二条规定情形的,不得出台。

第十九条 有关部门和单位、个人对在公平竞争审查过程中知悉的国家秘密、商业秘密和个人隐私,应当依法予以保密。

第四章 监督保障

第二十条 国务院市场监督管理部门强化公平竞争审查工作监督保障,建立健全公平竞争审查抽查、举报处理、督查等机制。

第二十一条　市场监督管理部门建立健全公平竞争审查抽查机制，组织对有关政策措施开展抽查，经核查发现违反本条例规定的，应当督促起草单位进行整改。

市场监督管理部门应当向本级人民政府报告抽查情况，抽查结果可以向社会公开。

第二十二条　对违反本条例规定的政策措施，任何单位和个人可以向市场监督管理部门举报。市场监督管理部门接到举报后，应当及时处理或者转送有关部门处理。

市场监督管理部门应当向社会公开受理举报的电话、信箱或者电子邮件地址。

第二十三条　国务院定期对县级以上地方人民政府公平竞争审查工作机制建设情况、公平竞争审查工作开展情况、举报处理情况等开展督查。国务院市场监督管理部门负责具体实施。

第二十四条　起草单位未依照本条例规定开展公平竞争审查，经市场监督管理部门督促，逾期仍未整改的，上一级市场监督管理部门可以对其负责人进行约谈。

第二十五条　未依照本条例规定开展公平竞争审查，造成严重不良影响的，对起草单位直接负责的主管人员和其他直接责任人员依法给予处分。

第五章　附　　则

第二十六条　国务院市场监督管理部门根据本条例制定公平竞争审查的具体实施办法。

第二十七条　本条例自2024年8月1日起施行。

中华人民共和国证券法

（1998年12月29日第九届全国人民代表大会常务委员会第六次会议通过 根据2004年8月28日第十届全国人民代表大会常务委员会第十一次会议《关于修改〈中华人民共和国证券法〉的决定》第一次修正 2005年10月27日第十届全国人民代表大会常务委员会第十八次会议第一次修订 根据2013年6月29日第十二届全国人民代表大会常务委员会第三次会议《关于修改〈中华人民共和国文物保护法〉等十二部法律的决定》第二次修正 根据2014年8月31日第十二届全国人民代表大会常务委员会第十次会议《关于修改〈中华人民共和国保险法〉等五部法律的决定》第三次修正 2019年12月28日第十三届全国人民代表大会常务委员会第十五次会议第二次修订 2019年12月28日中华人民共和国主席令第37号公布 自2020年3月1日起施行）

第一章 总 则

第一条 为了规范证券发行和交易行为，保护投资者的合法权益，维护社会经济秩序和社会公共利益，促进社会主义市场经济的发展，制定本法。

第二条 在中华人民共和国境内，股票、公司债券、存托凭证和国务院依法认定的其他证券的发行和交易，适用本法；本法未规定的，适用《中华人民共和国公司法》和其他法律、行政法规的规定。

政府债券、证券投资基金份额的上市交易，适用本法；其他法律、行政法规另有规定的，适用其规定。

资产支持证券、资产管理产品发行、交易的管理办法，由国务院依照本法的原则规定。

在中华人民共和国境外的证券发行和交易活动，扰乱中华人民共和国境内市场秩序，损害境内投资者合法权益的，依照本法有关规定处理并追究法律责任。

第三条 证券的发行、交易活动，必须遵循公开、公平、公正的原则。

第四条 证券发行、交易活动的当事人具有平等的法律地位，应当遵守自愿、有偿、诚实信用的原则。

第五条 证券的发行、交易活动，必须遵守法律、行政法规；禁止欺诈、内幕交易和操纵证券市场的行为。

第六条 证券业和银行业、信托业、保险业实行分业经营、分业管理，证券公司与银行、信托、保险业务机构分别设立。国家另有规定的除外。

第七条 国务院证券监督管理机构依法对全国证券市场实行集中统一监督管理。

国务院证券监督管理机构根据需要可以设立派出机构，按照授权履行监督管理职责。

第八条 国家审计机关依法对证券交易场所、证券公司、证券登记结算机构、证券监督管理机构进行审计监督。

第二章 证券发行

第九条 公开发行证券，必须符合法律、行政法规规定的条件，并依法报经国务院证券监督管理机构或者国务院授权的部门注册。未经依法注册，任何单位和个人不得公开发行证券。证券发行注册制的具体范围、实施步骤，由国务院规定。

有下列情形之一的，为公开发行：

（一）向不特定对象发行证券；

（二）向特定对象发行证券累计超过二百人，但依法实施员工持股计划的员工人数不计算在内；

（三）法律、行政法规规定的其他发行行为。

非公开发行证券,不得采用广告、公开劝诱和变相公开方式。

第十条 发行人申请公开发行股票、可转换为股票的公司债券,依法采取承销方式的,或者公开发行法律、行政法规规定实行保荐制度的其他证券的,应当聘请证券公司担任保荐人。

保荐人应当遵守业务规则和行业规范,诚实守信,勤勉尽责,对发行人的申请文件和信息披露资料进行审慎核查,督导发行人规范运作。

保荐人的管理办法由国务院证券监督管理机构规定。

第十一条 设立股份有限公司公开发行股票,应当符合《中华人民共和国公司法》规定的条件和经国务院批准的国务院证券监督管理机构规定的其他条件,向国务院证券监督管理机构报送募股申请和下列文件:

(一)公司章程;

(二)发起人协议;

(三)发起人姓名或者名称,发起人认购的股份数、出资种类及验资证明;

(四)招股说明书;

(五)代收股款银行的名称及地址;

(六)承销机构名称及有关的协议。

依照本法规定聘请保荐人的,还应当报送保荐人出具的发行保荐书。

法律、行政法规规定设立公司必须报经批准的,还应当提交相应的批准文件。

第十二条 公司首次公开发行新股,应当符合下列条件:

(一)具备健全且运行良好的组织机构;

(二)具有持续经营能力;

(三)最近三年财务会计报告被出具无保留意见审计报告;

(四)发行人及其控股股东、实际控制人最近三年不存在贪污、贿赂、侵占财产、挪用财产或者破坏社会主义市场经济秩序的刑事犯罪;

（五）经国务院批准的国务院证券监督管理机构规定的其他条件。

上市公司发行新股，应当符合经国务院批准的国务院证券监督管理机构规定的条件，具体管理办法由国务院证券监督管理机构规定。

公开发行存托凭证的，应当符合首次公开发行新股的条件以及国务院证券监督管理机构规定的其他条件。

第十三条　公司公开发行新股，应当报送募股申请和下列文件：

（一）公司营业执照；

（二）公司章程；

（三）股东大会决议；

（四）招股说明书或者其他公开发行募集文件；

（五）财务会计报告；

（六）代收股款银行的名称及地址。

依照本法规定聘请保荐人的，还应当报送保荐人出具的发行保荐书。依照本法规定实行承销的，还应当报送承销机构名称及有关的协议。

第十四条　公司对公开发行股票所募集资金，必须按照招股说明书或者其他公开发行募集文件所列资金用途使用；改变资金用途，必须经股东大会作出决议。擅自改变用途，未作纠正的，或者未经股东大会认可的，不得公开发行新股。

第十五条　公开发行公司债券，应当符合下列条件：

（一）具备健全且运行良好的组织机构；

（二）最近三年平均可分配利润足以支付公司债券一年的利息；

（三）国务院规定的其他条件。

公开发行公司债券筹集的资金，必须按照公司债券募集办法所列资金用途使用；改变资金用途，必须经债券持有人会议作出决议。公开发行公司债券筹集的资金，不得用于弥补亏损和非生产性支出。

上市公司发行可转换为股票的公司债券，除应当符合第一款规定的条件外，还应当遵守本法第十二条第二款的规定。但是，按照公司债券募集办法，上市公司通过收购本公司股份的方式进行公司债券转换的除外。

第十六条　申请公开发行公司债券，应当向国务院授权的部门或者国务院证券监督管理机构报送下列文件：

（一）公司营业执照；

（二）公司章程；

（三）公司债券募集办法；

（四）国务院授权的部门或者国务院证券监督管理机构规定的其他文件。

依照本法规定聘请保荐人的，还应当报送保荐人出具的发行保荐书。

第十七条　有下列情形之一的，不得再次公开发行公司债券：

（一）对已公开发行的公司债券或者其他债务有违约或者延迟支付本息的事实，仍处于继续状态；

（二）违反本法规定，改变公开发行公司债券所募资金的用途。

第十八条　发行人依法申请公开发行证券所报送的申请文件的格式、报送方式，由依法负责注册的机构或者部门规定。

第十九条　发行人报送的证券发行申请文件，应当充分披露投资者作出价值判断和投资决策所必需的信息，内容应当真实、准确、完整。

为证券发行出具有关文件的证券服务机构和人员，必须严格履行法定职责，保证所出具文件的真实性、准确性和完整性。

第二十条　发行人申请首次公开发行股票的，在提交申请文件后，应当按照国务院证券监督管理机构的规定预先披露有关申请文件。

第二十一条　国务院证券监督管理机构或者国务院授权的部门依照法定条件负责证券发行申请的注册。证券公开发行注册的具体办法由国务院规定。

按照国务院的规定，证券交易所等可以审核公开发行证券申请，判断发行人是否符合发行条件、信息披露要求，督促发行人完善信息披露内容。

依照前两款规定参与证券发行申请注册的人员，不得与发行申请人有利害关系，不得直接或者间接接受发行申请人的馈赠，不得持有所注册的发行申请的证券，不得私下与发行申请人进行接触。

第二十二条　国务院证券监督管理机构或者国务院授权的部门应当自受理证券发行申请文件之日起三个月内，依照法定条件和法定程序作出予以注册或者不予注册的决定，发行人根据要求补充、修改发行申请文件的时间不计算在内。不予注册的，应当说明理由。

第二十三条　证券发行申请经注册后，发行人应当依照法律、行政法规的规定，在证券公开发行前公告公开发行募集文件，并将该文件置备于指定场所供公众查阅。

发行证券的信息依法公开前，任何知情人不得公开或者泄露该信息。

发行人不得在公告公开发行募集文件前发行证券。

第二十四条　国务院证券监督管理机构或者国务院授权的部门对已作出的证券发行注册的决定，发现不符合法定条件或者法定程序，尚未发行证券的，应当予以撤销，停止发行。已经发行尚未上市的，撤销发行注册决定，发行人应当按照发行价并加算银行同期存款利息返还证券持有人；发行人的控股股东、实际控制人以及保荐人，应当与发行人承担连带责任，但是能够证明自己没有过错的除外。

股票的发行人在招股说明书等证券发行文件中隐瞒重要事实或者编造重大虚假内容，已经发行并上市的，国务院证券监督管理机构可以责令发行人回购证券，或者责令负有责任的控股股东、实际控制人买回证券。

第二十五条　股票依法发行后，发行人经营与收益的变化，由发行人自行负责；由此变化引致的投资风险，由投资者自行负责。

第二十六条　发行人向不特定对象发行的证券，法律、行政法规规定应当由证券公司承销的，发行人应当同证券公司签订承销协议。证券承销业务采取代销或者包销方式。

证券代销是指证券公司代发行人发售证券，在承销期结束时，将未售出的证券全部退还给发行人的承销方式。

证券包销是指证券公司将发行人的证券按照协议全部购入或者在承销期结束时将售后剩余证券全部自行购入的承销方式。

第二十七条 公开发行证券的发行人有权依法自主选择承销的证券公司。

第二十八条 证券公司承销证券，应当同发行人签订代销或者包销协议，载明下列事项：

（一）当事人的名称、住所及法定代表人姓名；

（二）代销、包销证券的种类、数量、金额及发行价格；

（三）代销、包销的期限及起止日期；

（四）代销、包销的付款方式及日期；

（五）代销、包销的费用和结算办法；

（六）违约责任；

（七）国务院证券监督管理机构规定的其他事项。

第二十九条 证券公司承销证券，应当对公开发行募集文件的真实性、准确性、完整性进行核查。发现有虚假记载、误导性陈述或者重大遗漏的，不得进行销售活动；已经销售的，必须立即停止销售活动，并采取纠正措施。

证券公司承销证券，不得有下列行为：

（一）进行虚假的或者误导投资者的广告宣传或者其他宣传推介活动；

（二）以不正当竞争手段招揽承销业务；

（三）其他违反证券承销业务规定的行为。

证券公司有前款所列行为，给其他证券承销机构或者投资者造成损失的，应当依法承担赔偿责任。

第三十条 向不特定对象发行证券聘请承销团承销的，承销团应当由主承销和参与承销的证券公司组成。

第三十一条 证券的代销、包销期限最长不得超过九十日。

证券公司在代销、包销期内，对所代销、包销的证券应当保证先行出售给认购人，证券公司不得为本公司预留所代销的证券和预先购入并留存所包销的证券。

第三十二条 股票发行采取溢价发行的,其发行价格由发行人与承销的证券公司协商确定。

第三十三条 股票发行采用代销方式,代销期限届满,向投资者出售的股票数量未达到拟公开发行股票数量百分之七十的,为发行失败。发行人应当按照发行价并加算银行同期存款利息返还股票认购人。

第三十四条 公开发行股票,代销、包销期限届满,发行人应当在规定的期限内将股票发行情况报国务院证券监督管理机构备案。

第三章 证券交易

第一节 一般规定

第三十五条 证券交易当事人依法买卖的证券,必须是依法发行并交付的证券。

非依法发行的证券,不得买卖。

第三十六条 依法发行的证券,《中华人民共和国公司法》和其他法律对其转让期限有限制性规定的,在限定的期限内不得转让。

上市公司持有百分之五以上股份的股东、实际控制人、董事、监事、高级管理人员,以及其他持有发行人首次公开发行前发行的股份或者上市公司向特定对象发行的股份的股东,转让其持有的本公司股份的,不得违反法律、行政法规和国务院证券监督管理机构关于持有期限、卖出时间、卖出数量、卖出方式、信息披露等规定,并应当遵守证券交易所的业务规则。

第三十七条 公开发行的证券,应当在依法设立的证券交易所上市交易或者在国务院批准的其他全国性证券交易场所交易。

非公开发行的证券,可以在证券交易所、国务院批准的其他全国性证券交易场所、按照国务院规定设立的区域性股权市场转让。

第三十八条 证券在证券交易所上市交易,应当采用公开的集中交易方式或者国务院证券监督管理机构批准的其他方式。

第三十九条　证券交易当事人买卖的证券可以采用纸面形式或者国务院证券监督管理机构规定的其他形式。

第四十条　证券交易场所、证券公司和证券登记结算机构的从业人员，证券监督管理机构的工作人员以及法律、行政法规规定禁止参与股票交易的其他人员，在任期或者法定限期内，不得直接或者以化名、借他人名义持有、买卖股票或者其他具有股权性质的证券，也不得收受他人赠送的股票或者其他具有股权性质的证券。

任何人在成为前款所列人员时，其原已持有的股票或者其他具有股权性质的证券，必须依法转让。

实施股权激励计划或者员工持股计划的证券公司的从业人员，可以按照国务院证券监督管理机构的规定持有、卖出本公司股票或者其他具有股权性质的证券。

第四十一条　证券交易场所、证券公司、证券登记结算机构、证券服务机构及其工作人员应当依法为投资者的信息保密，不得非法买卖、提供或者公开投资者的信息。

证券交易场所、证券公司、证券登记结算机构、证券服务机构及其工作人员不得泄露所知悉的商业秘密。

第四十二条　为证券发行出具审计报告或者法律意见书等文件的证券服务机构和人员，在该证券承销期内和期满后六个月内，不得买卖该证券。

除前款规定外，为发行人及其控股股东、实际控制人，或者收购人、重大资产交易方出具审计报告或者法律意见书等文件的证券服务机构和人员，自接受委托之日起至上述文件公开后五日内，不得买卖该证券。实际开展上述有关工作之日早于接受委托之日的，自实际开展上述有关工作之日起至上述文件公开后五日内，不得买卖该证券。

第四十三条　证券交易的收费必须合理，并公开收费项目、收费标准和管理办法。

第四十四条　上市公司、股票在国务院批准的其他全国性证券交易场所交易的公司持有百分之五以上股份的股东、董事、监事、高级管理人员,将其持有的该公司的股票或者其他具有股权性质的证券在买入后六个月内卖出,或者在卖出后六个月内又买入,由此所得收益归该公司所有,公司董事会应当收回其所得收益。但是,证券公司因购入包销售后剩余股票而持有百分之五以上股份,以及有国务院证券监督管理机构规定的其他情形的除外。

前款所称董事、监事、高级管理人员、自然人股东持有的股票或者其他具有股权性质的证券,包括其配偶、父母、子女持有的及利用他人账户持有的股票或者其他具有股权性质的证券。

公司董事会不按照第一款规定执行的,股东有权要求董事会在三十日内执行。公司董事会未在上述期限内执行的,股东有权为了公司的利益以自己的名义直接向人民法院提起诉讼。

公司董事会不按照第一款的规定执行的,负有责任的董事依法承担连带责任。

第四十五条　通过计算机程序自动生成或者下达交易指令进行程序化交易的,应当符合国务院证券监督管理机构的规定,并向证券交易所报告,不得影响证券交易所系统安全或者正常交易秩序。

第二节　证　券　上　市

第四十六条　申请证券上市交易,应当向证券交易所提出申请,由证券交易所依法审核同意,并由双方签订上市协议。

证券交易所根据国务院授权的部门的决定安排政府债券上市交易。

第四十七条　申请证券上市交易,应当符合证券交易所上市规则规定的上市条件。

证券交易所上市规则规定的上市条件,应当对发行人的经营年限、财务状况、最低公开发行比例和公司治理、诚信记录等提出要求。

第四十八条　上市交易的证券,有证券交易所规定的终止上市情形的,由证券交易所按照业务规则终止其上市交易。

证券交易所决定终止证券上市交易的,应当及时公告,并报国务院证券监督管理机构备案。

第四十九条 对证券交易所作出的不予上市交易、终止上市交易决定不服的,可以向证券交易所设立的复核机构申请复核。

第三节 禁止的交易行为

第五十条 禁止证券交易内幕信息的知情人和非法获取内幕信息的人利用内幕信息从事证券交易活动。

第五十一条 证券交易内幕信息的知情人包括:

(一)发行人及其董事、监事、高级管理人员;

(二)持有公司百分之五以上股份的股东及其董事、监事、高级管理人员,公司的实际控制人及其董事、监事、高级管理人员;

(三)发行人控股或者实际控制的公司及其董事、监事、高级管理人员;

(四)由于所任公司职务或者因与公司业务往来可以获取公司有关内幕信息的人员;

(五)上市公司收购人或者重大资产交易方及其控股股东、实际控制人、董事、监事和高级管理人员;

(六)因职务、工作可以获取内幕信息的证券交易场所、证券公司、证券登记结算机构、证券服务机构的有关人员;

(七)因职责、工作可以获取内幕信息的证券监督管理机构工作人员;

(八)因法定职责对证券的发行、交易或者对上市公司及其收购、重大资产交易进行管理可以获取内幕信息的有关主管部门、监管机构的工作人员;

(九)国务院证券监督管理机构规定的可以获取内幕信息的其他人员。

第五十二条 证券交易活动中,涉及发行人的经营、财务或者对该发行人证券的市场价格有重大影响的尚未公开的信息,为内幕信息。

本法第八十条第二款、第八十一条第二款所列重大事件属于内幕信息。

第五十三条 证券交易内幕信息的知情人和非法获取内幕信息的人，在内幕信息公开前，不得买卖该公司的证券，或者泄露该信息，或者建议他人买卖该证券。

持有或者通过协议、其他安排与他人共同持有公司百分之五以上股份的自然人、法人、非法人组织收购上市公司的股份，本法另有规定的，适用其规定。

内幕交易行为给投资者造成损失的，应当依法承担赔偿责任。

第五十四条 禁止证券交易场所、证券公司、证券登记结算机构、证券服务机构和其他金融机构的从业人员、有关监管部门或者行业协会的工作人员，利用因职务便利获取的内幕信息以外的其他未公开的信息，违反规定，从事与该信息相关的证券交易活动，或者明示、暗示他人从事相关交易活动。

利用未公开信息进行交易给投资者造成损失的，应当依法承担赔偿责任。

第五十五条 禁止任何人以下列手段操纵证券市场，影响或者意图影响证券交易价格或者证券交易量：

（一）单独或者通过合谋，集中资金优势、持股优势或者利用信息优势联合或者连续买卖；

（二）与他人串通，以事先约定的时间、价格和方式相互进行证券交易；

（三）在自己实际控制的账户之间进行证券交易；

（四）不以成交为目的，频繁或者大量申报并撤销申报；

（五）利用虚假或者不确定的重大信息，诱导投资者进行证券交易；

（六）对证券、发行人公开作出评价、预测或者投资建议，并进行反向证券交易；

（七）利用在其他相关市场的活动操纵证券市场；

（八）操纵证券市场的其他手段。

操纵证券市场行为给投资者造成损失的，应当依法承担赔偿责任。

第五十六条 禁止任何单位和个人编造、传播虚假信息或者误导性信息，扰乱证券市场。

禁止证券交易场所、证券公司、证券登记结算机构、证券服务机构及其从业人员，证券业协会、证券监督管理机构及其工作人员，在证券交易活动中作出虚假陈述或者信息误导。

各种传播媒介传播证券市场信息必须真实、客观，禁止误导。传播媒介及其从事证券市场信息报道的工作人员不得从事与其工作职责发生利益冲突的证券买卖。

编造、传播虚假信息或者误导性信息，扰乱证券市场，给投资者造成损失的，应当依法承担赔偿责任。

第五十七条 禁止证券公司及其从业人员从事下列损害客户利益的行为：

（一）违背客户的委托为其买卖证券；

（二）不在规定时间内向客户提供交易的确认文件；

（三）未经客户的委托，擅自为客户买卖证券，或者假借客户的名义买卖证券；

（四）为牟取佣金收入，诱使客户进行不必要的证券买卖；

（五）其他违背客户真实意思表示，损害客户利益的行为。

违反前款规定给客户造成损失的，应当依法承担赔偿责任。

第五十八条 任何单位和个人不得违反规定，出借自己的证券账户或者借用他人的证券账户从事证券交易。

第五十九条 依法拓宽资金入市渠道，禁止资金违规流入股市。

禁止投资者违规利用财政资金、银行信贷资金买卖证券。

第六十条 国有独资企业、国有独资公司、国有资本控股公司买卖上市交易的股票，必须遵守国家有关规定。

第六十一条 证券交易场所、证券公司、证券登记结算机构、证券服务机构及其从业人员对证券交易中发现的禁止的交易行为，应当及时向证券监督管理机构报告。

第四章　上市公司的收购

第六十二条　投资者可以采取要约收购、协议收购及其他合法方式收购上市公司。

第六十三条　通过证券交易所的证券交易，投资者持有或者通过协议、其他安排与他人共同持有一个上市公司已发行的有表决权股份达到百分之五时，应当在该事实发生之日起三日内，向国务院证券监督管理机构、证券交易所作出书面报告，通知该上市公司，并予公告，在上述期限内不得再行买卖该上市公司的股票，但国务院证券监督管理机构规定的情形除外。

投资者持有或者通过协议、其他安排与他人共同持有一个上市公司已发行的有表决权股份达到百分之五后，其所持该上市公司已发行的有表决权股份比例每增加或者减少百分之五，应当依照前款规定进行报告和公告，在该事实发生之日起至公告后三日内，不得再行买卖该上市公司的股票，但国务院证券监督管理机构规定的情形除外。

投资者持有或者通过协议、其他安排与他人共同持有一个上市公司已发行的有表决权股份达到百分之五后，其所持该上市公司已发行的有表决权股份比例每增加或者减少百分之一，应当在该事实发生的次日通知该上市公司，并予公告。

违反第一款、第二款规定买入上市公司有表决权的股份的，在买入后的三十六个月内，对该超过规定比例部分的股份不得行使表决权。

第六十四条　依照前条规定所作的公告，应当包括下列内容：

（一）持股人的名称、住所；

（二）持有的股票的名称、数额；

（三）持股达到法定比例或者持股增减变化达到法定比例的日期、增持股份的资金来源；

（四）在上市公司中拥有有表决权的股份变动的时间及方式。

第六十五条　通过证券交易所的证券交易，投资者持有或者通过协议、其他安排与他人共同持有一个上市公司已发行的有表决权股份达到百分之三十时，继续进行收购的，应当依法向该上市公司所有股东发出收购上市公司全部或者部分股份的要约。

收购上市公司部分股份的要约应当约定，被收购公司股东承诺出售的股份数额超过预定收购的股份数额的，收购人按比例进行收购。

第六十六条 依照前条规定发出收购要约，收购人必须公告上市公司收购报告书，并载明下列事项：

（一）收购人的名称、住所；

（二）收购人关于收购的决定；

（三）被收购的上市公司名称；

（四）收购目的；

（五）收购股份的详细名称和预定收购的股份数额；

（六）收购期限、收购价格；

（七）收购所需资金额及资金保证；

（八）公告上市公司收购报告书时持有被收购公司股份数占该公司已发行的股份总数的比例。

第六十七条 收购要约约定的收购期限不得少于三十日，并不得超过六十日。

第六十八条 在收购要约确定的承诺期限内，收购人不得撤销其收购要约。收购人需要变更收购要约的，应当及时公告，载明具体变更事项，且不得存在下列情形：

（一）降低收购价格；

（二）减少预定收购股份数额；

（三）缩短收购期限；

（四）国务院证券监督管理机构规定的其他情形。

第六十九条 收购要约提出的各项收购条件，适用于被收购公司的所有股东。

上市公司发行不同种类股份的，收购人可以针对不同种类股份提出不同的收购条件。

第七十条　采取要约收购方式的，收购人在收购期限内，不得卖出被收购公司的股票，也不得采取要约规定以外的形式和超出要约的条件买入被收购公司的股票。

第七十一条　采取协议收购方式的，收购人可以依照法律、行政法规的规定同被收购公司的股东以协议方式进行股份转让。

以协议方式收购上市公司时，达成协议后，收购人必须在三日内将该收购协议向国务院证券监督管理机构及证券交易所作出书面报告，并予公告。

在公告前不得履行收购协议。

第七十二条　采取协议收购方式的，协议双方可以临时委托证券登记结算机构保管协议转让的股票，并将资金存放于指定的银行。

第七十三条　采取协议收购方式的，收购人收购或者通过协议、其他安排与他人共同收购一个上市公司已发行的有表决权股份达到百分之三十时，继续进行收购的，应当依法向该上市公司所有股东发出收购上市公司全部或者部分股份的要约。但是，按照国务院证券监督管理机构的规定免除发出要约的除外。

收购人依照前款规定以要约方式收购上市公司股份，应当遵守本法第六十五条第二款、第六十六条至第七十条的规定。

第七十四条　收购期限届满，被收购公司股权分布不符合证券交易所规定的上市交易要求的，该上市公司的股票应当由证券交易所依法终止上市交易；其余仍持有被收购公司股票的股东，有权向收购人以收购要约的同等条件出售其股票，收购人应当收购。

收购行为完成后，被收购公司不再具备股份有限公司条件的，应当依法变更企业形式。

第七十五条　在上市公司收购中，收购人持有的被收购的上市公司的股票，在收购行为完成后的十八个月内不得转让。

第七十六条　收购行为完成后，收购人与被收购公司合并，并将该公司解散，被解散公司的原有股票由收购人依法更换。

收购行为完成后，收购人应当在十五日内将收购情况报告国务院证券监督管理机构和证券交易所，并予公告。

第七十七条 国务院证券监督管理机构依照本法制定上市公司收购的具体办法。

上市公司分立或者被其他公司合并,应当向国务院证券监督管理机构报告,并予公告。

第五章 信息披露

第七十八条 发行人及法律、行政法规和国务院证券监督管理机构规定的其他信息披露义务人,应当及时依法履行信息披露义务。

信息披露义务人披露的信息,应当真实、准确、完整,简明清晰、通俗易懂,不得有虚假记载、误导性陈述或者重大遗漏。

证券同时在境内境外公开发行、交易的,其信息披露义务人在境外披露的信息,应当在境内同时披露。

第七十九条 上市公司、公司债券上市交易的公司、股票在国务院批准的其他全国性证券交易场所交易的公司,应当按照国务院证券监督管理机构和证券交易场所规定的内容和格式编制定期报告,并按照以下规定报送和公告:

(一)在每一会计年度结束之日起四个月内,报送并公告年度报告,其中的年度财务会计报告应当经符合本法规定的会计师事务所审计;

(二)在每一会计年度的上半年结束之日起二个月内,报送并公告中期报告。

第八十条 发生可能对上市公司、股票在国务院批准的其他全国性证券交易场所交易的公司的股票交易价格产生较大影响的重大事件,投资者尚未得知时,公司应当立即将有关该重大事件的情况向国务院证券监督管理机构和证券交易场所报送临时报告,并予公告,说明事件的起因、目前的状态和可能产生的法律后果。

前款所称重大事件包括:

(一)公司的经营方针和经营范围的重大变化;

(二)公司的重大投资行为,公司在一年内购买、出售重大资产

超过公司资产总额百分之三十,或者公司营业用主要资产的抵押、质押、出售或者报废一次超过该资产的百分之三十;

(三)公司订立重要合同、提供重大担保或者从事关联交易,可能对公司的资产、负债、权益和经营成果产生重要影响;

(四)公司发生重大债务和未能清偿到期重大债务的违约情况;

(五)公司发生重大亏损或者重大损失;

(六)公司生产经营的外部条件发生的重大变化;

(七)公司的董事、三分之一以上监事或者经理发生变动,董事长或者经理无法履行职责;

(八)持有公司百分之五以上股份的股东或者实际控制人持有股份或者控制公司的情况发生较大变化,公司的实际控制人及其控制的其他企业从事与公司相同或者相似业务的情况发生较大变化;

(九)公司分配股利、增资的计划,公司股权结构的重要变化,公司减资、合并、分立、解散及申请破产的决定,或者依法进入破产程序、被责令关闭;

(十)涉及公司的重大诉讼、仲裁、股东大会、董事会决议被依法撤销或者宣告无效;

(十一)公司涉嫌犯罪被依法立案调查,公司的控股股东、实际控制人、董事、监事、高级管理人员涉嫌犯罪被依法采取强制措施;

(十二)国务院证券监督管理机构规定的其他事项。

公司的控股股东或者实际控制人对重大事件的发生、进展产生较大影响的,应当及时将其知悉的有关情况书面告知公司,并配合公司履行信息披露义务。

第八十一条 发生可能对上市交易公司债券的交易价格产生较大影响的重大事件,投资者尚未得知时,公司应当立即将有关该重大事件的情况向国务院证券监督管理机构和证券交易场所报送临时报告,并予公告,说明事件的起因、目前的状态和可能产生的法律后果。

前款所称重大事件包括:

(一)公司股权结构或者生产经营状况发生重大变化;

(二)公司债券信用评级发生变化;

（三）公司重大资产抵押、质押、出售、转让、报废；

（四）公司发生未能清偿到期债务的情况；

（五）公司新增借款或者对外提供担保超过上年末净资产的百分之二十；

（六）公司放弃债权或者财产超过上年末净资产的百分之十；

（七）公司发生超过上年末净资产百分之十的重大损失；

（八）公司分配股利，作出减资、合并、分立、解散及申请破产的决定，或者依法进入破产程序、被责令关闭；

（九）涉及公司的重大诉讼、仲裁；

（十）公司涉嫌犯罪被依法立案调查，公司的控股股东、实际控制人、董事、监事、高级管理人员涉嫌犯罪被依法采取强制措施；

（十一）国务院证券监督管理机构规定的其他事项。

第八十二条 发行人的董事、高级管理人员应当对证券发行文件和定期报告签署书面确认意见。

发行人的监事会应当对董事会编制的证券发行文件和定期报告进行审核并提出书面审核意见。监事应当签署书面确认意见。

发行人的董事、监事和高级管理人员应当保证发行人及时、公平地披露信息，所披露的信息真实、准确、完整。

董事、监事和高级管理人员无法保证证券发行文件和定期报告内容的真实性、准确性、完整性或者有异议的，应当在书面确认意见中发表意见并陈述理由，发行人应当披露。发行人不予披露的，董事、监事和高级管理人员可以直接申请披露。

第八十三条 信息披露义务人披露的信息应当同时向所有投资者披露，不得提前向任何单位和个人泄露。但是，法律、行政法规另有规定的除外。

任何单位和个人不得非法要求信息披露义务人提供依法需要披露但尚未披露的信息。任何单位和个人提前获知的前述信息，在依法披露前应当保密。

第八十四条 除依法需要披露的信息之外，信息披露义务人可以自愿披露与投资者作出价值判断和投资决策有关的信息，但不得与依法披露的信息相冲突，不得误导投资者。

发行人及其控股股东、实际控制人、董事、监事、高级管理人员等作出公开承诺的，应当披露。不履行承诺给投资者造成损失的，应当依法承担赔偿责任。

第八十五条 信息披露义务人未按照规定披露信息，或者公告的证券发行文件、定期报告、临时报告及其他信息披露资料存在虚假记载、误导性陈述或者重大遗漏，致使投资者在证券交易中遭受损失的，信息披露义务人应当承担赔偿责任；发行人的控股股东、实际控制人、董事、监事、高级管理人员和其他直接责任人员以及保荐人、承销的证券公司及其直接责任人员，应当与发行人承担连带赔偿责任，但是能够证明自己没有过错的除外。

第八十六条 依法披露的信息，应当在证券交易场所的网站和符合国务院证券监督管理机构规定条件的媒体发布，同时将其置备于公司住所、证券交易场所，供社会公众查阅。

第八十七条 国务院证券监督管理机构对信息披露义务人的信息披露行为进行监督管理。

证券交易场所应当对其组织交易的证券的信息披露义务人的信息披露行为进行监督，督促其依法及时、准确地披露信息。

第六章 投资者保护

第八十八条 证券公司向投资者销售证券、提供服务时，应当按照规定充分了解投资者的基本情况、财产状况、金融资产状况、投资知识和经验、专业能力等相关信息；如实说明证券、服务的重要内容，充分揭示投资风险；销售、提供与投资者上述状况相匹配的证券、服务。

投资者在购买证券或者接受服务时，应当按照证券公司明示的要求提供前款所列真实信息。拒绝提供或者未按照要求提供信息的，证券公司应当告知其后果，并按照规定拒绝向其销售证券、提供服务。

证券公司违反第一款规定导致投资者损失的，应当承担相应的赔偿责任。

第八十九条 根据财产状况、金融资产状况、投资知识和经验、专业能力等因素，投资者可以分为普通投资者和专业投资者。专业投资者的标准由国务院证券监督管理机构规定。

普通投资者与证券公司发生纠纷的，证券公司应当证明其行为符合法律、行政法规以及国务院证券监督管理机构的规定，不存在误导、欺诈等情形。证券公司不能证明的，应当承担相应的赔偿责任。

第九十条 上市公司董事会、独立董事、持有百分之一以上有表决权股份的股东或者依照法律、行政法规或者国务院证券监督管理机构的规定设立的投资者保护机构（以下简称投资者保护机构），可以作为征集人，自行或者委托证券公司、证券服务机构，公开请求上市公司股东委托其代为出席股东大会，并代为行使提案权、表决权等股东权利。

依照前款规定征集股东权利的，征集人应当披露征集文件，上市公司应当予以配合。

禁止以有偿或者变相有偿的方式公开征集股东权利。

公开征集股东权利违反法律、行政法规或者国务院证券监督管理机构有关规定，导致上市公司或者其股东遭受损失的，应当依法承担赔偿责任。

第九十一条 上市公司应当在章程中明确分配现金股利的具体安排和决策程序，依法保障股东的资产收益权。

上市公司当年税后利润，在弥补亏损及提取法定公积金后有盈余的，应当按照公司章程的规定分配现金股利。

第九十二条 公开发行公司债券的，应当设立债券持有人会议，并应当在募集说明书中说明债券持有人会议的召集程序、会议规则和其他重要事项。

公开发行公司债券的，发行人应当为债券持有人聘请债券受托管理人，并订立债券受托管理协议。受托管理人应当由本次发行的承销机构或者其他经国务院证券监督管理机构认可的机构担任，债券持有人会议可以决议变更债券受托管理人。债券受托管理人应当勤勉尽责，公正履行受托管理职责，不得损害债券持有人利益。

债券发行人未能按期兑付债券本息的，债券受托管理人可以接受全部或者部分债券持有人的委托，以自己名义代表债券持有人提起、参加民事诉讼或者清算程序。

第九十三条 发行人因欺诈发行、虚假陈述或者其他重大违法行为给投资者造成损失的，发行人的控股股东、实际控制人、相关的证券公司可以委托投资者保护机构，就赔偿事宜与受到损失的投资者达成协议，予以先行赔付。先行赔付后，可以依法向发行人以及其他连带责任人追偿。

第九十四条 投资者与发行人、证券公司等发生纠纷的，双方可以向投资者保护机构申请调解。普通投资者与证券公司发生证券业务纠纷，普通投资者提出调解请求的，证券公司不得拒绝。

投资者保护机构对损害投资者利益的行为，可以依法支持投资者向人民法院提起诉讼。

发行人的董事、监事、高级管理人员执行公司职务时违反法律、行政法规或者公司章程的规定给公司造成损失，发行人的控股股东、实际控制人等侵犯公司合法权益给公司造成损失，投资者保护机构持有该公司股份的，可以为公司的利益以自己的名义向人民法院提起诉讼，持股比例和持股期限不受《中华人民共和国公司法》规定的限制。

第九十五条 投资者提起虚假陈述等证券民事赔偿诉讼时，诉讼标的是同一种类，且当事人一方人数众多的，可以依法推选代表人进行诉讼。

对按照前款规定提起的诉讼，可能存在有相同诉讼请求的其他众多投资者的，人民法院可以发出公告，说明该诉讼请求的案件情况，通知投资者在一定期间向人民法院登记。人民法院作出的判决、裁定，对参加登记的投资者发生效力。

投资者保护机构受五十名以上投资者委托，可以作为代表人参加诉讼，并为经证券登记结算机构确认的权利人依照前款规定向人民法院登记，但投资者明确表示不愿意参加该诉讼的除外。

第七章　证券交易场所

第九十六条　证券交易所、国务院批准的其他全国性证券交易场所为证券集中交易提供场所和设施，组织和监督证券交易，实行自律管理，依法登记，取得法人资格。

证券交易所、国务院批准的其他全国性证券交易场所的设立、变更和解散由国务院决定。

国务院批准的其他全国性证券交易场所的组织机构、管理办法等，由国务院规定。

第九十七条　证券交易所、国务院批准的其他全国性证券交易场所可以根据证券品种、行业特点、公司规模等因素设立不同的市场层次。

第九十八条　按照国务院规定设立的区域性股权市场为非公开发行证券的发行、转让提供场所和设施，具体管理办法由国务院规定。

第九十九条　证券交易所履行自律管理职能，应当遵守社会公共利益优先原则，维护市场的公平、有序、透明。

设立证券交易所必须制定章程。证券交易所章程的制定和修改，必须经国务院证券监督管理机构批准。

第一百条　证券交易所必须在其名称中标明证券交易所字样。其他任何单位或者个人不得使用证券交易所或者近似的名称。

第一百零一条　证券交易所可以自行支配的各项费用收入，应当首先用于保证其证券交易场所和设施的正常运行并逐步改善。

实行会员制的证券交易所的财产积累归会员所有，其权益由会员共同享有，在其存续期间，不得将其财产积累分配给会员。

第一百零二条　实行会员制的证券交易所设理事会、监事会。

证券交易所设总经理一人，由国务院证券监督管理机构任免。

第一百零三条　有《中华人民共和国公司法》第一百四十六条

规定的情形或者下列情形之一的,不得担任证券交易所的负责人:

(一)因违法行为或者违纪行为被解除职务的证券交易场所、证券登记结算机构的负责人或者证券公司的董事、监事、高级管理人员,自被解除职务之日起未逾五年;

(二)因违法行为或者违纪行为被吊销执业证书或者被取消资格的律师、注册会计师或者其他证券服务机构的专业人员,自被吊销执业证书或者被取消资格之日起未逾五年。

第一百零四条 因违法行为或者违纪行为被开除的证券交易场所、证券公司、证券登记结算机构、证券服务机构的从业人员和被开除的国家机关工作人员,不得招聘为证券交易所的从业人员。

第一百零五条 进入实行会员制的证券交易所参与集中交易的,必须是证券交易所的会员。证券交易所不得允许非会员直接参与股票的集中交易。

第一百零六条 投资者应当与证券公司签订证券交易委托协议,并在证券公司实名开立账户,以书面、电话、自助终端、网络等方式,委托该证券公司代其买卖证券。

第一百零七条 证券公司为投资者开立账户,应当按照规定对投资者提供的身份信息进行核对。

证券公司不得将投资者的账户提供给他人使用。

投资者应当使用实名开立的账户进行交易。

第一百零八条 证券公司根据投资者的委托,按照证券交易规则提出交易申报,参与证券交易所场内的集中交易,并根据成交结果承担相应的清算交收责任。证券登记结算机构根据成交结果,按照清算交收规则,与证券公司进行证券和资金的清算交收,并为证券公司客户办理证券的登记过户手续。

第一百零九条 证券交易所应当为组织公平的集中交易提供保障,实时公布证券交易即时行情,并按交易日制作证券市场行情表,予以公布。

证券交易即时行情的权益由证券交易所依法享有。未经证券交易所许可,任何单位和个人不得发布证券交易即时行情。

第一百一十条　上市公司可以向证券交易所申请其上市交易股票的停牌或者复牌，但不得滥用停牌或者复牌损害投资者的合法权益。

　　证券交易所可以按照业务规则的规定，决定上市交易股票的停牌或者复牌。

　　第一百一十一条　因不可抗力、意外事件、重大技术故障、重大人为差错等突发性事件而影响证券交易正常进行时，为维护证券交易正常秩序和市场公平，证券交易所可以按照业务规则采取技术性停牌、临时停市等处置措施，并应当及时向国务院证券监督管理机构报告。

　　因前款规定的突发性事件导致证券交易结果出现重大异常，按交易结果进行交收将对证券交易正常秩序和市场公平造成重大影响的，证券交易所按照业务规则可以采取取消交易、通知证券登记结算机构暂缓交收等措施，并应当及时向国务院证券监督管理机构报告并公告。

　　证券交易所对其依照本条规定采取措施造成的损失，不承担民事赔偿责任，但存在重大过错的除外。

　　第一百一十二条　证券交易所对证券交易实行实时监控，并按照国务院证券监督管理机构的要求，对异常的交易情况提出报告。

　　证券交易所根据需要，可以按照业务规则对出现重大异常交易情况的证券账户的投资者限制交易，并及时报告国务院证券监督管理机构。

　　第一百一十三条　证券交易所应当加强对证券交易的风险监测，出现重大异常波动的，证券交易所可以按照业务规则采取限制交易、强制停牌等处置措施，并向国务院证券监督管理机构报告；严重影响证券市场稳定的，证券交易所可以按照业务规则采取临时停市等处置措施并公告。

　　证券交易所对其依照本条规定采取措施造成的损失，不承担民事赔偿责任，但存在重大过错的除外。

　　第一百一十四条　证券交易所应当从其收取的交易费用和会员费、席位费中提取一定比例的金额设立风险基金。风险基金由证券交易所理事会管理。

风险基金提取的具体比例和使用办法,由国务院证券监督管理机构会同国务院财政部门规定。

证券交易所应当将收存的风险基金存入开户银行专门账户,不得擅自使用。

第一百一十五条 证券交易所依照法律、行政法规和国务院证券监督管理机构的规定,制定上市规则、交易规则、会员管理规则和其他有关业务规则,并报国务院证券监督管理机构批准。

在证券交易所从事证券交易,应当遵守证券交易所依法制定的业务规则。违反业务规则的,由证券交易所给予纪律处分或者采取其他自律管理措施。

第一百一十六条 证券交易所的负责人和其他从业人员执行与证券交易有关的职务时,与其本人或者其亲属有利害关系的,应当回避。

第一百一十七条 按照依法制定的交易规则进行的交易,不得改变其交易结果,但本法第一百一十一条第二款规定的除外。对交易中违规交易者应负的民事责任不得免除;在违规交易中所获利益,依照有关规定处理。

第八章 证券公司

第一百一十八条 设立证券公司,应当具备下列条件,并经国务院证券监督管理机构批准:

(一) 有符合法律、行政法规规定的公司章程;

(二) 主要股东及公司的实际控制人具有良好的财务状况和诚信记录,最近三年无重大违法违规记录;

(三) 有符合本法规定的公司注册资本;

(四) 董事、监事、高级管理人员、从业人员符合本法规定的条件;

(五) 有完善的风险管理与内部控制制度;

(六) 有合格的经营场所、业务设施和信息技术系统;

（七）法律、行政法规和经国务院批准的国务院证券监督管理机构规定的其他条件。

未经国务院证券监督管理机构批准，任何单位和个人不得以证券公司名义开展证券业务活动。

第一百一十九条 国务院证券监督管理机构应当自受理证券公司设立申请之日起六个月内，依照法定条件和法定程序并根据审慎监管原则进行审查，作出批准或者不予批准的决定，并通知申请人；不予批准的，应当说明理由。

证券公司设立申请获得批准的，申请人应当在规定的期限内向公司登记机关申请设立登记，领取营业执照。

证券公司应当自领取营业执照之日起十五日内，向国务院证券监督管理机构申请经营证券业务许可证。未取得经营证券业务许可证，证券公司不得经营证券业务。

第一百二十条 经国务院证券监督管理机构核准，取得经营证券业务许可证，证券公司可以经营下列部分或者全部证券业务：

（一）证券经纪；

（二）证券投资咨询；

（三）与证券交易、证券投资活动有关的财务顾问；

（四）证券承销与保荐；

（五）证券融资融券；

（六）证券做市交易；

（七）证券自营；

（八）其他证券业务。

国务院证券监督管理机构应当自受理前款规定事项申请之日起三个月内，依照法定条件和程序进行审查，作出核准或者不予核准的决定，并通知申请人；不予核准的，应当说明理由。

证券公司经营证券资产管理业务的，应当符合《中华人民共和国证券投资基金法》等法律、行政法规的规定。

除证券公司外，任何单位和个人不得从事证券承销、证券保荐、证券经纪和证券融资融券业务。

证券公司从事证券融资融券业务,应当采取措施,严格防范和控制风险,不得违反规定向客户出借资金或者证券。

第一百二十一条 证券公司经营本法第一百二十条第一款第(一)项至第(三)项业务的,注册资本最低限额为人民币五千万元;经营第(四)项至第(八)项业务之一的,注册资本最低限额为人民币一亿元;经营第(四)项至第(八)项业务中两项以上的,注册资本最低限额为人民币五亿元。证券公司的注册资本应当是实缴资本。

国务院证券监督管理机构根据审慎监管原则和各项业务的风险程度,可以调整注册资本最低限额,但不得少于前款规定的限额。

第一百二十二条 证券公司变更证券业务范围,变更主要股东或者公司的实际控制人,合并、分立、停业、解散、破产,应当经国务院证券监督管理机构核准。

第一百二十三条 国务院证券监督管理机构应当对证券公司净资本和其他风险控制指标作出规定。

证券公司除依照规定为其客户提供融资融券外,不得为其股东或者股东的关联人提供融资或者担保。

第一百二十四条 证券公司的董事、监事、高级管理人员,应当正直诚实、品行良好,熟悉证券法律、行政法规,具有履行职责所需的经营管理能力。证券公司任免董事、监事、高级管理人员,应当报国务院证券监督管理机构备案。

有《中华人民共和国公司法》第一百四十六条规定的情形或者下列情形之一的,不得担任证券公司的董事、监事、高级管理人员:

(一)因违法行为或者违纪行为被解除职务的证券交易场所、证券登记结算机构的负责人或者证券公司的董事、监事、高级管理人员,自被解除职务之日起未逾五年;

(二)因违法行为或者违纪行为被吊销执业证书或者被取消资格的律师、注册会计师或者其他证券服务机构的专业人员,自被吊销执业证书或者被取消资格之日起未逾五年。

第一百二十五条 证券公司从事证券业务的人员应当品行良好，具备从事证券业务所需的专业能力。

因违法行为或者违纪行为被开除的证券交易场所、证券公司、证券登记结算机构、证券服务机构的从业人员和被开除的国家机关工作人员，不得招聘为证券公司的从业人员。

国家机关工作人员和法律、行政法规规定的禁止在公司中兼职的其他人员，不得在证券公司中兼任职务。

第一百二十六条 国家设立证券投资者保护基金。证券投资者保护基金由证券公司缴纳的资金及其他依法筹集的资金组成，其规模以及筹集、管理和使用的具体办法由国务院规定。

第一百二十七条 证券公司从每年的业务收入中提取交易风险准备金，用于弥补证券经营的损失，其提取的具体比例由国务院证券监督管理机构会同国务院财政部门规定。

第一百二十八条 证券公司应当建立健全内部控制制度，采取有效隔离措施，防范公司与客户之间、不同客户之间的利益冲突。

证券公司必须将其证券经纪业务、证券承销业务、证券自营业务、证券做市业务和证券资产管理业务分开办理，不得混合操作。

第一百二十九条 证券公司的自营业务必须以自己的名义进行，不得假借他人名义或者个人名义进行。

证券公司的自营业务必须使用自有资金和依法筹集的资金。

证券公司不得将其自营账户借给他人使用。

第一百三十条 证券公司应当依法审慎经营，勤勉尽责，诚实守信。

证券公司的业务活动，应当与其治理结构、内部控制、合规管理、风险管理以及风险控制指标、从业人员构成等情况相适应，符合审慎监管和保护投资者合法权益的要求。

证券公司依法享有自主经营的权利，其合法经营不受干涉。

第一百三十一条 证券公司客户的交易结算资金应当存放在商业银行，以每个客户的名义单独立户管理。

证券公司不得将客户的交易结算资金和证券归入其自有财产。

禁止任何单位或者个人以任何形式挪用客户的交易结算资金和证券。证券公司破产或者清算时，客户的交易结算资金和证券不属于其破产财产或者清算财产。非因客户本身的债务或者法律规定的其他情形，不得查封、冻结、扣划或者强制执行客户的交易结算资金和证券。

第一百三十二条 证券公司办理经纪业务，应当置备统一制定的证券买卖委托书，供委托人使用。采取其他委托方式的，必须作出委托记录。

客户的证券买卖委托，不论是否成交，其委托记录应当按照规定的期限，保存于证券公司。

第一百三十三条 证券公司接受证券买卖的委托，应当根据委托书载明的证券名称、买卖数量、出价方式、价格幅度等，按照交易规则代理买卖证券，如实进行交易记录；买卖成交后，应当按照规定制作买卖成交报告单交付客户。

证券交易中确认交易行为及其交易结果的对账单必须真实，保证账面证券余额与实际持有的证券相一致。

第一百三十四条 证券公司办理经纪业务，不得接受客户的全权委托而决定证券买卖、选择证券种类、决定买卖数量或者买卖价格。

证券公司不得允许他人以证券公司的名义直接参与证券的集中交易。

第一百三十五条 证券公司不得对客户证券买卖的收益或者赔偿证券买卖的损失作出承诺。

第一百三十六条 证券公司的从业人员在证券交易活动中，执行所属的证券公司的指令或者利用职务违反交易规则的，由所属的证券公司承担全部责任。

证券公司的从业人员不得私下接受客户委托买卖证券。

第一百三十七条 证券公司应当建立客户信息查询制度，确保客户能够查询其账户信息、委托记录、交易记录以及其他与接受服务或者购买产品有关的重要信息。

证券公司应当妥善保存客户开户资料、委托记录、交易记录和与内部管理、业务经营有关的各项信息，任何人不得隐匿、伪造、篡改或者毁损。上述信息的保存期限不得少于二十年。

第一百三十八条 证券公司应当按照规定向国务院证券监督管理机构报送业务、财务等经营管理信息和资料。国务院证券监督管理机构有权要求证券公司及其主要股东、实际控制人在指定的期限内提供有关信息、资料。

证券公司及其主要股东、实际控制人向国务院证券监督管理机构报送或者提供的信息、资料，必须真实、准确、完整。

第一百三十九条 国务院证券监督管理机构认为有必要时，可以委托会计师事务所、资产评估机构对证券公司的财务状况、内部控制状况、资产价值进行审计或者评估。具体办法由国务院证券监督管理机构会同有关主管部门制定。

第一百四十条 证券公司的治理结构、合规管理、风险控制指标不符合规定的，国务院证券监督管理机构应当责令其限期改正；逾期未改正，或者其行为严重危及该证券公司的稳健运行、损害客户合法权益的，国务院证券监督管理机构可以区别情形，对其采取下列措施：

（一）限制业务活动，责令暂停部分业务，停止核准新业务；

（二）限制分配红利，限制向董事、监事、高级管理人员支付报酬、提供福利；

（三）限制转让财产或者在财产上设定其他权利；

（四）责令更换董事、监事、高级管理人员或者限制其权利；

（五）撤销有关业务许可；

（六）认定负有责任的董事、监事、高级管理人员为不适当人选；

（七）责令负有责任的股东转让股权，限制负有责任的股东行使股东权利。

证券公司整改后，应当向国务院证券监督管理机构提交报告。国务院证券监督管理机构经验收，治理结构、合规管理、风险控制指标符合规定的，应当自验收完毕之日起三日内解除对其采取的前款规定的有关限制措施。

第一百四十一条 证券公司的股东有虚假出资、抽逃出资行为的，国务院证券监督管理机构应当责令其限期改正，并可责令其转让所持证券公司的股权。

在前款规定的股东按照要求改正违法行为、转让所持证券公司的股权前，国务院证券监督管理机构可以限制其股东权利。

第一百四十二条 证券公司的董事、监事、高级管理人员未能勤勉尽责，致使证券公司存在重大违法违规行为或者重大风险的，国务院证券监督管理机构可以责令证券公司予以更换。

第一百四十三条 证券公司违法经营或者出现重大风险，严重危害证券市场秩序、损害投资者利益的，国务院证券监督管理机构可以对该证券公司采取责令停业整顿、指定其他机构托管、接管或者撤销等监管措施。

第一百四十四条 在证券公司被责令停业整顿、被依法指定托管、接管或者清算期间，或者出现重大风险时，经国务院证券监督管理机构批准，可以对该证券公司直接负责的董事、监事、高级管理人员和其他直接责任人员采取以下措施：

（一）通知出境入境管理机关依法阻止其出境；

（二）申请司法机关禁止其转移、转让或者以其他方式处分财产，或者在财产上设定其他权利。

第九章　证券登记结算机构

第一百四十五条 证券登记结算机构为证券交易提供集中登记、存管与结算服务，不以营利为目的，依法登记，取得法人资格。

设立证券登记结算机构必须经国务院证券监督管理机构批准。

第一百四十六条 设立证券登记结算机构，应当具备下列条件：

（一）自有资金不少于人民币二亿元；

（二）具有证券登记、存管和结算服务所必须的场所和设施；

（三）国务院证券监督管理机构规定的其他条件。

证券登记结算机构的名称中应当标明证券登记结算字样。

第一百四十七条 证券登记结算机构履行下列职能：

（一）证券账户、结算账户的设立；

（二）证券的存管和过户；

（三）证券持有人名册登记；

（四）证券交易的清算和交收；

（五）受发行人的委托派发证券权益；

（六）办理与上述业务有关的查询、信息服务；

（七）国务院证券监督管理机构批准的其他业务。

第一百四十八条 在证券交易所和国务院批准的其他全国性证券交易场所交易的证券的登记结算，应当采取全国集中统一的运营方式。

前款规定以外的证券，其登记、结算可以委托证券登记结算机构或者其他依法从事证券登记、结算业务的机构办理。

第一百四十九条 证券登记结算机构应当依法制定章程和业务规则，并经国务院证券监督管理机构批准。证券登记结算业务参与人应当遵守证券登记结算机构制定的业务规则。

第一百五十条 在证券交易所或者国务院批准的其他全国性证券交易场所交易的证券，应当全部存管在证券登记结算机构。

证券登记结算机构不得挪用客户的证券。

第一百五十一条 证券登记结算机构应当向证券发行人提供证券持有人名册及有关资料。

证券登记结算机构应当根据证券登记结算的结果，确认证券持有人持有证券的事实，提供证券持有人登记资料。

证券登记结算机构应当保证证券持有人名册和登记过户记录真实、准确、完整，不得隐匿、伪造、篡改或者毁损。

第一百五十二条 证券登记结算机构应当采取下列措施保证业务的正常进行：

（一）具有必备的服务设备和完善的数据安全保护措施；

（二）建立完善的业务、财务和安全防范等管理制度；

（三）建立完善的风险管理系统。

第一百五十三条 证券登记结算机构应当妥善保存登记、存管和结算的原始凭证及有关文件和资料。其保存期限不得少于二十年。

第一百五十四条 证券登记结算机构应当设立证券结算风险基金，用于垫付或者弥补因违约交收、技术故障、操作失误、不可抗力造成的证券登记结算机构的损失。

证券结算风险基金从证券登记结算机构的业务收入和收益中提取，并可以由结算参与人按照证券交易业务量的一定比例缴纳。

证券结算风险基金的筹集、管理办法，由国务院证券监督管理机构会同国务院财政部门规定。

第一百五十五条 证券结算风险基金应当存入指定银行的专门账户，实行专项管理。

证券登记结算机构以证券结算风险基金赔偿后，应当向有关责任人追偿。

第一百五十六条 证券登记结算机构申请解散，应当经国务院证券监督管理机构批准。

第一百五十七条 投资者委托证券公司进行证券交易，应当通过证券公司申请在证券登记结算机构开立证券账户。证券登记结算机构应当按照规定为投资者开立证券账户。

投资者申请开立账户，应当持有证明中华人民共和国公民、法人、合伙企业身份的合法证件。国家另有规定的除外。

第一百五十八条 证券登记结算机构作为中央对手方提供证券结算服务的，是结算参与人共同的清算交收对手，进行净额结算，为证券交易提供集中履约保障。

证券登记结算机构为证券交易提供净额结算服务时，应当要求结算参与人按照货银对付的原则，足额交付证券和资金，并提供交收担保。

在交收完成之前，任何人不得动用用于交收的证券、资金和担保物。

结算参与人未按时履行交收义务的,证券登记结算机构有权按照业务规则处理前款所述财产。

第一百五十九条 证券登记结算机构按照业务规则收取的各类结算资金和证券,必须存放于专门的清算交收账户,只能按业务规则用于已成交的证券交易的清算交收,不得被强制执行。

第十章 证券服务机构

第一百六十条 会计师事务所、律师事务所以及从事证券投资咨询、资产评估、资信评级、财务顾问、信息技术系统服务的证券服务机构,应当勤勉尽责、恪尽职守,按照相关业务规则为证券的交易及相关活动提供服务。

从事证券投资咨询服务业务,应当经国务院证券监督管理机构核准;未经核准,不得为证券的交易及相关活动提供服务。从事其他证券服务业务,应当报国务院证券监督管理机构和国务院有关主管部门备案。

第一百六十一条 证券投资咨询机构及其从业人员从事证券服务业务不得有下列行为:

(一)代理委托人从事证券投资;

(二)与委托人约定分享证券投资收益或者分担证券投资损失;

(三)买卖本证券投资咨询机构提供服务的证券;

(四)法律、行政法规禁止的其他行为。

有前款所列行为之一,给投资者造成损失的,应当依法承担赔偿责任。

第一百六十二条 证券服务机构应当妥善保存客户委托文件、核查和验证资料、工作底稿以及与质量控制、内部管理、业务经营有关的信息和资料,任何人不得泄露、隐匿、伪造、篡改或者毁损。上述信息和资料的保存期限不得少于十年,自业务委托结束之日起算。

第一百六十三条 证券服务机构为证券的发行、上市、交易等证券业务活动制作、出具审计报告及其他鉴证报告、资产评估报告、财务顾问报告、资信评级报告或者法律意见书等文件，应当勤勉尽责，对所依据的文件资料内容的真实性、准确性、完整性进行核查和验证。其制作、出具的文件有虚假记载、误导性陈述或者重大遗漏，给他人造成损失的，应当与委托人承担连带赔偿责任，但是能够证明自己没有过错的除外。

第十一章　证券业协会

第一百六十四条　证券业协会是证券业的自律性组织，是社会团体法人。

证券公司应当加入证券业协会。

证券业协会的权力机构为全体会员组成的会员大会。

第一百六十五条　证券业协会章程由会员大会制定，并报国务院证券监督管理机构备案。

第一百六十六条　证券业协会履行下列职责：

（一）教育和组织会员及其从业人员遵守证券法律、行政法规，组织开展证券行业诚信建设，督促证券行业履行社会责任；

（二）依法维护会员的合法权益，向证券监督管理机构反映会员的建议和要求；

（三）督促会员开展投资者教育和保护活动，维护投资者合法权益；

（四）制定和实施证券行业自律规则，监督、检查会员及其从业人员行为，对违反法律、行政法规、自律规则或者协会章程的，按照规定给予纪律处分或者实施其他自律管理措施；

（五）制定证券行业业务规范，组织从业人员的业务培训；

（六）组织会员就证券行业的发展、运作及有关内容进行研究，收集整理、发布证券相关信息，提供会员服务，组织行业交流，引导行业创新发展；

（七）对会员之间、会员与客户之间发生的证券业务纠纷进行调解；

（八）证券业协会章程规定的其他职责。

第一百六十七条　证券业协会设理事会。理事会成员依章程的规定由选举产生。

第十二章　证券监督管理机构

第一百六十八条　国务院证券监督管理机构依法对证券市场实行监督管理，维护证券市场公开、公平、公正，防范系统性风险，维护投资者合法权益，促进证券市场健康发展。

第一百六十九条　国务院证券监督管理机构在对证券市场实施监督管理中履行下列职责：

（一）依法制定有关证券市场监督管理的规章、规则，并依法进行审批、核准、注册，办理备案；

（二）依法对证券的发行、上市、交易、登记、存管、结算等行为，进行监督管理；

（三）依法对证券发行人、证券公司、证券服务机构、证券交易场所、证券登记结算机构的证券业务活动，进行监督管理；

（四）依法制定从事证券业务人员的行为准则，并监督实施；

（五）依法监督检查证券发行、上市、交易的信息披露；

（六）依法对证券业协会的自律管理活动进行指导和监督；

（七）依法监测并防范、处置证券市场风险；

（八）依法开展投资者教育；

（九）依法对证券违法行为进行查处；

（十）法律、行政法规规定的其他职责。

第一百七十条　国务院证券监督管理机构依法履行职责，有权采取下列措施：

（一）对证券发行人、证券公司、证券服务机构、证券交易场所、证券登记结算机构进行现场检查；

（二）进入涉嫌违法行为发生场所调查取证；

（三）询问当事人和与被调查事件有关的单位和个人，要求其对与被调查事件有关的事项作出说明；或者要求其按照指定的方式报送与被调查事件有关的文件和资料；

（四）查阅、复制与被调查事件有关的财产权登记、通讯记录等文件和资料；

（五）查阅、复制当事人和与被调查事件有关的单位和个人的证券交易记录、登记过户记录、财务会计资料及其他相关文件和资料；对可能被转移、隐匿或者毁损的文件和资料，可以予以封存、扣押；

（六）查询当事人和与被调查事件有关的单位和个人的资金账户、证券账户、银行账户以及其他具有支付、托管、结算等功能的账户信息，可以对有关文件和资料进行复制；对有证据证明已经或者可能转移或者隐匿违法资金、证券等涉案财产或者隐匿、伪造、毁损重要证据的，经国务院证券监督管理机构主要负责人或者其授权的其他负责人批准，可以冻结或者查封，期限为六个月；因特殊原因需要延长的，每次延长期限不得超过三个月，冻结、查封期限最长不得超过二年；

（七）在调查操纵证券市场、内幕交易等重大证券违法行为时，经国务院证券监督管理机构主要负责人或者其授权的其他负责人批准，可以限制被调查的当事人的证券买卖，但限制的期限不得超过三个月；案情复杂的，可以延长三个月；

（八）通知出境入境管理机关依法阻止涉嫌违法人员、涉嫌违法单位的主管人员和其他直接责任人员出境。

为防范证券市场风险，维护市场秩序，国务院证券监督管理机构可以采取责令改正、监管谈话、出具警示函等措施。

第一百七十一条 国务院证券监督管理机构对涉嫌证券违法的单位或者个人进行调查期间，被调查的当事人书面申请，承诺在国务院证券监督管理机构认可的期限内纠正涉嫌违法行为，赔偿有关投资者损失，消除损害或者不良影响的，国务院证券监督管理机构可以决定中止调查。被调查的当事人履行承诺的，国务院证券监督管理机构可以决定终止调查；被调查的当事人未履行承诺或者有国务院规定的其他情形的，应当恢复调查。具体办法由国务院规定。

国务院证券监督管理机构决定中止或者终止调查的，应当按照规定公开相关信息。

第一百七十二条　国务院证券监督管理机构依法履行职责，进行监督检查或者调查，其监督检查、调查的人员不得少于二人，并应当出示合法证件和监督检查、调查通知书或者其他执法文书。监督检查、调查的人员少于二人或者未出示合法证件和监督检查、调查通知书或者其他执法文书的，被检查、调查的单位和个人有权拒绝。

第一百七十三条　国务院证券监督管理机构依法履行职责，被检查、调查的单位和个人应当配合，如实提供有关文件和资料，不得拒绝、阻碍和隐瞒。

第一百七十四条　国务院证券监督管理机构制定的规章、规则和监督管理工作制度应当依法公开。

国务院证券监督管理机构依据调查结果，对证券违法行为作出的处罚决定，应当公开。

第一百七十五条　国务院证券监督管理机构应当与国务院其他金融监督管理机构建立监督管理信息共享机制。

国务院证券监督管理机构依法履行职责，进行监督检查或者调查时，有关部门应当予以配合。

第一百七十六条　对涉嫌证券违法、违规行为，任何单位和个人有权向国务院证券监督管理机构举报。

对涉嫌重大违法、违规行为的实名举报线索经查证属实的，国务院证券监督管理机构按照规定给予举报人奖励。

国务院证券监督管理机构应当对举报人的身份信息保密。

第一百七十七条　国务院证券监督管理机构可以和其他国家或者地区的证券监督管理机构建立监督管理合作机制，实施跨境监督管理。

境外证券监督管理机构不得在中华人民共和国境内直接进行调查取证等活动。未经国务院证券监督管理机构和国务院有关主管部门同意，任何单位和个人不得擅自向境外提供与证券业务活动有关的文件和资料。

第一百七十八条 国务院证券监督管理机构依法履行职责,发现证券违法行为涉嫌犯罪的,应当依法将案件移送司法机关处理;发现公职人员涉嫌职务违法或者职务犯罪的,应当依法移送监察机关处理。

第一百七十九条 国务院证券监督管理机构工作人员必须忠于职守、依法办事、公正廉洁,不得利用职务便利牟取不正当利益,不得泄露所知悉的有关单位和个人的商业秘密。

国务院证券监督管理机构工作人员在任职期间,或者离职后在《中华人民共和国公务员法》规定的期限内,不得到与原工作业务直接相关的企业或者其他营利性组织任职,不得从事与原工作业务直接相关的营利性活动。

第十三章 法律责任

第一百八十条 违反本法第九条的规定,擅自公开或者变相公开发行证券的,责令停止发行,退还所募资金并加算银行同期存款利息,处以非法所募资金金额百分之五以上百分之五十以下的罚款;对擅自公开或者变相公开发行证券设立的公司,由依法履行监督管理职责的机构或者部门会同县级以上地方人民政府予以取缔。对直接负责的主管人员和其他直接责任人员给予警告,并处以五十万元以上五百万元以下的罚款。

第一百八十一条 发行人在其公告的证券发行文件中隐瞒重要事实或者编造重大虚假内容,尚未发行证券的,处以二百万元以上二千万元以下的罚款;已经发行证券的,处以非法所募资金金额百分之十以上一倍以下的罚款。对直接负责的主管人员和其他直接责任人员,处以一百万元以上一千万元以下的罚款。

发行人的控股股东、实际控制人组织、指使从事前款违法行为的,没收违法所得,并处以违法所得百分之十以上一倍以下的罚款;没有违法所得或者违法所得不足二千万元的,处以二百万元以上二千万元以下的罚款。对直接负责的主管人员和其他直接责任人员,处以一百万元以上一千万元以下的罚款。

第一百八十二条 保荐人出具有虚假记载、误导性陈述或者重大遗漏的保荐书,或者不履行其他法定职责的,责令改正,给予警告,没收业务收入,并处以业务收入一倍以上十倍以下的罚款;没有业务收入或者业务收入不足一百万元的,处以一百万元以上一千万元以下的罚款;情节严重的,并处暂停或者撤销保荐业务许可。对直接负责的主管人员和其他直接责任人员给予警告,并处以五十万元以上五百万元以下的罚款。

第一百八十三条 证券公司承销或者销售擅自公开发行或者变相公开发行的证券的,责令停止承销或者销售,没收违法所得,并处以违法所得一倍以上十倍以下的罚款;没有违法所得或者违法所得不足一百万元的,处以一百万元以上一千万元以下的罚款;情节严重的,并处暂停或者撤销相关业务许可。给投资者造成损失的,应当与发行人承担连带赔偿责任。对直接负责的主管人员和其他直接责任人员给予警告,并处以五十万元以上五百万元以下的罚款。

第一百八十四条 证券公司承销证券违反本法第二十九条规定的,责令改正,给予警告,没收违法所得,可以并处五十万元以上五百万元以下的罚款;情节严重的,暂停或者撤销相关业务许可。对直接负责的主管人员和其他直接责任人员给予警告,可以并处二十万元以上二百万元以下的罚款;情节严重的,并处五十万元以上五百万元以下的罚款。

第一百八十五条 发行人违反本法第十四条、第十五条的规定擅自改变公开发行证券所募集资金的用途的,责令改正,处以五十万元以上五百万元以下的罚款;对直接负责的主管人员和其他直接责任人员给予警告,并处以十万元以上一百万元以下的罚款。

发行人的控股股东、实际控制人从事或者组织、指使从事前款违法行为的,给予警告,并处以五十万元以上五百万元以下的罚款;对直接负责的主管人员和其他直接责任人员,处以十万元以上一百万元以下的罚款。

第一百八十六条 违反本法第三十六条的规定,在限制转让期内转让证券,或者转让股票不符合法律、行政法规和国务院证券监督管理机构规定的,责令改正,给予警告,没收违法所得,并处以买卖证券等值以下的罚款。

第一百八十七条 法律、行政法规规定禁止参与股票交易的人员,违反本法第四十条的规定,直接或者以化名、借他人名义持有、买卖股票或者其他具有股权性质的证券的,责令依法处理非法持有的股票、其他具有股权性质的证券,没收违法所得,并处以买卖证券等值以下的罚款;属于国家工作人员的,还应当依法给予处分。

第一百八十八条 证券服务机构及其从业人员,违反本法第四十二条的规定买卖证券的,责令依法处理非法持有的证券,没收违法所得,并处以买卖证券等值以下的罚款。

第一百八十九条 上市公司、股票在国务院批准的其他全国性证券交易场所交易的公司的董事、监事、高级管理人员、持有该公司百分之五以上股份的股东,违反本法第四十四条的规定,买卖该公司股票或者其他具有股权性质的证券的,给予警告,并处以十万元以上一百万元以下的罚款。

第一百九十条 违反本法第四十五条的规定,采取程序化交易影响证券交易所系统安全或者正常交易秩序的,责令改正,并处以五十万元以上五百万元以下的罚款。对直接负责的主管人员和其他直接责任人员给予警告,并处以十万元以上一百万元以下的罚款。

第一百九十一条 证券交易内幕信息的知情人或者非法获取内幕信息的人违反本法第五十三条的规定从事内幕交易的,责令依法处理非法持有的证券,没收违法所得,并处以违法所得一倍以上十倍以下的罚款;没有违法所得或者违法所得不足五十万元的,处以五十万元以上五百万元以下的罚款。单位从事内幕交易的,还应当对直接负责的主管人员和其他直接责任人员给予警告,并处以二十万元以上二百万元以下的罚款。国务院证券监督管理机构工作人员从事内幕交易的,从重处罚。

违反本法第五十四条的规定,利用未公开信息进行交易的,依照前款的规定处罚。

第一百九十二条 违反本法第五十五条的规定,操纵证券市场的,责令依法处理其非法持有的证券,没收违法所得,并处以违法所得一倍以上十倍以下的罚款;没有违法所得或者违法所得不足一百万元的,处以一百万元以上一千万元以下的罚款。单位操纵证券市场的,还应当对直接负责的主管人员和其他直接责任人员给予警告,并处以五十万元以上五百万元以下的罚款。

第一百九十三条 违反本法第五十六条第一款、第三款的规定,编造、传播虚假信息或者误导性信息,扰乱证券市场的,没收违法所得,并处以违法所得一倍以上十倍以下的罚款;没有违法所得或者违法所得不足二十万元的,处以二十万元以上二百万元以下的罚款。

违反本法第五十六条第二款的规定,在证券交易活动中作出虚假陈述或者信息误导的,责令改正,处以二十万元以上二百万元以下的罚款;属于国家工作人员的,还应当依法给予处分。

传播媒介及其从事证券市场信息报道的工作人员违反本法第五十六条第三款的规定,从事与其工作职责发生利益冲突的证券买卖的,没收违法所得,并处以买卖证券等值以下的罚款。

第一百九十四条 证券公司及其从业人员违反本法第五十七条的规定,有损害客户利益的行为的,给予警告,没收违法所得,并处以违法所得一倍以上十倍以下的罚款;没有违法所得或者违法所得不足十万元的,处以十万元以上一百万元以下的罚款;情节严重的,暂停或者撤销相关业务许可。

第一百九十五条 违反本法第五十八条的规定,出借自己的证券账户或者借用他人的证券账户从事证券交易的,责令改正,给予警告,可以处五十万元以下的罚款。

第一百九十六条 收购人未按照本法规定履行上市公司收购的公告、发出收购要约义务的,责令改正,给予警告,并处以五十万元以上五百万元以下的罚款。对直接负责的主管人员和其他直接责任人员给予警告,并处以二十万元以上二百万元以下的罚款。

收购人及其控股股东、实际控制人利用上市公司收购,给被收购公司及其股东造成损失的，应当依法承担赔偿责任。

第一百九十七条 信息披露义务人未按照本法规定报送有关报告或者履行信息披露义务的，责令改正，给予警告，并处以五十万元以上五百万元以下的罚款；对直接负责的主管人员和其他直接责任人员给予警告，并处以二十万元以上二百万元以下的罚款。发行人的控股股东、实际控制人组织、指使从事上述违法行为，或者隐瞒相关事项导致发生上述情形的，处以五十万元以上五百万元以下的罚款；对直接负责的主管人员和其他直接责任人员，处以二十万元以上二百万元以下的罚款。

信息披露义务人报送的报告或者披露的信息有虚假记载、误导性陈述或者重大遗漏的，责令改正，给予警告，并处以一百万元以上一千万元以下的罚款；对直接负责的主管人员和其他直接责任人员给予警告，并处以五十万元以上五百万元以下的罚款。发行人的控股股东、实际控制人组织、指使从事上述违法行为，或者隐瞒相关事项导致发生上述情形的，处以一百万元以上一千万元以下的罚款；对直接负责的主管人员和其他直接责任人员，处以五十万元以上五百万元以下的罚款。

第一百九十八条 证券公司违反本法第八十八条的规定未履行或者未按照规定履行投资者适当性管理义务的，责令改正，给予警告，并处以十万元以上一百万元以下的罚款。对直接负责的主管人员和其他直接责任人员给予警告，并处以二十万元以下的罚款。

第一百九十九条 违反本法第九十条的规定征集股东权利的，责令改正，给予警告，可以处五十万元以下的罚款。

第二百条 非法开设证券交易场所的，由县级以上人民政府予以取缔，没收违法所得，并处以违法所得一倍以上十倍以下的罚款；没有违法所得或者违法所得不足一百万元的，处一百万元以上一千万元以下的罚款。对直接负责的主管人员和其他直接责任人员给予警告，并处以二十万元以上二百万元以下的罚款。

证券交易所违反本法第一百零五条的规定，允许非会员直接参与股票的集中交易的，责令改正，可以并处五十万元以下的罚款。

第二百零一条 证券公司违反本法第一百零七条第一款的规定，未对投资者开立账户提供的身份信息进行核对的，责令改正，给予警告，并处以五万元以上五十万元以下的罚款。对直接负责的主管人员和其他直接责任人员给予警告，并处以十万元以下的罚款。

证券公司违反本法第一百零七条第二款的规定，将投资者的账户提供给他人使用的，责令改正，给予警告，并处以十万元以上一百万元以下的罚款。对直接负责的主管人员和其他直接责任人员给予警告，并处以二十万元以下的罚款。

第二百零二条 违反本法第一百一十八条、第一百二十条第一款、第四款的规定，擅自设立证券公司、非法经营证券业务或者未经批准以证券公司名义开展证券业务活动的，责令改正，没收违法所得，并处以违法所得一倍以上十倍以下的罚款；没有违法所得或者违法所得不足一百万元的，处以一百万元以上一千万元以下的罚款。对直接负责的主管人员和其他直接责任人员给予警告，并处以二十万元以上二百万元以下的罚款。对擅自设立的证券公司，由国务院证券监督管理机构予以取缔。

证券公司违反本法第一百二十条第五款规定提供证券融资融券服务的，没收违法所得，并处以融资融券等值以下的罚款；情节严重的，禁止其在一定期限内从事证券融资融券业务。对直接负责的主管人员和其他直接责任人员给予警告，并处以二十万元以上二百万元以下的罚款。

第二百零三条 提交虚假证明文件或者采取其他欺诈手段骗取证券公司设立许可、业务许可或者重大事项变更核准的，撤销相关许可，并处以一百万元以上一千万元以下的罚款。对直接负责的主管人员和其他直接责任人员给予警告，并处以二十万元以上二百万元以下的罚款。

第二百零四条 证券公司违反本法第一百二十二条的规定，未经核准变更证券业务范围，变更主要股东或者公司的实际控制人，合并、分立、停业、解散、破产的，责令改正，给予警告，没收违法所得，并处以违法所得一倍以上十倍以下的罚款；没有违法所得或者违法所得不足五十万元的，处以五十万元以上五百万元以下的罚款；情节严重的，并处撤销相关业务许可。对直接负责的主管人员和其他直接责任人员给予警告，并处以二十万元以上二百万元以下的罚款。

第二百零五条 证券公司违反本法第一百二十三条第二款的规定，为其股东或者股东的关联人提供融资或者担保的，责令改正，给予警告，并处以五十万元以上五百万元以下的罚款。对直接负责的主管人员和其他直接责任人员给予警告，并处以十万元以上一百万元以下的罚款。股东有过错的，在按照要求改正前，国务院证券监督管理机构可以限制其股东权利；拒不改正的，可以责令其转让所持证券公司股权。

第二百零六条 证券公司违反本法第一百二十八条的规定，未采取有效隔离措施防范利益冲突，或者未分开办理相关业务、混合操作的，责令改正，给予警告，没收违法所得，并处以违法所得一倍以上十倍以下的罚款；没有违法所得或者违法所得不足五十万元的，处以五十万元以上五百万元以下的罚款；情节严重的，并处撤销相关业务许可。对直接负责的主管人员和其他直接责任人员给予警告，并处以二十万元以上二百万元以下的罚款。

第二百零七条 证券公司违反本法第一百二十九条的规定从事证券自营业务的，责令改正，给予警告，没收违法所得，并处以违法所得一倍以上十倍以下的罚款；没有违法所得或者违法所得不足五十万元的，处以五十万元以上五百万元以下的罚款；情节严重的，并处撤销相关业务许可或者责令关闭。对直接负责的主管人员和其他直接责任人员给予警告，并处以二十万元以上二百万元以下的罚款。

第二百零八条 违反本法第一百三十一条的规定，将客户的资金和证券归入自有财产，或者挪用客户的资金和证券的，责令改正，给予警告，没收违法所得，并处以违法所得一倍以上十倍以下的罚款；没有违法所得或者违法所得不足一百万元的，处以一百万元以上一千万元以下的罚款；情节严重的，并处撤销相关业务许可或者责令关闭。对直接负责的主管人员和其他直接责任人员给予警告，并处以五十万元以上五百万元以下的罚款。

第二百零九条 证券公司违反本法第一百三十四条第一款的规定接受客户的全权委托买卖证券的，或者违反本法第一百三十五条的规定对客户的收益或者赔偿客户的损失作出承诺的，责令改正，给予警告，没收违法所得，并处以违法所得一倍以上十倍以下的罚款；没有违法所得或者违法所得不足五十万元的，处以五十万元以上五百万元以下的罚款；情节严重的，并处撤销相关业务许可。对直接负责的主管人员和其他直接责任人员给予警告，并处以二十万元以上二百万元以下的罚款。

证券公司违反本法第一百三十四条第二款的规定，允许他人以证券公司的名义直接参与证券的集中交易的，责令改正，可以并处五十万元以下的罚款。

第二百一十条 证券公司的从业人员违反本法第一百三十六条的规定，私下接受客户委托买卖证券的，责令改正，给予警告，没收违法所得，并处以违法所得一倍以上十倍以下的罚款；没有违法所得的，处以五十万元以下的罚款。

第二百一十一条 证券公司及其主要股东、实际控制人违反本法第一百三十八条的规定，未报送、提供信息和资料，或者报送、提供的信息和资料有虚假记载、误导性陈述或者重大遗漏的，责令改正，给予警告，并处以一百万元以下的罚款；情节严重的，并处撤销相关业务许可。对直接负责的主管人员和其他直接责任人员，给予警告，并处以五十万元以下的罚款。

第二百一十二条 违反本法第一百四十五条的规定，擅自设立证券登记结算机构的，由国务院证券监督管理机构予以取缔，没收违法所得，并处以违法所得一倍以上十倍以下的罚款；没有违法所得或者违法所得不足五十万元的，处以五十万元以上五百万元以下的罚款。对直接负责的主管人员和其他直接责任人员给予警告，并处以二十万元以上二百万元以下的罚款。

第二百一十三条 证券投资咨询机构违反本法第一百六十条第

二款的规定擅自从事证券服务业务，或者从事证券服务业务有本法第一百六十一条规定行为的，责令改正，没收违法所得，并处以违法所得一倍以上十倍以下的罚款；没有违法所得或者违法所得不足五十万元的，处以五十万元以上五百万元以下的罚款。对直接负责的主管人员和其他直接责任人员，给予警告，并处以二十万元以上二百万元以下的罚款。

会计师事务所、律师事务所以及从事资产评估、资信评级、财务顾问、信息技术系统服务的机构违反本法第一百六十条第二款的规定，从事证券服务业务未报备案的，责令改正，可以处二十万元以下的罚款。

证券服务机构违反本法第一百六十三条的规定，未勤勉尽责，所制作、出具的文件有虚假记载、误导性陈述或者重大遗漏的，责令改正，没收业务收入，并处以业务收入一倍以上十倍以下的罚款，没有业务收入或者业务收入不足五十万元的，处以五十万元以上五百万元以下的罚款；情节严重的，并处暂停或者禁止从事证券服务业务。对直接负责的主管人员和其他直接责任人员给予警告，并处以二十万元以上二百万元以下的罚款。

第二百一十四条　发行人、证券登记结算机构、证券公司、证券服务机构未按照规定保存有关文件和资料的，责令改正，给予警告，并处以十万元以上一百万元以下的罚款；泄露、隐匿、伪造、篡改或者毁损有关文件和资料的，给予警告，并处以二十万元以上二百万元以下的罚款；情节严重的，处以五十万元以上五百万元以下的罚款，并处暂停、撤销相关业务许可或者禁止从事相关业务。对直接负责的主管人员和其他直接责任人员给予警告，并处以十万元以上一百万元以下的罚款。

第二百一十五条　国务院证券监督管理机构依法将有关市场主体遵守本法的情况纳入证券市场诚信档案。

第二百一十六条　国务院证券监督管理机构或者国务院授权的部门有下列情形之一的，对直接负责的主管人员和其他直接责任人员，依法给予处分：

（一）对不符合本法规定的发行证券、设立证券公司等申请予以核准、注册、批准的；

（二）违反本法规定采取现场检查、调查取证、查询、冻结或者查封等措施的；

（三）违反本法规定对有关机构和人员采取监督管理措施的；

（四）违反本法规定对有关机构和人员实施行政处罚的；

（五）其他不依法履行职责的行为。

第二百一十七条　国务院证券监督管理机构或者国务院授权的部门的工作人员，不履行本法规定的职责，滥用职权、玩忽职守，利用职务便利牟取不正当利益，或者泄露所知悉的有关单位和个人的商业秘密的，依法追究法律责任。

第二百一十八条　拒绝、阻碍证券监督管理机构及其工作人员依法行使监督检查、调查职权，由证券监督管理机构责令改正，处以十万元以上一百万元以下的罚款，并由公安机关依法给予治安管理处罚。

第二百一十九条　违反本法规定，构成犯罪的，依法追究刑事责任。

第二百二十条　违反本法规定，应当承担民事赔偿责任和缴纳罚款、罚金、违法所得，违法行为人的财产不足以支付的，优先用于承担民事赔偿责任。

第二百二十一条　违反法律、行政法规或者国务院证券监督管理机构的有关规定，情节严重的，国务院证券监督管理机构可以对有关责任人员采取证券市场禁入的措施。

前款所称证券市场禁入，是指在一定期限内直至终身不得从事证券业务、证券服务业务，不得担任证券发行人的董事、监事、高级管理人员，或者一定期限内不得在证券交易所、国务院批准的其他全国性证券交易场所交易证券的制度。

第二百二十二条　依照本法收缴的罚款和没收的违法所得，全部上缴国库。

第二百二十三条　当事人对证券监督管理机构或者国务院授权

的部门的处罚决定不服的,可以依法申请行政复议,或者依法直接向人民法院提起诉讼。

第十四章 附 则

第二百二十四条 境内企业直接或者间接到境外发行证券或者将其证券在境外上市交易,应当符合国务院的有关规定。

第二百二十五条 境内公司股票以外币认购和交易的,具体办法由国务院另行规定。

第二百二十六条 本法自2020年3月1日起施行。

中华人民共和国企业破产法

(2006年8月27日第十届全国人民代表大会常务委员会第二十三次会议通过 2006年8月27日中华人民共和国主席令第54号公布 自2007年6月1日起施行)

第一章 总 则

第一条 【立法宗旨】为规范企业破产程序,公平清理债权债务,保护债权人和债务人的合法权益,维护社会主义市场经济秩序,制定本法。

第二条 【清理债务与重整】企业法人不能清偿到期债务,并且资产不足以清偿全部债务或者明显缺乏清偿能力的,依照本法规定清理债务。

企业法人有前款规定情形,或者有明显丧失清偿能力可能的,可以依照本法规定进行重整。

注释 [适用主体]

本法适用范围为企业法人。为解决其他非法人企业和社会组织的破产无法可依的问题,本法第135条规定:"其他法律规定企业法人以外的组织的清算,属于破产清算的,参照适用本法规定的程序。"《中华人民共和国合伙企业法》(以下简称《合伙企业法》)第92条规定:"合伙企业不能清偿到期债务的,债权人可以依法向人民法院提出破产清算申请,也可以要求普通合伙人清偿。合伙企业依法被宣告破产的,普通合伙人对合伙企业债务仍应承担无限连带责任。"据此,合伙企业的破产应当参照适用《企业破产法》规定的程序。但由于合伙企业的破产与法人企业的破产存在一些不同之处,如因普通合伙人对合伙企业债务承担无限连带责任,所以,破产原因不应采用资不抵债的概念。

[破产界限]

本法关于破产界限,规定了可供选择的两个原因:一是从我国的实际出发,规定企业不能清偿到期债务,并且资不抵债,两个条件同时具备才构成破产原因;二是参考了国外通行的规定,即企业法人"明显缺乏清偿能力的",其实质就是指企业不能清偿到期债务,即构成破产原因。这样两个原因,可供债权人和债务人选择。作为债权人来说,只要企业不能清偿到期债务,就可以向法院申请债务人破产,没有必要去了解企业是否资不抵债,这样可以促使债务人及时清偿债务,有助于保护债权人的利益。而对于债务人来说,只有在企业不能清偿到期债务,并且资不抵债时,才会申请自己破产。

[重整条件]

达到破产界限的企业,并不一定马上被宣告破产,可以依照本法第八章规定的程序进行重整,以使企业起死回生。重整作为企业破产的一个程序,是指具有一定规模的企业出现破产原因,为防止企业破产,经企业债权人或者债务人向法院申请,对该企业实施强制治理,以使有复苏希望的企业,通过重整程序,避免破产清算的法律制度。企业被申请破产有的是一时周转不开,有的是经营不善,有的是决策不当。为了防止企业破产,拯救因一时困难而陷入破产境地的企业,对企业进行重整,这对于企业法人,尤其是国有企业的改革是有积极意义的。

参见 《商业银行法》第71条;《公司法》第242条;《最高人民法院关于适用〈中华人民共和国企业破产法〉若干问题的规定

315

(一)》(以下简称《适用破产法规定(一)》)第1-5条;《保险法》第90条;《保险公司管理规定》第34条

案例 某集团有限公司与海南某集团公司破产清算纠纷上诉案(海南省高级人民法院民事裁定书〔2008〕琼民二终字第58号)

案件适用要点: 首先,破产申请人是被申请人的债权人,被申请人是申请人的债务人,申请破产权利人的主体适格。第二,申请人向法院提交破产申请同时,提交了债权发生的事实、债权性质、数额、债务人被吊销营业执照多年没有进行经营,不能清偿到期债务等证据。第三,无证据证明申请人存在《最高人民法院关于审理企业破产案件若干问题的规定》第12条第(2)项规定的"债权人借破产申请毁损债务人商业信誉,意图损害公平竞争的"法律障碍。因此,破产申请人的破产申请属于本法调整范畴,法院应予以受理。

第三条 【破产案件的管辖】 破产案件由债务人住所地人民法院管辖。

注释 [企业破产案件的管辖]

破产案件由债务人住所地人民法院管辖,这与《民事诉讼法》的管辖不完全相同。债务人住所地指债务人的主要办事机构所在地。债务人无办事机构的,由其注册地人民法院管辖。破产案件由住所地人民法院管辖,但我国的法院设置有四级,依据《最高人民法院关于审理企业破产案件若干问题的规定》,基层人民法院一般管辖县、县级市或者区的工商行政管理机关核准登记企业的破产案件;中级人民法院一般管辖地区、地级市(含本级)以上的工商行政管理机关核准登记企业的破产案件;纳入国家计划调整的企业破产案件,由中级人民法院管辖。

另外,依据《民事诉讼法》第39条的规定,上级人民法院有权审理下级人民法院管辖的企业破产案件,也可以将本院管辖的企业破产案件移交下级人民法院审理;下级人民法院需要将自己管辖的企业破产案件交由上级人民法院审理的,可以报请上级人民法院审理。省、自治区、直辖市范围内因特殊情况需对个别企业破产案件的地域管辖作调整的,须经共同上级人民法院批准。

参见 《民事诉讼法》第39条；《最高人民法院关于适用〈中华人民共和国民事诉讼法〉的解释》第41条；《适用破产法规定（一）》第9条；《关于审理公司强制清算案件工作座谈会纪要》

第四条　【程序的法律适用】破产案件审理程序，本法没有规定的，适用民事诉讼法的有关规定。

第五条　【破产程序的效力】依照本法开始的破产程序，对债务人在中华人民共和国领域外的财产发生效力。

对外国法院作出的发生法律效力的破产案件的判决、裁定，涉及债务人在中华人民共和国领域内的财产，申请或者请求人民法院承认和执行的，人民法院依照中华人民共和国缔结或者参加的国际条约，或者按照互惠原则进行审查，认为不违反中华人民共和国法律的基本原则，不损害国家主权、安全和社会公共利益，不损害中华人民共和国领域内债权人的合法权益的，裁定承认和执行。

注释　[对债务人境外财产的效力]

本法对债务人境外财产的效力作出了新的规定，即依照本法开始的破产程序，对债务人在中华人民共和国领域外的财产发生效力。这一规定体现了普遍性原则，即一个破产程序的效力及于债务人全世界范围内的财产。需要注意的是，虽然我国立法承认了我国破产程序具有域外效力，但这只是单方面的，最终的实现要取决于财产所在国或地区对该破产程序的承认与协助。

[外国破产程序对债务人境内财产的效力]

根据本条规定，外国法院作出的发生法律效力的破产案件的判决、裁定，涉及债务人在中华人民共和国领域内的财产，可以申请或者请求人民法院承认和执行。结合《民事诉讼法》的有关规定，申请我国法院承认与协助外国破产程序时，应符合如下规定：

（1）申请人：有资格向中国法院提出承认与协助要求的申请人，应为外国破产案件指定的破产管理人，或者审理该破产案件的外国法院。

（2）受理法院：申请人应直接向我国有管辖权的中级人民法院申请承认和执行。

317

(3) 承认与协助外国破产判决、裁定的条件：从程序上讲，我国法院对申请或请求承认和执行的外国法院作出的发生法律效力的判决、裁定，按照我国参加或缔结的国际条约或者按照互惠原则进行审查后，认为不违反我国法律的基本原则或者国家主权、安全和社会公共利益的，裁定承认其效力，需要执行的，发出执行令，并且依照《民事诉讼法》的有关规定执行。

第六条 【企业职工权益的保障与企业经营管理人员法律责任的追究】人民法院审理破产案件，应当依法保障企业职工的合法权益，依法追究破产企业经营管理人员的法律责任。

第二章 申请和受理

第一节 申　　请

第七条 【申请主体】债务人有本法第二条规定的情形，可以向人民法院提出重整、和解或者破产清算申请。

债务人不能清偿到期债务，债权人可以向人民法院提出对债务人进行重整或者破产清算的申请。

企业法人已解散但未清算或者未清算完毕，资产不足以清偿债务的，依法负有清算责任的人应当向人民法院申请破产清算。

注释　[破产申请]

破产申请，是指有权申请破产的人基于法定的事实和理由向有管辖权的法院请求对债务人进行重整、和解或者破产清算的意思表示。我国在破产程序的启动方面采取的是申请主义，破产申请是引起破产程序的绝对条件，没有相应主体的破产申请，法院不得自行依职权开始破产程序。

[破产申请的主体]

(1) 债权人提出重整或者破产清算的申请。本条第 2 款规定，债务人不能清偿到期债务，债权人可以向人民法院提出对债务人进行重整或者破产清算的申请。债权人提出破产申请的条件比较简单，对债权人来说，可以不考虑债务人有何原因，只要债务人不能清偿到期债务，债权人就有权申请债务人破产，以此来督促债务人及时履行债务，保证交易活动正常进行。

根据《最高人民法院关于债权人对人员下落不明或者财产状况不清的债务人申请破产清算案件如何处理的批复》（法释〔2008〕10号），债权人对人员下落不明或者财产状况不清的债务人申请破产清算，符合企业破产法规定的，人民法院应依法予以受理。债务人能否依据企业破产法第11条第2款的规定向人民法院提交财产状况说明、债权债务清册等相关材料，并不影响对债权人申请的受理。人民法院受理上述破产案件后，应当依据企业破产法的有关规定指定管理人追收债务人财产；经依法清算，债务人确无财产可供分配的，应当宣告债务人破产并终结破产程序；破产程序终结后二年内发现有依法应当追回的财产或者有应当供分配的其他财产的，债权人可以请求人民法院追加分配。债务人的有关人员不履行法定义务，人民法院可依据有关法律规定追究其相应法律责任；其行为导致无法清算或者造成损失，有关权利人起诉请求其承担相应民事责任的，人民法院应依法予以支持。

(2) 债务人提出重整、和解或者破产清算的申请。债务人申请破产的，通常应同时具备不能清偿到期债务和资产不足以清偿全部债务两个条件。一般情况下，债务人是不愿意破产的，如果仅仅是不能偿还到期债务，但资产大于负债，可以通过处理部分资产来还债，只有在全部资产不足以清偿债务时，才有可能申请破产。

(3) 依法负有清算责任的人提出破产清算的申请。企业法人解散有多种情况，有的是依照章程规定的经营期限到期解散；有的是经出资人同意解散；有的是因企业合并或者分立而解散；有的是依法被撤销；有的是因企业法人违法被关闭而解散。不论企业法人因何种原因解散，都要有清算人员来清理债权债务。如果未清算或者未清算完毕，发现财产不足以清偿债务的，负有清算责任的人应当向法院申请破产清算。

参见 《公司法》第237条

第八条　【破产申请书与证据】向人民法院提出破产申请，应当提交破产申请书和有关证据。

破产申请书应当载明下列事项：

（一）申请人、被申请人的基本情况；

（二）申请目的；

（三）申请的事实和理由；

（四）人民法院认为应当载明的其他事项。

债务人提出申请的，还应当向人民法院提交财产状况说明、债务清册、债权清册、有关财务会计报告、职工安置预案以及职工工资的支付和社会保险费用的缴纳情况。

注释 [债权人提出破产申请应提交的文件]

债权人在提出破产申请时，一般需要向法院提交如下材料：

（1）破产申请书。内容包括：①申请人和被申请人的基本情况；②申请目的；③申请的事实和理由；④人民法院认为应当载明的其他事项。

（2）法定代表人身份证明书。如果债权人是法人单位的话，应当提交债权人的法定代表人的身份证明书。

（3）授权委托书。如果债权人委托他人办理破产申请手续的，应当提交授权委托书，注明被委托人的姓名、身份以及授权范围等。

（4）债权存在以及债务人不能按时清偿债务的证据。在证明债务人不能清偿到期债务时，债权人对于债务人企业的整体财务状况是不清楚的，因此，只需要证明其债权清偿期限已经届满、债权人已经提出清偿请求、债务人明显缺乏清偿能力或者停止支付呈现出连续状态即可。

[债务人提出破产申请应提交的文件]

债务人在提出破产申请时，一般需要向法院提交如下材料：

（1）书面破产申请；（2）企业法人主体资格证明；（3）企业法定代表人与主要负责人员的名单；（4）企业职工情况和安置预案；（5）企业亏损情况的书面说明，并附审计报告；（6）企业至破产申请日的资产状况明细表，包括有形资产、无形资产和企业投资情况等；（7）企业在金融机构开设账户的详细情况，包括开户审批材料、账号、资金等；(8) 企业债权情况表，列明企业的债务人名称、住所、债务数额、发生时间和催讨偿还情况；(9) 企业债务情况表，列明企业的债权人名称、住所、债权数额、发生时间；(10) 企业涉及的担保情况；(11) 企业已发生的诉讼情况；(12) 人民法院认为应当提交的其他材料。

参见　《最高人民法院关于审理企业破产案件若干问题的规定》第6-7条；《适用破产法规定（一）》第6条

案例　海口某投资有限公司与海南某电器有限公司破产还债纠纷上诉案（海南省高级人民法院民事裁定书〔2008〕琼民二终字第47号）

案件适用要点：债权人申请债务人破产还债，根据法律规定，应首先向人民法院提交证据证明其债权的确定性。若债权人与债务人双方对债权存在争议，且债权数额是否存在变化有待进一步确定时，法院对破产申请不予受理。

第九条　【破产申请的撤回】人民法院受理破产申请前，申请人可以请求撤回申请。

第二节　受　理

第十条　【破产申请的受理】债权人提出破产申请的，人民法院应当自收到申请之日起五日内通知债务人。债务人对申请有异议的，应当自收到人民法院的通知之日起七日内向人民法院提出。人民法院应当自异议期满之日起十日内裁定是否受理。

除前款规定的情形外，人民法院应当自收到破产申请之日起十五日内裁定是否受理。

有特殊情况需要延长前两款规定的裁定受理期限的，经上一级人民法院批准，可以延长十五日。

注释　[债权人破产申请的受理]

债权人提出的破产申请，人民法院应当自收到申请之日起5日内通知债务人。债务人对申请有异议的，应当自收到人民法院的通知之日起7日内向人民法院提出。人民法院应当自异议期满之日起

10日内裁定是否受理。有特殊情况需要延长裁定受理期限的，经上一级人民法院批准，可以延长15日。人民法院决定受理的，应当自裁定作出之日起5日内送达债务人。债务人应当自裁定送达之日起15日内，向人民法院提交财产状况说明、债务清册、债权清册、有关财务会计报告以及职工安置预案、职工工资的支付和社会保险费用的缴纳情况。人民法院应当自裁定受理破产申请之日起25日内通知已知债权人，并予以公告。人民法院决定不予受理的，应当自裁定作出之日起5日内送达申请人并说明理由。申请人对裁定不服的，可以自裁定送达之日起10日内向上一级人民法院提起上诉。

[债务人破产申请的受理]

债务人提出的破产申请，人民法院应当自收到破产申请之日起15日内裁定是否受理。人民法院决定受理的，应当自裁定作出之日起5日内送达申请人。人民法院决定不予受理的，应当自裁定作出之日起5日内送达申请人并说明理由。申请人对裁定不服的，可以自裁定送达之日起10日内向上一级人民法院提起上诉。

参见　《企业破产法》第11、12、14条；《适用破产法规定（一）》第7条；《最高人民法院关于债权人对人员下落不明或者财产状况不清的债务人申请破产清算案件如何处理的批复》

案例　甲有限责任公司与乙有限责任公司申请破产清算纠纷案（山东省东营市中级人民法院民事裁定书〔2008〕东民破字第3号）

案件适用要点：债权人申请债务人破产清算，法院在收到申请后依法通知了债务人，债务人在法律规定的期限内没有提出异议。且债务人已不能清偿到期债务，明显缺乏清偿能力，债权人的申请符合法律规定，法院应予以受理。

第十一条　【裁定受理与债务人提交材料】人民法院受理破产申请的，应当自裁定作出之日起五日内送达申请人。

债权人提出申请的，人民法院应当自裁定作出之日起五日内送达债务人。债务人应当自裁定送达之日起十五日内，向人民法院提交财产状况说明、债务清册、债权清册、有关财务会计报告以及职工工资的支付和社会保险费用的缴纳情况。

第十二条 【裁定不受理与驳回申请】人民法院裁定不受理破产申请的，应当自裁定作出之日起五日内送达申请人并说明理由。申请人对裁定不服的，可以自裁定送达之日起十日内向上一级人民法院提起上诉。

人民法院受理破产申请后至破产宣告前，经审查发现债务人不符合本法第二条规定情形的，可以裁定驳回申请。申请人对裁定不服的，可以自裁定送达之日起十日内向上一级人民法院提起上诉。

注释 对于破产申请，法院要对债权的数额、性质、起因等进行审查，要了解债务人的财务状况、经营状况，以及企业的资信如何。经过调查了解，对于不属于本法第2条规定的破产界限的，裁定不受理破产申请。有时，法院在法定时间内作出了受理的裁定，但法院受理破产申请后，经审查发现债务人不符合破产界限的，这时应当裁定驳回申请。申请人对裁定不受理破产申请、对裁定驳回申请不服的，可以在10日内向上一级人民法院提起上诉。因为受理申请与否，对于债权人来说，涉及其债权能否得到实现，对于债务人来说，更是生死攸关。法律规定对于不受理和驳回申请的裁定，可以上诉，有利于保障债权人和债务人的合法权利。

第十三条 【指定管理人】人民法院裁定受理破产申请的，应当同时指定管理人。

注释 [管理人及其职责]

管理人是在人民法院受理破产申请进入破产程序以后，根据法院的指定而负责债务人财产的管理、处分、业务经营以及破产方案的拟定和执行的专门人员。其主要职责包括：接管债务人的财产，负责登记债权，接受对债务人的债权的履行，回收债务人的财产，就有关财产纠纷代表债务人参加诉讼，对破产财产进行变价和分配等工作。在整个破产程序中，管理人始终处于中心地位，破产程序能否顺利进行，在很大程度上取决于管理人的设置是否合理，以及管理人是否认真履行了职责。

参见　《最高人民法院关于审理企业破产案件指定管理人的规定》

第十四条　【通知债权人与公告】人民法院应当自裁定受理破产申请之日起二十五日内通知已知债权人，并予以公告。

通知和公告应当载明下列事项：

（一）申请人、被申请人的名称或者姓名；

（二）人民法院受理破产申请的时间；

（三）申报债权的期限、地点和注意事项；

（四）管理人的名称或者姓名及其处理事务的地址；

（五）债务人的债务人或者财产持有人应当向管理人清偿债务或者交付财产的要求；

（六）第一次债权人会议召开的时间和地点；

（七）人民法院认为应当通知和公告的其他事项。

注释　[通知和公告]

本条是关于人民法院受理破产申请后的通知和公告义务的规定。人民法院裁定受理破产申请后，应当及时通知已知的债权人，并在全社会范围内予以公告。

通知和公告，是指人民法院依法定程序和方式，向债务人的债权人以及其他利害关系人送达破产申请已经受理的一种司法行为。通知的意义在于，人民法院以书面形式告知破产案件中已知债权人已经开始破产程序的事实和有关事项；公告的意义在于法院以布告或者登报的方式，向全社会不特定的人公开告知已受理有关债务人的破产申请启动破产程序的有关事项，告知无法通知的债权人、未知的债权人以及其他利害关系人已开始破产程序的事实和有关事项。

第十五条　【债务人的有关人员的义务】自人民法院受理破产申请的裁定送达债务人之日起至破产程序终结之日，债务人的有关人员承担下列义务：

（一）妥善保管其占有和管理的财产、印章和账簿、文书等资料；

（二）根据人民法院、管理人的要求进行工作，并如实回答询问；

（三）列席债权人会议并如实回答债权人的询问；

（四）未经人民法院许可，不得离开住所地；

（五）不得新任其他企业的董事、监事、高级管理人员。

前款所称有关人员，是指企业的法定代表人；经人民法院决定，可以包括企业的财务管理人员和其他经营管理人员。

注释 企业被申请破产，企业的法定代表人，在法院受理破产申请至破产宣告期间，负有法定义务；法院也可以根据企业的情况，决定企业的财务管理人员和主要业务人员也同法定代表人一样负有义务。这些义务主要有：

(1) 债务人应当自收到受理破产裁定之日起15日内向法院提交企业财产状况说明、债权债务清册、财务会计报告等文件，并按公告通知的时间、地点列席第一次债权人会议。

(2) 债务人应当妥善保管其占有和管理的所有财产、印章和账簿、文书等资料。虽然本法第13条规定，法院裁定受理破产申请的，应当同时指定管理人。但从法院指定管理人到管理人接管企业，其间有一段时间企业仍在债务人的掌管之中，本法第15条规定债务人负有妥善保管财产和账册等资料的义务，对于保证管理人接管企业，掌握企业的财产和财务账册，进而决定企业的命运是很重要的。

(3) 根据法院、管理人的要求进行工作，如实回答询问；列席债权人会议并如实回答债权人的询问。破产申请受理后，法院启动破产程序，管理人开始掌管企业，为了进行生产经营，或者清理债权债务，法院或者管理人可能会了解有关情况，要求债务人进行某些工作或回答问题，债务人有义务服从。列席债权人会议时，应如实回答债权人的询问。

(4) 未经法院许可，不得离开住所地。因为进入破产程序后，法院或者管理人会随时了解情况，需要债务人配合，故规定债务人未经法院许可，不得离开住所地。

(5) 不得新任其他企业的董事、监事、高级管理人员。企业被申请破产，法定代表人或者财务管理人员等要承担何种责任，还没有查明，如果是正常的经营风险，法定代表人等尽了勤勉忠实义务，可以不被追究责任；如果不是正常的经营风险，则不仅不能新任其他企业的董事、监事、高级管理人员，而且要承担相应的法律责任。

参见 《企业破产法》第125-129条

第十六条 【债务人个别清偿的无效】人民法院受理破产申请后，债务人对个别债权人的债务清偿无效。

注释 人民法院受理破产申请后，债务人对个别债权人实施的债务清偿无效。法院受理破产后，并不等于企业已经被宣告破产，企业有可能取得担保，或者得到资助，具有偿还能力，从而避免被宣告破产；企业还可以经过重整，避免破产的命运。因此，法院受理破产申请后，在管理人接管企业之前，债务人应当维持企业的正常活动，继续进行生产经营，争取企业经营状况的好转。但是，债务人不能对个别债权人清偿债务。因为，对任何债权人的清偿，都将减少破产财产的总额，损害其他债权人的利益，其清偿行为是无效的。

案例 天津某担保有限公司与中国某证券有限责任公司证券返还纠纷上诉案（北京市高级人民法院民事判决书〔2009〕高民终字第1809号）

案件适用要点：证券公司进入破产还债程序后，证券公司的证券交易席位上剩余的国债和资金应由证券公司的全体债权人共有，个别债权人不得随意处分。

第十七条 【债务人的债务人或者财产持有人的义务】人民法院受理破产申请后，债务人的债务人或者财产持有人应当向管理人清偿债务或者交付财产。

债务人的债务人或者财产持有人故意违反前款规定向债务人清偿债务或者交付财产，使债权人受到损失的，不免除其清偿债务或者交付财产的义务。

注释 人民法院受理破产申请后，管理人应当向债务人的债务人或者财产持有人发出清偿债务或者交付财产的通知，要求其在规定的期限内清偿债务或者交还财产；债务人的债务人或者财产持有人应当在上述期限内清偿债务或者交付财产，如其故意违反上述规定向债务人清偿债务或交付财产，使债权人受到损失的，不免除其继续清偿或者交付的义务。但是如果债务人的债务人或者财产持有人对于管理人要求清偿债务或者交付财产的通知有异议的，可以向法院提起诉讼；既不提出异议，又不清偿债务或者交付财产的，管理人可以申请法院裁定后强制执行。

第十八条 【破产申请受理前成立的合同的继续履行与解除】 人民法院受理破产申请后，管理人对破产申请受理前成立而债务人和对方当事人均未履行完毕的合同有权决定解除或者继续履行，并通知对方当事人。管理人自破产申请受理之日起二个月内未通知对方当事人，或者自收到对方当事人催告之日起三十日内未答复的，视为解除合同。

管理人决定继续履行合同的，对方当事人应当履行；但是，对方当事人有权要求管理人提供担保。管理人不提供担保的，视为解除合同。

注释 根据本法第25条第5项关于管理人职责的规定，管理人有权在第一次债权人会议召开之前决定继续或者停止债务人的营业。而决定解除或者继续履行破产申请受理前成立而债务人和对方当事人均未履行完毕的合同则属于管理人决定继续或者停止债务人营业的职责范围内的事情。管理人在其职责范围内作出解除或者继续履行债务人与对方当事人均未履行完毕的合同后，应当及时通知对方当事人；管理人决定继续履行双务合同的，对方当事人应当履行。

同时，为了平衡债务人和与其成立双务合同的对方当事人之间的合法权益，本法在规定管理人有解除或者继续履行双务合同的权利时，也赋予了对方当事人一定的权利，这主要表现在两个方面：第一，法律规定管理人有通知的义务和对方当事人有催告的权利。如果管理人自破产申请受理之日起2个月内未通知对方当事人的，视为合同解除；债务人的双务合同的对方当事人在得知人民法院受理债务人的破产申请后，有权向破产程序中的管理人提出解除或者

327

继续履行双务合同的催告,管理人自收到该对方当事人的催告之日起 30 日内未答复的,也视为解除合同。第二,法律规定在管理人决定继续履行时,对方当事人有要求管理人提供担保的权利。根据本条第 2 款的规定,管理人决定继续履行合同的,对方当事人有履行的义务,该对方当事人也有权要求管理人提供担保,以保障其合法的预期合同利益,如果管理人不提供担保的,视为解除合同。

参见 《最高人民法院关于〈中华人民共和国企业破产法〉施行时尚未审结的企业破产案件适用法律若干问题的规定》第 2 条

第十九条 【保全措施解除与执行程序中止】 人民法院受理破产申请后,有关债务人财产的保全措施应当解除,执行程序应当中止。

注释 [保全措施解除]

法院受理破产申请后,有关债务人财产的保全措施应当解除,因为破产程序是特别程序,其效力高于一般程序。按照本法第 13 条的规定,法院受理破产申请的同时,要指定管理人,由管理人接管企业。因此,对于债务人财产的保全措施应当解除,被解除保全的财产,由管理人接管。

[执行程序中止]

另外,债务人在被申请破产前,有可能发生纠纷,引起诉讼,在法院受理破产申请后,已经生效的其他民事判决、裁定,以及刑事判决、裁定中的财产部分的执行程序应当中止。因为如果允许执行程序进行,则个别债权人可能通过执行程序使其债权得到满足,这将减少破产财产的总额,有损其他债权人的利益,不符合所有债权人公平受偿的原则。为了维护全体债权人的利益,财产执行程序应当中止,执行程序中的财产部分,可以作为破产债权,与其他债权人一样平均受偿。

第二十条 【民事诉讼或仲裁的中止与继续】 人民法院受理破产申请后,已经开始而尚未终结的有关债务人的民事诉讼或者仲裁应当中止;在管理人接管债务人的财产后,该诉讼或者仲裁继续进行。

注释 在受理破产申请后，由于债务人的权利被限制，由其继续参与有关的民事诉讼和仲裁程序已经不可能。因此，有关债务人的民事诉讼和仲裁程序应当中止。当管理人接管债务人财产并可以行使管理和处分权时，由管理人代表债务人参加诉讼或者仲裁程序才成为可能。因此，在管理人接管债务人的财产后，中止的诉讼或者仲裁继续进行。

参见 《最高人民法院关于执行〈最高人民法院关于〈中华人民共和国企业破产法〉施行时尚未审结的企业破产案件适用法律若干问题的规定〉的通知》

第二十一条 【债务人的民事诉讼的管辖】人民法院受理破产申请后，有关债务人的民事诉讼，只能向受理破产申请的人民法院提起。

注释 [破产程序中的专属管辖]

在破产程序中，受理破产申请的人民法院对于有关债务人的民事诉讼的专属管辖表现为：在人民法院受理破产申请后，如果其他法院已经受理与债务人有关的民事案件，应当中止审理，将其移送到受理破产申请的法院来；如果债务人的债权人或债务人就债务人财产与债务人发生争议需要提起诉讼，只能向受理破产申请的法院提起，不能向其他法院提起。

第三章 管 理 人

第二十二条 【管理人的指定与更换】管理人由人民法院指定。

债权人会议认为管理人不能依法、公正执行职务或者有其他不能胜任职务情形的，可以申请人民法院予以更换。

指定管理人和确定管理人报酬的办法，由最高人民法院规定。

注释 本法对管理人采用的是法院指定的立法模式，但又不是完全由法院决定，而赋予债权人会议有一定的否决权。本条第1款规定，管理人由人民法院指定。第2款规定，债权人会议认为管理人不能依法、公正执行职务或者有其他不能胜任职务情形的，可以申请人民法院予以更换。因为在破产清算程序中,管理人不是所有人利益的代表,而主要是债权人利益的代表,他代表债权人的利益,负责管理、变卖和分配破产财产,从而实现通过破产还债的目的。如果债权人会议对管理人的指定,没有任何发言权的话,一旦债权人会议认为管理人不能依法、公正执行职务或者有其他不能胜任职务的情形时,破产程序则难以顺利进行。因此,本法规定由法院指定管理人,又尊重债权人意思自治的选任制度,有利于破产程序的顺利进行。

参见 《最高人民法院关于审理企业破产案件指定管理人的规定》第15-40条

第二十三条 【管理人的义务】管理人依照本法规定执行职务,向人民法院报告工作,并接受债权人会议和债权人委员会的监督。

管理人应当列席债权人会议,向债权人会议报告职务执行情况,并回答询问。

第二十四条 【管理人的资格】管理人可以由有关部门、机构的人员组成的清算组或者依法设立的律师事务所、会计师事务所、破产清算事务所等社会中介机构担任。

人民法院根据债务人的实际情况,可以在征询有关社会中介机构的意见后,指定该机构具备相关专业知识并取得执业资格的人员担任管理人。

有下列情形之一的,不得担任管理人:
(一)因故意犯罪受过刑事处罚;
(二)曾被吊销相关专业执业证书;
(三)与本案有利害关系;
(四)人民法院认为不宜担任管理人的其他情形。

个人担任管理人的,应当参加执业责任保险。

参见 《最高人民法院关于审理企业破产案件指定管理人的规定》第9、14、23-24条

第二十五条 【管理人的职责】管理人履行下列职责:

（一）接管债务人的财产、印章和账簿、文书等资料；
（二）调查债务人财产状况，制作财产状况报告；
（三）决定债务人的内部管理事务；
（四）决定债务人的日常开支和其他必要开支；
（五）在第一次债权人会议召开之前，决定继续或者停止债务人的营业；
（六）管理和处分债务人的财产；
（七）代表债务人参加诉讼、仲裁或者其他法律程序；
（八）提议召开债权人会议；
（九）人民法院认为管理人应当履行的其他职责。
本法对管理人的职责另有规定的，适用其规定。

> **参见** 《企业破产法》第 16、26、34、61、69、73、74 条；《最高人民法院关于审理企业破产案件确定管理人报酬的规定》；《最高人民法院关于适用〈中华人民共和国企业破产法〉若干问题的规定（三）》第 2 条

第二十六条 【第一次债权人会议前管理人行为的许可】在第一次债权人会议召开之前，管理人决定继续或者停止债务人的营业或者有本法第六十九条规定行为之一的，应当经人民法院许可。

第二十七条 【管理人的忠实义务】管理人应当勤勉尽责，忠实执行职务。

> **注释** 破产管理人的勤勉尽责、忠实履行职务的义务实质上规定的是善良管理人的注意义务，是为管理人设定的一种较高标准的注意义务。为了确保管理人能够以善良管理人的注意义务去执行其职务，本法第 24 条第 4 款规定"个人担任管理人的，应当参加执业责任保险"。同时，第 130 条明确规定了管理人违反其勤勉尽责和忠实执行职务时的法律责任。上述规定对于保证管理人本着诚实守信的心态去勤勉尽责、忠实履行职务能够起到积极的促进作用。

> **参见** 《企业破产法》第 24、130 条

第二十八条 【管理人聘任工作人员与管理人的报酬】管理人

经人民法院许可,可以聘用必要的工作人员。

　　管理人的报酬由人民法院确定。债权人会议对管理人的报酬有异议的,有权向人民法院提出。

　　参见　《最高人民法院关于审理企业破产案件确定管理人报酬的规定》

　　第二十九条　【管理人的辞职】管理人没有正当理由不得辞去职务。管理人辞去职务应当经人民法院许可。

　　注释　本条规定,管理人没有正当理由不得辞去职务。管理人辞去职务,应当经人民法院许可。因为管理人接受法院指定后,通常要接管债务人的财产、账簿、文书,管理和处分债务人的财产,负责企业的重整,提出破产财产分配方案,执行分配方案等一系列有关破产程序的事项,在破产程序中居于中心地位,所以法律规定管理人没有正当理由不得辞去职务。如果管理人确实有正当理由,如因病身体不能胜任等需要辞去管理人职务时,应当经人民法院许可。

　　关于管理人的解任,本法规定,债权人会议有权请求人民法院予以解任,理由是管理人不能依法、公正执行职务或者有其他不能胜任职务情形。赋予债权人会议一定的解任权,有利于债权人对管理人的监督,有利于督促管理人勤勉尽责,忠实执行职务。

第四章　债务人财产

　　第三十条　【债务人财产】破产申请受理时属于债务人的全部财产,以及破产申请受理后至破产程序终结前债务人取得的财产,为债务人财产。

　　注释　债务人财产是破产程序进行的基础,也是债权人通过破产程序得到清偿的物质保证。债务人财产与破产财产有着直接关系,当债务人被宣告破产后,债务人财产即被称为破产财产。

　　(1)破产案件受理时属于债务人的全部财产

　　债务人的全部财产,从构成上来说,包括货币、生产资料、经营场所、企业的知识产权等。对于国有企业来说,当人民法院受理破产案件后，国家授予企业经营管理的财产即成为债人财产，法院宣告该企业破产后，国家授予企业经营管理的财产即为破产财产。

(2) 破产案件受理后至破产程序终结前债务人取得的财产

这部分财产本来就是破产企业的财产，只是到破产程序终结前才实际取得。按照本法的有关规定，这部分财产包括：①破产企业的债务人主动偿还或者经管理人催讨而偿还的债务；②持有破产企业财产的人主动交还或者经管理人催讨而交还的财产；③因继续履行合同而获得的收益；④破产企业因投资或者所有知识产权而得到的收益；⑤破产企业得到的捐赠、赔偿等合法收益。

参见 《最高人民法院关于适用〈中华人民共和国企业破产法〉若干问题的规定（二）》（以下简称《适用破产法规定（二）》）第1—5条

第三十一条 【受理破产申请前一年内行为的撤销】人民法院受理破产申请前一年内，涉及债务人财产的下列行为，管理人有权请求人民法院予以撤销：

（一）无偿转让财产的；
（二）以明显不合理的价格进行交易的；
（三）对没有财产担保的债务提供财产担保的；
（四）对未到期的债务提前清偿的；
（五）放弃债权的。

注释 [破产撤销权]

破产撤销权，是指破产人在破产宣告前的临界期内，实施有害于全体债权人利益的行为，破产管理人有权请求法院撤销该行为。本法规定撤销权的目的，在于恢复因破产人不当处分而失去的利益，保护全体债权人公平受偿的机会。

在程序方面，撤销权行使的主体是破产管理人，即破产管理人是原告，债务人和行为相对人是被告。依据本法第21条规定，由受理破产案件的法院专属管辖，受理法院以判决方式作出是否准许撤销，当事人不服的，可以上诉。

参见 《企业破产法》第21、32、34条

333

第三十二条 【受理破产申请前六个月内行为的撤销】人民法院受理破产申请前六个月内,债务人有本法第二条第一款规定的情形,仍对个别债权人进行清偿的,管理人有权请求人民法院予以撤销。但是,个别清偿使债务人财产受益的除外。

参见　《适用破产法规定(二)》第9-16条

第三十三条 【无效行为】涉及债务人财产的下列行为无效:
(一)为逃避债务而隐匿、转移财产的;
(二)虚构债务或者承认不真实的债务的。

注释　根据本条的规定,破产无效行为有两种:
(1)债务人为逃避债务而隐匿、转移财产的

债务人为逃避债务而隐匿和转移财产的行为,是典型的不正当减少债务人财产、损害债权人利益的行为。隐匿财产,是指债务人将其财产予以隐瞒和藏匿的行为。转移财产是指债务人将自己的财产转移到他处以减少其所有财产的行为。此外,需要注意的是债务人隐匿和转移财产的行为必须是以逃避债务为目的的。

(2)债务人虚构或者承认不真实的债务的

债务人虚构或者承认不真实的债务,是债务人通过虚假增加债务人的人数或者提高债务人的债权数额,以减少真正债权人的清偿份额,损害债权人利益的行为。虚构债务,是指债务人主观上凭空捏造本不存在的债务,虚假增加债务人的人数,并使该"虚构的债务人"参加到债务人财产的分配中来,以减少真正债权人清偿份额的行为。承认不真实的债务,是指债务人在他人提出虚假债务请求时予以承认的行为。

第三十四条 【追回因被撤销或无效行为取得的债务人的财产】因本法第三十一条、第三十二条或者第三十三条规定的行为而取得的债务人的财产,管理人有权追回。

第三十五条 【债务人的出资人缴纳出资】人民法院受理破产申请后,债务人的出资人尚未完全履行出资义务的,管理人应当要求该出资人缴纳所认缴的出资,而不受出资期限的限制。

注释 出资人的出资，构成公司等企业的注册资本，是公司等企业开展生产经营活动的物质基础。我国法律对出资人出资作出了明确的规定，基本要求是：出资人必须实际出资。出资人依照公司章程或者合同约定缴纳出资，是其必须履行的法定义务。当公司等企业生产经营状况发生变化，不能清偿到期债务，并且资产已经不足以清偿全部债务或者已经明显缺乏清偿债务能力，即依法可以进入破产程序时，如果其出资人还没有完全履行出资义务，不能因为企业已经进入破产程序而免除出资人的出资义务。因此，人民法院受理破产案件后，债务人的出资人尚未完全履行出资义务的，管理人有权要求该出资人缴纳所认缴的出资，而不受出资期限的限制。

［股东因出资期限未届满而未缴纳出资，债权人是否可以请求股东提前履行出资义务以偿债？］

根据2015年12月24日《最高人民法院关于当前商事审判工作中的若干具体问题》，对于此问题，最高院倾向于认为，如果公司不能清偿单个债权人到期债权，那么其往往也资不抵债，或者明显缺乏清偿能力，或者有丧失清偿能力可能。此时按照《企业破产法》第2条，公司已经符合破产条件，所以更应当保障全体债权人的利益。单个的债权追及诉讼不尽符合《企业破产法》第31、32条的精神。债权人应当申请债务人破产，进入破产程序后再按照《企业破产法》第35条使股东出资义务加速到期，最终在真正意义上保护全体债权人利益。

需要说明的是，出资人虚假出资，或者抽逃出资，除了必须缴纳其所认缴的出资外，还要受到相应的行政处罚。

参见 《公司法》第47-49、252、253条；《刑法》第159条

第三十六条【管理人员非正常收入和财产的追回】 债务人的董事、监事和高级管理人员利用职权从企业获取的非正常收入和侵占的企业财产，管理人应当追回。

注释 ［企业法人的财产与企业的董事、监事和高级管理人员的财产］

根据我国《公司法》及相关法律的规定，企业法人的财产和企

335

业的董事、监事和高级管理人员的财产截然不同，企业法人对其财产享有占有、使用、收益和处分的权利，任何董事、监事和高级管理人员不得非法侵占企业的财产。此处所指的非法侵占企业的财产，主要包括两个方面，一是上述人员利用其职权从企业所获取的非正常收入，如非法提高自己的工资、给自己多分奖金等不正当减少企业财产的行为；二是指上述人员非法侵占的企业财产，如利用职务之便盗窃企业的财产、非法转移企业财产等。

[债务人的管理人员侵占企业财产时的处理]
企业的董事、监事、经理、副经理、财务负责人等高级管理人员，直接负责企业的生产经营活动，企业生产经营状况的好坏，与他们有着密切的关系。所以法律对这些人员规定了比一般企业职工更为严格的要求。进入破产程序的债务人的董事、监事和高级管理人员，本来就对债务人负有很大的责任，如果在生产经营过程中，还存在利用职权从企业获取非正常收入的情况，就属于故意违反法律规定，非法从企业谋取利益。对于这种从企业非法取得的利益，依法应当退还企业。如果董事、监事和高级管理人员利用职务之便侵占企业的财产，对于通过这种手段侵占的企业财产，也必须依法退还给企业。因此，管理人应当追回债务人的董事、监事和高级管理人员利用职权从企业获取的非正常收入和侵占的企业财产。

参见　《公司法》第179条；《刑法》第271、382、383条

第三十七条 【管理人取回质物、留置物】人民法院受理破产申请后，管理人可以通过清偿债务或者提供为债权人接受的担保，取回质物、留置物。

前款规定的债务清偿或者替代担保，在质物或者留置物的价值低于被担保的债权额时，以该质物或者留置物当时的市场价值为限。

第三十八条 【权利人财产的取回】人民法院受理破产申请后，债务人占有的不属于债务人的财产，该财产的权利人可以通过管理人取回。但是，本法另有规定的除外。

注释 ［破产取回权］

破产取回权，是指财产的权利人可以不依破产程序，直接从管理人占有和管理的债务人财产中，取回原本不属于债务人财产的权利。破产取回权分为一般取回权和特殊取回权。本条规定的是一般取回权，第39条规定的是出卖人取回权，即特殊取回权。

根据《最高人民法院关于上诉人宁波金昌实业投资有限公司与被上诉人西北证券有限责任公司破产清算组取回权纠纷一案的请示的答复》（［2009］民二他字第24号），证券公司违规挪用客户资金和证券，关系清楚、财产并未混同，管理人追回后，可由相关权利人行使代偿性取回权。

［一般破产取回权及其构成要件］

所谓一般取回权，是指财产的权利人依照民法关于物的返还请求权的规定，从破产程序中的管理人处取回其财产的权利。一般破产取回权的行使，应当满足以下要件：

（1）一般破产取回权发生在人民法院受理破产申请后。人民法院受理破产申请是启动债务人破产程序的标志，此时人民法院指定的管理人要接管债务人占有的所有财产。对于那些不属于债务人的财产，应当由其权利人取回。

（2）一般破产取回权的权利主体是财产的权利人。此处的"权利人"，既包括对财产享有占有、使用、收益和处分权能的所有权人，也包括对财产享有占有权、用益物权和担保物权等他物权的权利人。

（3）一般破产取回权的义务主体是管理人。人民法院受理破产申请后，管理人接管债务人占有的所有财产，并依照法律的规定对其进行管理和处分，而此时的债务人则不能再继续管理和处分其占有的财产。

（4）财产的权利人取回的是债务人占有的不属于债务人的财产。破产程序开始后，债务人向管理人移交其占有的财产中，有些是债务人享有所有权的财产，而有些是债务人基于合法或者不合法的关系而占有的属于他人的财产，这些财产不属于债务人所有，因此不能作为破产财产对债权人进行分配。

案例 上海某有限公司与海南某公司管理人其他证券合同纠纷上诉案（海南省高级人民法院民事判决书〔2008〕琼民二终字第61号）

案件适用要点：《最高人民法院关于审理企业破产案件若干问题的规定》第71条（1）项规定，下列财产不属于破产财产：债务人基于仓储、保管、加工承揽、委托交易、代销、借用、寄存、租赁等法律关系占有、使用他人的财产。第72条第1款、第2款规定，本规定第71条第（1）项所列的财产，财产权利人有权取回。前款财产在破产宣告前已经毁损灭失的，财产权利人仅能以直接损失额为限申报债权。依照上述规定，破产取回权是指权利人对其享有所有权的物的返还请求权，而不是债的返还请求权。

第三十九条 【在途运输标的物的取回与交付】人民法院受理破产申请时，出卖人已将买卖标的物向作为买受人的债务人发运，债务人尚未收到且未付清全部价款的，出卖人可以取回在运途中的标的物。但是，管理人可以支付全部价款，请求出卖人交付标的物。

第四十条 【抵销权】债权人在破产申请受理前对债务人负有债务的，可以向管理人主张抵销。但是，有下列情形之一的，不得抵销：

（一）债务人的债务人在破产申请受理后取得他人对债务人的债权的；

（二）债权人已知债务人有不能清偿到期债务或者破产申请的事实，对债务人负担债务的；但是，债权人因为法律规定或者有破产申请一年前所发生的原因而负担债务的除外。

（三）债务人的债务人已知债务人有不能清偿到期债务或者破产申请的事实，对债务人取得债权的；但是，债务人的债务人因为法律规定或者有破产申请一年前所发生的原因而取得债权的除外。

参见《最高人民法院关于〈中华人民共和国企业破产法〉施行时尚未审结的企业破产案件适用法律若干问题的规定》第4条；《适用破产法规定（二）》第41-46条

第五章 破产费用和共益债务

第四十一条 【破产费用】人民法院受理破产申请后发生的下列费用,为破产费用:
（一）破产案件的诉讼费用；
（二）管理、变价和分配债务人财产的费用；
（三）管理人执行职务的费用、报酬和聘用工作人员的费用。

注释 [破产费用的范围]
破产程序中对于破产费用的界定，关系到债权人和债务人合法权益的保护。因此，在司法实务中准确把握破产费用的范围，具有重要的意义。根据本条的规定，破产费用包括如下内容:
(1) 破产案件的诉讼费用。
破产案件的诉讼费用是指自破产程序开始到破产程序终结期间，人民法院审理破产案件所支付的费用，主要包括破产申请受理费、公告费、送达费、法院召集债权人会议的费用、证据保全费用、财产保全费用、鉴定费用、勘验费用以及法院认为应由债务人财产支付的其他诉讼上的费用。
(2) 管理、变价和分配债务人财产的费用。
人民法院受理破产申请启动破产程序后，债务人便丧失了对企业财产的管理和处分的权利，而是由人民法院指定的管理人接管债务人的财产，对其财产进行管理、变价和分配，必然要支出相应的费用，这些费用为破产费用的组成部分，具体包括管理、变价和分配债务人财产的费用。
(3) 管理人执行职务的费用、报酬和聘用工作人员的费用。

参见 《诉讼费用交纳办法》第13、14条；《最高人民法院关于〈中华人民共和国企业破产法〉施行时尚未审结的企业破产案件适用法律若干问题的规定》第5条

第四十二条 【共益债务】人民法院受理破产申请后发生的下列债务，为共益债务:
（一）因管理人或者债务人请求对方当事人履行双方均未履行完

毕的合同所产生的债务；
（二）债务人财产受无因管理所产生的债务；
（三）因债务人不当得利所产生的债务；
（四）为债务人继续营业而应支付的劳动报酬和社会保险费用以及由此产生的其他债务；
（五）管理人或者相关人员执行职务致人损害所产生的债务；
（六）债务人财产致人损害所产生的债务。

参见 《最高人民法院关于适用〈中华人民共和国企业法〉若干问题的规定（三）》第2条

案例 重庆某有限公司与重庆某股份有限公司破产还债纠纷上诉案（重庆市第一中级人民法院民事裁定书〔2006〕渝一中民破字第495-16号）

案件适用要点：税务机关代表国家依法应对破产程序中管理人转让无形资产和销售不动产的应税行为征收的税款，具有法定性，其虽然发生在法院受理破产案件之后，但依然是国家公权力的体现，并具有国家强制力作为保障。故其性质仍为税款债权，而非管理人为变价破产人财产而向相关中介机构支付的破产费用，亦不属于本条所规定的共益债务的范围。

第四十三条 【破产费用和共益债务的清偿】 破产费用和共益债务由债务人财产随时清偿。

债务人财产不足以清偿所有破产费用和共益债务的，先行清偿破产费用。

债务人财产不足以清偿所有破产费用或者共益债务的，按照比例清偿。

债务人财产不足以清偿破产费用的，管理人应当提请人民法院终结破产程序。人民法院应当自收到请求之日起十五日内裁定终结破产程序，并予以公告。

注释 [破产费用和共益债务的清偿]

在破产程序中，破产费用、共益债务和破产债权，都是以债务人财产作为共同的责任财产,都要从债务人财产中受清偿。而破产费用和共益债务是在破产程序中,为全体债权人的共同利益而发生的费用和负担的债务,应当由债务人财产先予支付和偿还,剩余的财产,才用于清偿各项破产债权。即破产费用和共益债务应优先于破产债权受清偿。

本法第113条规定,破产财产在优先清偿破产费用和共益债务后,清偿各项破产债权。依此规定,在以破产财产向各破产债权人进行分配前,应先清偿所有的破产费用和共益债务,为该项清偿需提留必要的款项的,还应在破产分配时预先提留。破产财产在清偿破产费用和共益债务后的剩余部分,才能依照法定顺序清偿各项破产债权。

所谓"随时清偿",即对破产费用和共益债务,应按其应予支付和清偿的期限,由债务人财产随时拨付,予以清偿。例如,对管理人的报酬,应按照人民法院确定的数额和支付期限,由债务人财产及时支付。在破产程序中,如果发现债务人财产已不足以清偿破产费用和共益债务的,表明各债权人已不能从破产财产中获得任何清偿,再进行破产程序已无实际意义。为此,本条规定,"债务人财产不足以清偿破产费用的,管理人应当提请人民法院终结破产程序"。

[比例清偿]

这里的比例清偿,是共益债务之间的比例或者破产费用之间的比例。而不是破产费用和共益债务之间的比例。例如:破产费用50万,共益债务400万,其中欠A企业100万,欠B企业300万,假设债务人A的财产只有100万元,那么优先清偿破产费用50万,剩余的50万不足以清偿共益债务,按照规定,应该按照比例清偿,即:$50 \times 100/400 = 12.5$万,这是清偿A公司的部分。剩下的37.5万是清偿B公司的部分。

参见　《企业破产法》第113条;《适用破产法规定(一)》第8条;《最高人民法院关于适用〈中华人民共和国企业法〉若干问题的规定(三)》第1条

案例　云南某厂破产管理人申请宣告破产案(云南省昆明市中级人民法院民事裁定书〔2005〕昆民破字第11-11号)

案件适用要点：经清算，破产企业的财产不足以支付破产费用，以上情况管理人已向债权人予以通报，无债权人提出异议。该破产企业管理人向法院申请终结破产程序，经审查，管理人的申请符合法律规定，法院同意终结破产程序，并予以公告。

第六章　债权申报

第四十四条　【债权人依法定程序行使权利】人民法院受理破产申请时对债务人享有债权的债权人，依照本法规定的程序行使权利。

第四十五条　【债权申报期限】人民法院受理破产申请后，应当确定债权人申报债权的期限。债权申报期限自人民法院发布受理破产申请公告之日起计算，最短不得少于三十日，最长不得超过三个月。

第四十六条　【未到期的债权与附利息的债权的算定】未到期的债权，在破产申请受理时视为到期。

附利息的债权自破产申请受理时起停止计息。

参见　《最高人民法院关于〈中华人民共和国企业破产法〉施行时尚未审结的企业破产案件适用法律若干问题的规定》第6条

案例　广东某股份有限公司与某银行某市开发区支行证券回购合同纠纷上诉案（广东省广州市中级人民法院民事判决书〔2005〕穗中法民二终字第2078号）

案件适用要点：附利息的债权，若破产申请时未到期则视为到期，其利息计算至破产申请受理时止。

第四十七条　【附条件、附期限债权与未决债权的申报】附条件、附期限的债权和诉讼、仲裁未决的债权，债权人可以申报。

第四十八条　【申报债权的公示与异议】债权人应当在人民法院确定的债权申报期限内向管理人申报债权。

债务人所欠职工的工资和医疗、伤残补助、抚恤费用，所欠的应当划入职工个人账户的基本养老保险、基本医疗保险费用，以及法律、行政法规规定应当支付给职工的补偿金，不必申报，由管理人调查后列出清单并予以公示。职工对清单记载有异议的，可以要求管理人更正；管理人不予更正的，职工可以向人民法院提起诉讼。

注释　[劳动债权]

劳动债权，是指因破产宣告前的劳动关系而发生的债权，包括破产企业所欠职工工资和欠缴的基本社会保险费用，以及法律、行政法规规定应当支付给职工的补偿金等其他费用，但依政策性破产由破产企业土地使用权转让所得用于安置职工的职工安置费用除外。

参见　《最高人民法院关于〈中华人民共和国企业破产法〉施行时尚未审结的企业破产案件适用法律若干问题的规定》第10条；《最高人民法院关于适用〈中华人民共和国企业法〉若干问题的规定（三）》第3条

第四十九条　【申报债权的书面说明】债权人申报债权时，应当书面说明债权的数额和有无财产担保，并提交有关证据。申报的债权是连带债权的，应当说明。

注释　[申报债权应提交的证据]

债权人申报债权时，应当书面说明债权的数额和有无财产担保，并提供如下证据：（1）债权证明。即证明债权的真实性、有效性的文件，如合同、借据、法院判决等。（2）身份证明。债权人自己申报的应当提交合法有效的身份证明，代理申报人应当提交委托人的有效身份证明、授权委托书和代权证明。（3）担保证明。申报的债权有财产担保的，应当提交证明财产担保的证据。

破产案件受理后，债权人向人民法院提起新诉讼的，应予驳回。其起诉不具有债权申报的效力。

第五十条　【连带债权人申报债权】连带债权人可以由其中一人代表全体连带债权人申报债权，也可以共同申报债权。

第五十一条　【连带债务人申报债权】债务人的保证人或者其他连带债务人已经代替债务人清偿债务的，以其对债务人的求偿权申报债权。

343

债务人的保证人或者其他连带债务人尚未代替债务人清偿债务的，以其对债务人的将来求偿权申报债权。但是，债权人已经向管理人申报全部债权的除外。

第五十二条　【连带债务人的债权人申报债权】连带债务人数人被裁定适用本法规定的程序的，其债权人有权就全部债权分别在各破产案件中申报债权。

第五十三条　【解除合同后对方当事人申报债权】管理人或者债务人依照本法规定解除合同的，对方当事人以因合同解除所产生的损害赔偿请求权申报债权。

第五十四条　【受托人申报债权】债务人是委托合同的委托人，被裁定适用本法规定的程序，受托人不知该事实，继续处理委托事务的，受托人以由此产生的请求权申报债权。

第五十五条　【票据付款人申报债权】债务人是票据的出票人，被裁定适用本法规定的程序，该票据的付款人继续付款或者承兑的，付款人以由此产生的请求权申报债权。

第五十六条　【补充申报债权】在人民法院确定的债权申报期限内，债权人未申报债权的，可以在破产财产最后分配前补充申报；但是，此前已进行的分配，不再对其补充分配。为审查和确认补充申报债权的费用，由补充申报人承担。

债权人未依照本法规定申报债权的，不得依照本法规定的程序行使权利。

注释　债权人未依照本法规定申报债权的，不得依照本法规定的程序行使权利。其后果是：第一，债务人破产清算的，除非债务人有保证人或者其他连带债务人，该未申报债权成为永久履行不能。第二，债务人重整的，该未申报债权在重整计划执行期间不得行使权利；在重整计划执行完毕后，可以按照重整计划规定的同类债权的清偿条件行使权利。第三，债务人和解的，该未申报债权在和解协议执行期间不得行使权利；在和解协议执行完毕后，可以按照和解协议规定的清偿条件行使权利。

参见　《最高人民法院关于〈中华人民共和国企业破产法〉

施行时尚未审结的企业破产案件适用法律若干问题的规定》第8条

第五十七条　【债权表】管理人收到债权申报材料后，应当登记造册，对申报的债权进行审查，并编制债权表。

债权表和债权申报材料由管理人保存，供利害关系人查阅。

参见　《最高人民法院关于适用〈中华人民共和国企业法〉若干问题的规定（三）》第6条

第五十八条　【债权表的核查、确认与异议】依照本法第五十七条规定编制的债权表，应当提交第一次债权人会议核查。

债务人、债权人对债权表记载的债权无异议的，由人民法院裁定确认。

债务人、债权人对债权表记载的债权有异议的，可以向受理破产申请的人民法院提起诉讼。

参见　《最高人民法院关于适用〈中华人民共和国企业法〉若干问题的规定（三）》第7~9条

第七章　债权人会议

第一节　一般规定

第五十九条　【债权人会议的组成】依法申报债权的债权人为债权人会议的成员，有权参加债权人会议，享有表决权。

债权尚未确定的债权人，除人民法院能够为其行使表决权而临时确定债权额的外，不得行使表决权。

对债务人的特定财产享有担保权的债权人，未放弃优先受偿权利的，对于本法第六十一条第一款第七项、第十项规定的事项不享有表决权。

债权人可以委托代理人出席债权人会议，行使表决权。代理人出席债权人会议，应当向人民法院或者债权人会议主席提交债权人的授权委托书。

债权人会议应当有债务人的职工和工会的代表参加,对有关事项发表意见。

> **注释** ［债权人会议］
> 债权人会议是在破产程序中代表全体债权人共同利益的意思表示机关,因此,由破产债务人的全体债权人组成。不论对债务人享有的债权是无财产担保的债权还是有财产担保的债权,也不论是数额确定的债权还是数额尚未确定的债权,除法律另有规定外,每一债权人都应成为债权人会议的成员,都能在债权人会议上就涉及债权人利益的议题发表自己的意见,表达自己的意志;在有表决权的多数债权人意志的基础上,形成代表全体债权人整体利益的共同意志。但是,未依本法的规定如期申报债权的债权人,视为其自愿放弃依破产程序受偿的权利,不能参加破产程序,自然也不能成为债权人会议的成员。

［债权人会议表决权的限制情形］
(1) 对债务人的特定财产享有优先权的债权人没有表决权。
当然,如果享有担保权或者法定优先权的债权数额超过作为担保权或法定优先权标的的财产价值的,其未受清偿部分,得作为普通破产债权,债权人得以未受优先清偿的债权数额为限在债权人会议上行使表决权。如果有财产担保或者法定优先权的债权人,放弃其就特定财产优先受偿的权利,则同普通破产债权人无异,在债权人会议上享有表决权。
(2) 债权不能确定的债权人没有表决权。
在破产程序中,债权人会议表决的事项,实行债权人人数和所代表的债权数额双重多数通过的原则。因此,债权人所拥有的债权数额必须确定,否则将无法根据债权数额来计算表决结果。

第六十条 【债权人会议主席】债权人会议设主席一人,由人民法院从有表决权的债权人中指定。

债权人会议主席主持债权人会议。

第六十一条 【债权人会议的职权】债权人会议行使下列职权:
(一) 核查债权;

（二）申请人民法院更换管理人，审查管理人的费用和报酬；

（三）监督管理人；

（四）选任和更换债权人委员会成员；

（五）决定继续或者停止债务人的营业；

（六）通过重整计划；

（七）通过和解协议；

（八）通过债务人财产的管理方案；

（九）通过破产财产的变价方案；

（十）通过破产财产的分配方案；

（十一）人民法院认为应当由债权人会议行使的其他职权。

债权人会议应当对所议事项的决议作成会议记录。

第六十二条 【债权人会议的召开】第一次债权人会议由人民法院召集，自债权申报期限届满之日起十五日内召开。

以后的债权人会议，在人民法院认为必要时，或者管理人、债权人委员会、占债权总额四分之一以上的债权人向债权人会议主席提议时召开。

第六十三条 【通知债权人】召开债权人会议，管理人应当提前十五日通知已知的债权人。

注释 为使债权人能够做好参加债权人会议的必要准备，以准时参加会议，充分发表自己的意见，行使自己的权利，应当将召开债权人会议的有关事项，提前书面通知债权人。依照本法的规定，人民法院在发布裁定受理破产申请的通知和公告中，应当列明第一次债权人会议召开的日期和地点。以后债权人会议的召开，应由管理人提前15日通知已知的债权人。通知应当载明召开债权人会议的时间、地点和议程。

第六十四条 【债权人会议的决议】债权人会议的决议，由出席会议的有表决权的债权人过半数通过，并且其所代表的债权额占无财产担保债权总额的二分之一以上。但是，本法另有规定的除外。

债权人认为债权人会议的决议违反法律规定，损害其利益的，

347

可以自债权人会议作出决议之日起十五日内,请求人民法院裁定撤销该决议,责令债权人会议依法重新作出决议。

债权人会议的决议,对于全体债权人均有约束力。

注释 [债权人会议的决议]

债权人会议是代表全体债权人整体利益的意思表示机关,应当在多数债权人意思表示的基础上,体现全体债权人的共同意愿。为此,凡依法应由债权人会议决定的事项,必须获得有表决权的债权人会议成员的多数同意,才能通过。

本法规定,债权人会议的决议,由出席会议的有表决权的债权人的过半数通过,并且其所代表的债权额占无财产担保债权总额的1/2以上;但是,通过和解协议草案的决议,必须占无财产担保债权总额的2/3以上。债权人会议通过重整计划草案,则实行按债权分类分组表决的办法,本法对此另作了专门规定。

[债权人会议决议的撤销]

破产程序中设立债权人会议的宗旨,在于赋予全体债权人适当的自治权,以维护全体债权人的共同利益。债权人会议作出的任何决议,均应符合债权人会议的宗旨,不得损害部分债权人的合法权益。否则,利益受到损害的债权人有权对债权人会议通过的决议提出异议,要求撤销该项决议。本条第2款对此作了相应的规定。

参见 《最高人民法院关于〈中华人民共和国企业破产法〉施行时尚未审结的企业破产案件适用法律若干问题的规定》第12条;《最高人民法院关于适用〈中华人民共和国企业法〉若干问题的规定(三)》第11、12条

第六十五条 【法院裁定事项】本法第六十一条第一款第八项、第九项所列事项,经债权人会议表决未通过的,由人民法院裁定。

本法第六十一条第一款第十项所列事项,经债权人会议二次表决仍未通过的,由人民法院裁定。

对前两款规定的裁定,人民法院可以在债权人会议上宣布或者另行通知债权人。

第六十六条 【债权人申请复议】债权人对人民法院依照本法

第六十五条第一款作出的裁定不服的，债权额占无财产担保债权总额二分之一以上的债权人对人民法院依照本法第六十五条第二款作出的裁定不服的，可以自裁定宣布之日或者收到通知之日起十五日内向该人民法院申请复议。复议期间不停止裁定的执行。

注释 [破产程序的公平与效率]
　　破产程序作为保证破产财产在债权人之间公平分配的程序，必须保证公平，但同时也应讲求效率。在须经债权人会议表决的事项中，有些必须要办的事项，可能会因为债权人利益和要求的不一致而难以取得表决通过所需的双重多数。为避免破产清算程序因债权人会议不能形成决议而久拖不决，本法规定，对破产财产的管理方案、变价方案，经债权人会议表决未通过的，由人民法院作出裁定；对破产财产的分配方案，经债权人会议二次表决仍不能通过的，由人民法院作出裁定。债权人对人民法院作出的裁定不服的，可以依照本条的规定向作出裁定的人民法院申请复议，但复议期间不影响裁定的执行。

参见 《最高人民法院关于〈中华人民共和国企业破产法〉施行时尚未审结的企业破产案件适用法律若干问题的规定》第13条

第二节　债权人委员会

第六十七条　【债权人委员会的组成】债权人会议可以决定设立债权人委员会。债权人委员会由债权人会议选任的债权人代表和一名债务人的职工代表或者工会代表组成。债权人委员会成员不得超过九人。
　　债权人委员会成员应当经人民法院书面决定认可。

注释　债权人委员会不是法定的必设机构，其设立与否由债权人会议自行决定。对破产财产数额较小、债权人数量较少的破产案件，可以不设债权人委员会。债权人委员会是债权人会议的代表机构，其成员应由债权人会议决定。依照本法的规定，债权人委员会成员应由债权人会议按照法定的表决程序，从债权人中选任。为维护破产企业职工的权益，债权人委员会成员中还必须有一名职工代表或者工会代表。

第六十八条　【债权人委员会的职权】债权人委员会行使下列职权：

（一）监督债务人财产的管理和处分；

（二）监督破产财产分配；

（三）提议召开债权人会议；

（四）债权人会议委托的其他职权。

债权人委员会执行职务时，有权要求管理人、债务人的有关人员对其职权范围内的事务作出说明或者提供有关文件。

管理人、债务人的有关人员违反本法规定拒绝接受监督的，债权人委员会有权就监督事项请求人民法院作出决定；人民法院应当在五日内作出决定。

> **参见**　《最高人民法院关于适用〈中华人民共和国企业法〉若干问题的规定（三）》第13、14条

第六十九条　【管理人行为的告知】管理人实施下列行为，应当及时报告债权人委员会：

（一）涉及土地、房屋等不动产权益的转让；

（二）探矿权、采矿权、知识产权等财产权的转让；

（三）全部库存或者营业的转让；

（四）借款；

（五）设定财产担保；

（六）债权和有价证券的转让；

（七）履行债务人和对方当事人均未履行完毕的合同；

（八）放弃权利；

（九）担保物的取回；

（十）对债权人利益有重大影响的其他财产处分行为。

未设立债权人委员会的，管理人实施前款规定的行为应当及时报告人民法院。

> **注释**　本条详细列举了管理人应当向债权人委员会报告的工

作内容，实际上是本法第68条规定的债权人委员会监督对债务人财产的管理和处分行为的具体化，是从管理人义务的角度对监督内容作出的规定。

参见　《企业破产法》第68条；《最高人民法院关于适用〈中华人民共和国企业法〉若干问题的规定（三）》第15条

第八章　重　　整

第一节　重整申请和重整期间

第七十条　【重整申请】债务人或者债权人可以依照本法规定，直接向人民法院申请对债务人进行重整。

债权人申请对债务人进行破产清算的，在人民法院受理破产申请后、宣告债务人破产前，债务人或者出资额占债务人注册资本十分之一以上的出资人，可以向人民法院申请重整。

注释　[破产重整制度]

破产重整制度是本法新引入的一项制度，是对可能或已经发生破产原因但又有希望再生的债务人，通过各方利害关系人的协商，并借助法律强制性地调整他们的利益，对债务人进行生产经营上的整顿和债权债务关系上的清理，以期摆脱财务困境，重获经营能力的特殊法律制度。通过破产重整，可以使债务人重获新生，避免因企业破产清算而带来的职工下岗等一系列社会问题，体现了现代破产法实施破产预防的目的。

按照本条的规定，可以申请对债务人进行破产重整的包括三类当事人：债权人、债务人以及出资额占债务人注册资本1/10以上的出资人。

参见　《企业破产法》第2、7、134条

第七十一条　【裁定重整与公告】人民法院经审查认为重整申请符合本法规定的，应当裁定债务人重整，并予以公告。

注释 ［重整申请的审查］

人民法院收到申请人提交的重整申请书和有关证据以后,应当依法进行审查。审查的目的在于审核债务人是否符合法律规定的进行重整的条件。审查包括两个方面:(1)实质审查。主要审查债务人是否具有不能清偿到期债务,并且资产不足以清偿全部债务或者明显缺乏清偿能力的,或者有明显丧失清偿能力可能的情形,即法律规定的可以进行重整的条件。(2)形式审查。主要是对申请人的资格、申请书的形式和内容、接收重整申请书的法院有无管辖权、重整费用的缴纳等事项进行审查。

［裁定重整并公告］

人民法院对重整申请进行审查以后,认为重整申请符合本法规定条件的,即应当作出准许债务人重整的裁定,并予以公告。公告应当载明申请人、被申请人的名称或者姓名,人民法院裁定债务人重整开始的时间,申报债权的期限、地点和申报的注意事项,管理人的名称或者姓名及其处理事务的地址,债务人的债务人或者财产持有人应当向管理人清偿债务或者交付财产的要求,第一次债权人会议召开的时间、地点以及人民法院认为应当公告的其他事项。

第七十二条 【重整期间】自人民法院裁定债务人重整之日起至重整程序终止,为重整期间。

第七十三条 【债务人自行管理与营业】在重整期间,经债务人申请,人民法院批准,债务人可以在管理人的监督下自行管理财产和营业事务。

有前款规定情形的,依照本法规定已接管债务人财产和营业事务的管理人应当向债务人移交财产和营业事务,本法规定的管理人的职权由债务人行使。

注释 ［重整期间对债务人的行为限制］

本法规定,自人民法院裁定债务人重整之日起至重整程序终止,为重整期间。重整期间又被称为重整保护期,其间对各方当事人的行为要进行一定的限制:(1)经债务人申请,人民法院批准,债务人可以在管理人的监督下自行管理财产和营业事务。即在重整期间,可以恢复债务人对其财产的管理权。(2) 对债务人的特定财产享有的担保权暂停行使。但是，担保物有损坏或者价值明显减少的可能，足以危害担保权人权利的，担保权人可以向人民法院请求恢复行使担保权。(3) 债务人合法占有的他人财产，该财产的权利人请求取回的，应当符合事先约定的条件。(4) 债务人的出资人不得请求投资收益分配。(5) 债务人的董事、监事、高级管理人员除经人民法院同意，不得向第三人转让其持有的债务人的股权。

参见 《企业破产法》第25条

第七十四条 【管理人管理与营业】管理人负责管理财产和营业事务的，可以聘任债务人的经营管理人员负责营业事务。

第七十五条 【重整期间担保权的行使与借款】在重整期间，对债务人的特定财产享有的担保权暂停行使。但是，担保物有损坏或者价值明显减少的可能，足以危害担保权人权利的，担保权人可以向人民法院请求恢复行使担保权。

在重整期间，债务人或者管理人为继续营业而借款的，可以为该借款设定担保。

注释　[重整期间行使担保权]

担保权的行使，主要是通过以债务人的特定财产折价或者以拍卖、变卖该财产的价款优先受偿，其后果是导致债务人现有财产的减少。这对于处于重整期间的债务人而言，是十分不利的。因为进入重整程序的债务人，本来就已经处于十分困难的境地，进行重整的目的就是想通过重整，在现有实际占有财产的基础上，通过继续营业，摆脱困境，如果此时再减少其财产，等于是削弱其继续营业的物质基础。因此，在重整期间，对债务人的特定财产享有的担保权暂停行使。但是，担保物有损坏或者价值明显减少的可能，足以危害担保权人权利的，担保权人可以向人民法院请求恢复行使担保权。

[重整期间债务人提供担保]

债务人提供担保，等于是增加新的债务，不利于已有债权人的利益。因此，本法规定，在人民法院受理破产申请前1年内，对没有财产担保的债务提供担保的,管理人有权请求人民法院予以撤销;因此取得的债务人财产,管理人有权追回。但是,在重整期间,如果还是一律不允许设定新的担保,将产生因继续营业急需补充适当资金但又无法借款等现实问题,从而无法实现重整目标。因此,针对重整期间的特殊情况,在特定条件下,仍然可以提供担保。

(1)为继续营业需要取回质物、留置物而提供替代担保。在重整期间,债务人或者管理人为了继续营业,可以通过提供为债权人接受的担保,取回质物、留置物。

(2)为继续营业需要借款而设定担保。所谓借款,是指借款人向贷款人借款,到期返还借款并支付利息的行为。在重整期间,债务人或者管理人为了继续营业而借款的,可以为该借款设定担保。

第七十六条 【重整期间的取回权】债务人合法占有的他人财产,该财产的权利人在重整期间要求取回的,应当符合事先约定的条件。

注释 [取回权]

本条是关于取回权的规定。所谓取回权,是指由债务人合法占有但不属于债务人财产范围的财产,其权利人在重整期间行使取回该财产的权利。所谓合法占有,是指债务人占有他人财产,具有法律规定或者合同约定的依据。如债务人通过与他人签订机器设备的租赁合同,租用他人的机器设备,即为依据租赁合同的约定合法占有他人的机器设备。在重整期间,债务人合法占有的他人财产,该财产的权利人不能因为债务人进行重整而要求取回。如果该财产的权利人要求取回财产的,应当符合原来约定的条件,如机器设备的租赁期限届满等,方可要求取回。

第七十七条 【重整期间对出资人收益分配与董事、监事、高级管理人员持股转让的限制】在重整期间,债务人的出资人不得请求投资收益分配。

在重整期间,债务人的董事、监事、高级管理人员不得向第三人转让其持有的债务人的股权。但是,经人民法院同意的除外。

注释 破产重整裁定生效后,出资人和企业管理人员的权利都受到限制。在重整程序中,债权人的权利受到限制,出资人和企业管理人员的权利也受到限制。

(1) 债务人的出资人不得请求投资收益分配。请求投资收益分配,意味着债务人财产的减少,从而可能影响债权人的利益。即使在重整期间的经营状况明显好转,取得较好的生产经营收入,也应当先清偿债务、弥补亏损,而不能将收入直接分配给出资人。

(2) 债务人的董事、监事以及其他高级管理人员,不得向第三人转让其个人对债务人持有的股权。但是,经人民法院同意的除外。如果董事、监事、高级管理人员转让自己持有的股权,不仅有可能影响债权人的利益,还有可能影响第三人的利益,因此不得向第三人转让其个人对债务人持有的股权。

第七十八条 【重整终止与破产宣告】在重整期间,有下列情形之一的,经管理人或者利害关系人请求,人民法院应当裁定终止重整程序,并宣告债务人破产:

(一) 债务人的经营状况和财产状况继续恶化,缺乏挽救的可能性;

(二) 债务人有欺诈、恶意减少债务人财产或者其他显著不利于债权人的行为;

(三) 由于债务人的行为致使管理人无法执行职务。

注释 [破产重整程序终止]

本条规定,在重整计划提交表决前,可以基于两种原因提前终止重整程序:

(1) 继续重整存在重大障碍。如果债务人的经济状况或者行为显示其没有挽救可能,应当立即终止重整并转入破产清算,以避免因债务人财产的无谓消耗给债权人带来清偿利益的损失。

(2) 未按时提交重整计划草案。为了减少重整程序的成本和避免重整程序的滥用,本法对提交重整计划草案有严格的时间规定。根据第79条的规定,债务人或者管理人自人民法院裁定债务人重整之日起6个月内,或者在人民法院裁定延期后的3个月内,没有向

355

人民法院和债权人会议提交重整计划草案的,人民法院应当裁定终止重整程序,并宣告债务人破产。

第二节 重整计划的制定和批准

第七十九条 【重整计划草案的提交期限】债务人或者管理人应当自人民法院裁定债务人重整之日起六个月内,同时向人民法院和债权人会议提交重整计划草案。

前款规定的期限届满,经债务人或者管理人请求,有正当理由的,人民法院可以裁定延期三个月。

债务人或者管理人未按期提出重整计划草案的,人民法院应当裁定终止重整程序,并宣告债务人破产。

第八十条 【重整计划草案的制作主体】债务人自行管理财产和营业事务的,由债务人制作重整计划草案。

管理人负责管理财产和营业事务的,由管理人制作重整计划草案。

第八十一条 【重整计划草案的内容】重整计划草案应当包括下列内容:

(一)债务人的经营方案;

(二)债权分类;

(三)债权调整方案;

(四)债权受偿方案;

(五)重整计划的执行期限;

(六)重整计划执行的监督期限;

(七)有利于债务人重整的其他方案。

注释 [债务人的经营方案]

债务人经营方案是制定重整计划草案的重中之重。经营方案应当对债务人的资产状况、产品结构、市场前景等进行深入分析和论证,找出债务人陷入濒临破产困境的原因,并以此提出解决之道。在制定经营方案时,应根据债务人的具体情况,有的放矢,提供切实可行的方案。

［债权分类］

将各种利害关系人分门别类，分组表决，是本法对重组计划表决方式的规定。债权根据性质不同，其让步幅度和清偿顺序也有所区别，一般可分为以下四类：（1）对债务人的特定财产享有担保权的债权；（2）债务人所欠职工的工资和医疗、伤残补助、抚恤费用，所欠的应当划入职工个人账户的基本养老保险、基本医疗保险费用，以及法律、行政法规规定应当支付给职工的补偿金；（3）债务人所欠税款；（4）普通债权，即由于各种合同违约或侵权形成的他人对债务人的债权以及担保权人放弃优先权或未受偿优先权而转成的普通债权。

［债权调整方案］

债权调整方案是债务人对重整计划具体措施的体现。内容涉及企业整体情况的处理；企业重新发展的资金来源，主要包括可借入资本、出售部分财产换取资金、股份公司可征得证券监管部门的同意增发股票或债券募集资金或进行合理的资本置换等。

［债权受偿方案］

在债权受偿方案中，应规定各类债权变动的具体情况，债权的受偿时间、金额，受偿方式和受偿条件，履行的担保等。

［重整计划的执行期限］

确定重整计划的执行期限应该恰当，以三至五年为宜。执行期限过长，如定为十年或二十年，不利于保护债权人利益；如果过短，难免操之过急，不利于重整计划的实现。

［重整计划执行的监督期限］

对重整计划的执行进行监督是保证重整计划执行效果的一种重要手段。为了保证债务人严格按照重整计划进行企业重整工作，积极争取实现重整目标，在重整计划规定的监督期内，由管理人监督重整计划的执行。债务人应当向管理人报告重整计划执行情况和债务人财务状况。

［有利于债务人重整的其他方案］

此项属于任意性内容，其内容可根据不同重整案件的具体情况而定。主要包括：待履行合同的终止或确认；债务人对抗第三方权利的行使或调整；债务人财产的运用；其他与重整计划有关的重要问题。

第八十二条　【债权分类与重整计划草案分组表决】 下列各类债权的债权人参加讨论重整计划草案的债权人会议，依照下列债权分类，分组对重整计划草案进行表决：

（一）对债务人的特定财产享有担保权的债权；

（二）债务人所欠职工的工资和医疗、伤残补助、抚恤费用，所欠的应当划入职工个人账户的基本养老保险、基本医疗保险费用，以及法律、行政法规规定应当支付给职工的补偿金；

（三）债务人所欠税款；

（四）普通债权。

人民法院在必要时可以决定在普通债权组中设小额债权组对重整计划草案进行表决。

注释　　[分组表决]

分组表决是指将债权人按不同标准分为若干小组，再以小组为单位进行分别表决，然后按各组表决的结果计算债权人会议表决的结果。分组表决原则是由公平原则与平等原则发展而来的，其目的就在于相同权利同等对待。在重整计划的表决过程中，分组表决是一项重要的原则。

第八十三条　【不得减免的费用】 重整计划不得规定减免债务人欠缴的本法第八十二条第一款第二项规定以外的社会保险费用；该项费用的债权人不参加重整计划草案的表决。

第八十四条　【重整计划草案的表决】 人民法院应当自收到重整计划草案之日起三十日内召开债权人会议，对重整计划草案进行表决。

出席会议的同一表决组的债权人过半数同意重整计划草案，并且其所代表的债权额占该组债权总额的三分之二以上的，即为该组通过重整计划草案。

债务人或者管理人应当向债权人会议就重整计划草案作出说明,并回答询问。

参见 《企业破产法》第64、97条

第八十五条 【出资人代表列席会议与出资人组表决】债务人的出资人代表可以列席讨论重整计划草案的债权人会议。

重整计划草案涉及出资人权益调整事项的,应当设出资人组,对该事项进行表决。

第八十六条 【表决通过重整计划与重整程序终止】各表决组均通过重整计划草案时,重整计划即为通过。

自重整计划通过之日起十日内,债务人或者管理人应当向人民法院提出批准重整计划的申请。人民法院经审查认为符合本法规定的,应当自收到申请之日起三十日内裁定批准,终止重整程序,并予以公告。

第八十七条 【裁定批准重整计划与重整程序终止】部分表决组未通过重整计划草案的,债务人或者管理人可以同未通过重整计划草案的表决组协商。该表决组可以在协商后再表决一次。双方协商的结果不得损害其他表决组的利益。

未通过重整计划草案的表决组拒绝再次表决或者再次表决仍未通过重整计划草案,但重整计划草案符合下列条件的,债务人或者管理人可以申请人民法院批准重整计划草案:

(一)按照重整计划草案,本法第八十二条第一款第一项所列债权就该特定财产将获得全额清偿,其因延期清偿所受的损失将得到公平补偿,并且其担保权未受到实质性损害,或者该表决组已经通过重整计划草案;

(二)按照重整计划草案,本法第八十二条第一款第二项、第三项所列债权将获得全额清偿,或者相应表决组已经通过重整计划草案;

(三)按照重整计划草案,普通债权所获得的清偿比例,不低于其在重整计划草案被提请批准时依照破产清算程序所能获得的清偿

比例,或者该表决组已经通过重整计划草案;

(四)重整计划草案对出资人权益的调整公平、公正,或者出资人组已经通过重整计划草案;

(五)重整计划草案公平对待同一表决组的成员,并且所规定的债权清偿顺序不违反本法第一百一十三条的规定;

(六)债务人的经营方案具有可行性。

人民法院经审查认为重整计划草案符合前款规定的,应当自收到申请之日起三十日内裁定批准,终止重整程序,并予以公告。

第八十八条 【重整程序的非正常终止】重整计划草案未获得通过且未依照本法第八十七条的规定获得批准,或者已通过的重整计划未获得批准的,人民法院应当裁定终止重整程序,并宣告债务人破产。

第三节 重整计划的执行

第八十九条 【重整计划的执行主体】重整计划由债务人负责执行。

人民法院裁定批准重整计划后,已接管财产和营业事务的管理人应当向债务人移交财产和营业事务。

> **注释** 所谓重整计划的执行,是指对重整计划的具体实施,即将重整计划规定的内容付诸实际。重整计划的执行,是重整程序的最终落脚点,也是重整目的能否实现的实际检验。根据本法的规定,重整计划的执行,涉及由谁负责执行重整计划、由谁监督重整计划的执行、重整计划的法律效力以及重整计划没有得到执行或者执行完毕的法律后果等具体要求。
>
> 重整计划经人民法院批准以后,由债务人负责执行。债务人应当认真执行重整计划,严格按照重整计划规定的要求履行职责。管理人已经接管债务人财产和营业事务的,在人民法院裁定批准重整计划以后,应当及时向债务人移交接管的财产和营业事务,以保证债务人执行重整计划。

第九十条 【重整计划执行的监督与报告】自人民法院裁定批准重整计划之日起,在重整计划规定的监督期内,由管理人监督重整计划的执行。

在监督期内,债务人应当向管理人报告重整计划执行情况和债务人财务状况。

注释 [重整计划执行监督]

重整计划执行监督是指监督人对重整计划的执行进行全面监督的行为。本法将管理人作为重整计划执行监督人。监督人的职责是对重整计划执行人进行监督和指挥,但本身又须受法院的监督。重整计划经过严格的程序发生法律效力后,在执行过程中,必须严格履行,不允许擅自变更。管理人就是为此而监督重整计划的执行。

第九十一条 【监督报告与监督期限的延长】监督期届满时,管理人应当向人民法院提交监督报告。自监督报告提交之日起,管理人的监督职责终止。

管理人向人民法院提交的监督报告,重整计划的利害关系人有权查阅。

经管理人申请,人民法院可以裁定延长重整计划执行的监督期限。

第九十二条 【重整计划的约束力】经人民法院裁定批准的重整计划,对债务人和全体债权人均有约束力。

债权人未依照本法规定申报债权的,在重整计划执行期间不得行使权利;在重整计划执行完毕后,可以按照重整计划规定的同类债权的清偿条件行使权利。

债权人对债务人的保证人和其他连带债务人所享有的权利,不受重整计划的影响。

注释 经人民法院裁定批准的重整计划,是在债权人会议表决的基础上形成的关于债务人重整的计划,因此对债务人和全体债权人均有约束力。债权人未依照本法规定申报债权的,在重整计划执行期间不得行使权利。在重整计划执行期间,无论是否申报债权,

361

破产债权都不得行使。在重整计划执行完毕后，可以按照重整计划规定的同类债权的清偿条件行使权利。债权人对债务人的保证人和其他连带债务人所享有的权利，不受重整计划的影响。债权人可以要求债务人的保证人和其他连带债务人清偿债务，债务人的保证人和其他连带债务人在清偿债务之前，可以申报债权，预先行使追偿权，但最终获得多大比例的分配，则根据案件具体情况而定。

案例 王某与北京某房地产开发有限公司等合同纠纷上诉案（北京市第一中级人民法院民事裁定书〔2009〕一中民终字第9504号）

案件适用要点： 根据本法第92条第1款的规定，若对法院裁定批准的重整计划有异议，则应于人民法院裁定批准重整计划前提出，即在重整期间提出。该提出异议的期间为法律规定债权人行使权利的期间，故在超过该法定期间后，债权人提出该异议的权利消灭。

第九十三条 【重整计划的终止】债务人不能执行或者不执行重整计划的，人民法院经管理人或者利害关系人请求，应当裁定终止重整计划的执行，并宣告债务人破产。

人民法院裁定终止重整计划执行的，债权人在重整计划中作出的债权调整的承诺失去效力。债权人因执行重整计划所受的清偿仍然有效，债权未受清偿的部分作为破产债权。

前款规定的债权人，只有在其他同顺位债权人同自己所受的清偿达到同一比例时，才能继续接受分配。

有本条第一款规定情形的，为重整计划的执行提供的担保继续有效。

注释 ［申请重整计划终止执行的主体］

重整成功与否，不仅关系到重整企业的利益，同时也与出资人、债权人等与企业有利害关系的人的利益相关联。当重整企业出现终止重整程序的情形时，受损害的是利害关系人，故原则上重整计划终止的启动应尊重利害关系人的意志。利害关系人提出申请，由法院裁定终止重整程序。

［重整计划终止执行的原因］

债务人不能执行重整计划的，人民法院应当裁定终止重整计划的执行。债务人不能执行，是指债务人执行重整计划存在客观不能的情况；债务人不执行重整计划的，人民法院应当裁定终止重整计划的执行。债务人不执行，是指债务人存在主观不能的情况。

［重整计划终止执行的效力］

程序上的效力为同时宣告债务人破产；实体上的效力，主要是对债权人的效力：（1）债权人因重整计划实施所受的清偿仍然有效。债权未受偿的部分，作为破产债权行使权利。接受了部分清偿的债权人，只有在其他债权人所受的清偿达到同一比例时，才能继续接受分配。（2）债权人在重整计划中作出的让步失去效力。（3）为重整计划执行提供的担保，在重整计划规定的担保范围内继续有效。

第九十四条 【重整计划减免的债务不再清偿】按照重整计划减免的债务，自重整计划执行完毕时起，债务人不再承担清偿责任。

第九章 和　　解

第九十五条 【和解申请】债务人可以依照本法规定，直接向人民法院申请和解；也可以在人民法院受理破产申请后、宣告债务人破产前，向人民法院申请和解。

债务人申请和解，应当提出和解协议草案。

注释　［提出和解申请的主体］

提出和解申请的主体是债务人，即不能清偿到期债务，并且资产不足以清偿全部债务或者明显缺乏清偿能力的企业法人。根据本法第7条第1款的规定，债务人享有和解申请权。同时，债务人在具有法定情形时，享有申请重整、和解或者破产清算的选择权。根据本法第7条第2款的规定，债权人只能提出对债务人进行重整或者破产清算的申请，而不能提出和解的申请，即不享有和解申请权。

［提出和解申请的条件］

债务人提出和解申请的条件是应当具有法定情形，即具有本法

363

第2条第1款规定的"不能清偿到期债务,并且资产不足以清偿全部债务或者明显缺乏清偿能力"的情形。至于债务人应当在什么时候提出和解申请,本法第95条第1款的规定,允许债务人既可以直接向人民法院提出和解申请,也可以在法院受理破产申请后、宣告破产前申请和解,赋予债务人和解申请权行使的更大空间。

参见 《企业破产法》第7条;《最高人民法院关于〈中华人民共和国企业破产法〉施行时尚未审结的企业破产案件适用法律若干问题的规定》第1条

第九十六条 【裁定和解】人民法院经审查认为和解申请符合本法规定的,应当裁定和解,予以公告,并召集债权人会议讨论和解协议草案。

对债务人的特定财产享有担保权的权利人,自人民法院裁定和解之日起可以行使权利。

第九十七条 【通过和解协议】债权人会议通过和解协议的决议,由出席会议的有表决权的债权人过半数同意,并且其所代表的债权额占无财产担保债权总额的三分之二以上。

第九十八条 【裁定认可和解协议并终止和解程序】债权人会议通过和解协议的,由人民法院裁定认可,终止和解程序,并予以公告。管理人应当向债务人移交财产和营业事务,并向人民法院提交执行职务的报告。

注释 债权人会议通过的和解协议并不当然具有法律效力,还必须经人民法院的审查和许可。人民法院应对债权人会议通过的和解协议进行审查,审查决议程序是否合法,是否违反法律、行政法规,协议是否损害了债权人的一般利益,如果没有不应认可的法定事由,人民法院应当认可和解协议。人民法院认可和解协议的,应当作出裁定,同时终止和解程序,并予以公告。和解协议自公告之日起对所有债权人均有约束力。人民法院裁定终止和解程序的,管理人应当向债务人移交财产和营业事务,并向人民法院提交执行职务的报告。

第九十九条 【和解协议的否决与宣告破产】和解协议草案经债权人会议表决未获得通过，或者已经债权人会议通过的和解协议未获得人民法院认可的，人民法院应当裁定终止和解程序，并宣告债务人破产。

第一百条 【和解协议的约束力】经人民法院裁定认可的和解协议，对债务人和全体和解债权人均有约束力。

和解债权人是指人民法院受理破产申请时对债务人享有无财产担保债权的人。

和解债权人未依照本法规定申报债权的，在和解协议执行期间不得行使权利；在和解协议执行完毕后，可以按照和解协议规定的清偿条件行使权利。

注释 所谓和解协议的生效，是指和解协议开始发生法律约束力。本条明确规定，经人民法院裁定认可的和解协议，对债务人和全体和解债权人均有约束力。所谓和解债权人，是指人民法院受理破产申请时对债务人享有无财产担保债权的人，即普通债权人，包括不同意和解协议的债权人。债权人应当按照和解协议的规定接受清偿，不得向债务人要求和解协议规定以外的任何利益。只要债务人没有出现法定的、应予终结和解程序、宣告破产的事由，任何债权人均不得超越和解协议的约定实施干扰债务人正常生产经营和清偿活动的行为。

值得注意的是，和解协议对于在和解协议生效后发生的新债权不生效力。因为在和解协议生效后，债务人重新获得了对财产的支配权，为再生的需要，他必然要与他人发生新的交易，产生新的债权人。和解协议对这些新的债权人不产生任何效力，新债权人可以在和解协议外请求法院个别执行，债务人不能清偿债务的，甚至可以向法院申请债务人破产。

和解债权人没有依照法律规定申报债权的，在和解协议执行期间，不得行使权利；在和解协议执行完毕后，可以按照和解协议规定的清偿条件行使权利。

第一百零一条 【和解协议的影响】和解债权人对债务人的保

证人和其他连带债务人所享有的权利,不受和解协议的影响。

第一百零二条 【债务人履行和解协议的义务】债务人应当按照和解协议规定的条件清偿债务。

注释 和解协议生效后,债务人重新取得对其财产的支配权。个别债权人不得向债务人追索债务,请求企业给付财产的民事诉讼、民事执行程序以及相关的诉讼保全措施均不得进行。债务人应当严格执行和解协议,不得给予个别债权人以和解协议以外的利益,以防止在债权人之间产生不平等,影响和解协议的正常执行。

第一百零三条 【和解协议无效与宣告破产】因债务人的欺诈或者其他违法行为而成立的和解协议,人民法院应当裁定无效,并宣告债务人破产。

有前款规定情形的,和解债权人因执行和解协议所受的清偿,在其他债权人所受清偿同等比例的范围内,不予返还。

第一百零四条 【终止执行和解协议与宣告破产】债务人不能执行或者不执行和解协议的,人民法院经和解债权人请求,应当裁定终止和解协议的执行,并宣告债务人破产。

人民法院裁定终止和解协议执行的,和解债权人在和解协议中作出的债权调整的承诺失去效力。和解债权人因执行和解协议所受的清偿仍然有效,和解债权未受清偿的部分作为破产债权。

前款规定的债权人,只有在其他债权人同自己所受的清偿达到同一比例时,才能继续接受分配。

有本条第一款规定情形的,为和解协议的执行提供的担保继续有效。

注释 [和解程序终止的条件]

和解程序终止的条件是债务人不执行或者不能执行和解协议。不执行是指在和解协议规定的清偿期到来以后,债务人无正当理由拒绝对部分或全部债权人清偿。不能执行是指在和解协议规定的清偿期到来以后,债务人仍然没有清偿能力。企业执行和解协议期间,债权人会议发现企业财务状况继续恶化的,应当属于不能履行协议的清偿义务，有权申请终止和解。

[和解程序终止的法律后果]

人民法院宣告债务人破产的，和解债权人因债务人执行和解协议所受的清偿仍然有效。和解债权未受偿的部分，作为破产债权行使权利。

为和解协议的达成，债权人在和解协议中一般会有让步，一般涉及债务的清偿时间和清偿数额，和解程序终止后，和解协议对双方均不再有约束力，债权人在和解协议中所作的让步归于消灭，不再有效力，在计算破产债权时，仍以原债权为准。破产分配时，应以债权人的债权数额为基准按比例计算清偿数额，将各个债权人在和解过程中已受清偿部分扣除后，作为债权人应受偿数额。

和解协议终止履行后，和解协议本身是有效的，为和解协议的执行提供的担保继续有效。为和解协议的成立和执行所设立的保证和物的担保继续有效，有关财产应作为破产财产进行破产清算。

第一百零五条　【自行和解与破产程序终结】人民法院受理破产申请后，债务人与全体债权人就债权债务的处理自行达成协议的，可以请求人民法院裁定认可，并终结破产程序。

第一百零六条　【和解协议减免债务不再清偿】按照和解协议减免的债务，自和解协议执行完毕时起，债务人不再承担清偿责任。

第十章　破产清算

第一节　破产宣告

第一百零七条　【破产宣告】人民法院依照本法规定宣告债务人破产的，应当自裁定作出之日起五日内送达债务人和管理人，自裁定作出之日起十日内通知已知债权人，并予以公告。

债务人被宣告破产后，债务人称为破产人，债务人财产称为破产财产，人民法院受理破产申请时对债务人享有的债权称为破产债权。

第一百零八条 【破产宣告前的破产程序终结】破产宣告前，有下列情形之一的，人民法院应当裁定终结破产程序，并予以公告：

（一）第三人为债务人提供足额担保或者为债务人清偿全部到期债务的；

（二）债务人已清偿全部到期债务的。

第一百零九条 【别除权】对破产人的特定财产享有担保权的权利人，对该特定财产享有优先受偿的权利。

第一百一十条 【别除权的不完全实现与放弃】享有本法第一百零九条规定权利的债权人行使优先受偿权利未能完全受偿的，其未受偿的债权作为普通债权；放弃优先受偿权利的，其债权作为普通债权。

第二节 变价和分配

第一百一十一条 【破产财产变价方案】管理人应当及时拟订破产财产变价方案，提交债权人会议讨论。

管理人应当按照债权人会议通过的或者人民法院依照本法第六十五条第一款规定裁定的破产财产变价方案，适时变价出售破产财产。

注释 在破产程序中，管理人负责破产财产的管理和处分，破产财产的变价方案应当由管理人适时提出。破产财产的变价方案，应当对应予变价的财产的范围、财产类别、财产的评估价值、各类财产的变价方式和预计变价时间、预计支付的变价费用等有关破产财产变价的重要事项加以说明和规定。破产财产的变价方案涉及能否最大限度地实现破产财产的金钱价值，关系到全体破产债权人的切身利益，因此，管理人提出的破产财产变价方案，还必须经债权人会议讨论通过。对此，本条第一款规定，"管理人应当及时拟订破产财产变价方案，提交债权人会议讨论"。

管理人变价破产财产，应当符合债权人会议通过的变价方案。在实施变价时，依照本法的规定，对涉及土地、房屋等不动产权益的转让，全部库存或者营业的转让，探矿权、采矿权以及专利权、商标权、著作权的转让，债权和有价证券的转让等，还应向债权人委员会或人民法院报告。

第一百一十二条 【变价出售方式】变价出售破产财产应当通过拍卖进行。但是，债权人会议另有决议的除外。

破产企业可以全部或者部分变价出售。企业变价出售时，可以将其中的无形资产和其他财产单独变价出售。

按照国家规定不能拍卖或者限制转让的财产，应当按照国家规定的方式处理。

注释 [破产财产的变价方式]

破产财产的变价方式，是指为将非货币形态的破产财产转化为货币形态所采用的破产财产的出让方式。确定破产财产的变价方式，应当遵循以下原则：

(1) 除国家规定不能拍卖的物品和债权人会议另有决议的以外，破产财产的变价应当采用拍卖方式。按照本法的规定，债权人会议决议不采用拍卖方式变价的破产财产，管理人不能以拍卖方式变价，可以采取个别出售、招标出售、委托代售等方式变价。对属于国家规定限制转让的限制流通物，也不能采用拍卖方式变价。

(2) 破产财产的变价，应当按照追求破产财产价值最大化的原则，视具体情况，可以整体出售，也可以分别出售。

(3) 对属于国家规定限制转让的物品，即属于限制流通的物品，应当依照国家有关规定的方式变价。

第一百一十三条 【破产财产的清偿顺序】破产财产在优先清偿破产费用和共益债务后，依照下列顺序清偿：

(一) 破产人所欠职工的工资和医疗、伤残补助、抚恤费用，所欠的应当划入职工个人账户的基本养老保险、基本医疗保险费用，以及法律、行政法规规定应当支付给职工的补偿金；

(二) 破产人欠缴的除前项规定以外的社会保险费用和破产人所欠税款；

(三) 普通破产债权。

破产财产不足以清偿同一顺序的清偿要求的，按照比例分配。

破产企业的董事、监事和高级管理人员的工资按照该企业职工的平均工资计算。

第一百一十四条 【破产财产的分配方式】破产财产的分配应当以货币分配方式进行。但是，债权人会议另有决议的除外。

第一百一十五条 【破产财产的分配方案】管理人应当及时拟订破产财产分配方案，提交债权人会议讨论。

破产财产分配方案应当载明下列事项：

（一）参加破产财产分配的债权人名称或者姓名、住所；
（二）参加破产财产分配的债权额；
（三）可供分配的破产财产数额；
（四）破产财产分配的顺序、比例及数额；
（五）实施破产财产分配的方法。

债权人会议通过破产财产分配方案后，由管理人将该方案提请人民法院裁定认可。

第一百一十六条 【破产财产分配方案的执行】破产财产分配方案经人民法院裁定认可后，由管理人执行。

管理人按照破产财产分配方案实施多次分配的，应当公告本次分配的财产额和债权额。管理人实施最后分配的，应当在公告中指明，并载明本法第一百一十七条第二款规定的事项。

注释 破产财产分配方案经债权人会议表决通过后，管理人应将破产财产分配方案提交人民法院裁定。破产财产分配方案经人民法院裁定认可后，管理人即可按破产财产分配方案实施破产分配。

按照破产分配方案的规定和实际情况，破产分配可以一次完成，也可以分多次完成。依照本条的规定，管理人按照破产财产分配方案实施多次分配的，应当公告本次分配的财产额和受分配的债权额，以保证破产分配的公开、公正，使全体债权人能够了解、监督破产分配的进行，并及时受领分配，维护自己的合法权益。

多次分配中的最后分配，即为将现有可供分配的破产财产按照破产分配方案全部分配完毕，以终结破产程序的分配。在最后分配方案的公告中应当指明本次分配为最后分配。破产分配以一次分配完成的，管理人应当在分配方案公告中指明本次分配即为最后分配。

最后分配为破产程序中的最后一次分配，此次分配完结后，破产程序即应终结。在最后分配完结后如仍有未分配的破产财产或以后又发现有新的破产财产的，则应由法院依法进行追加分配。

第一百一十七条 【附条件债权的分配】对于附生效条件或者解除条件的债权，管理人应当将其分配额提存。

管理人依照前款规定提存的分配额，在最后分配公告日，生效条件未成就或者解除条件成就的，应当分配给其他债权人；在最后分配公告日，生效条件成就或者解除条件未成就的，应当交付给债权人。

第一百一十八条 【未受领的破产财产的分配】债权人未受领的破产财产分配额，管理人应当提存。债权人自最后分配公告之日起满二个月仍不领取的，视为放弃受领分配的权利，管理人或者人民法院应当将提存的分配额分配给其他债权人。

注释 对未领取应受领的破产分配额的债权人，以最后分配方案公告之日起，计算除斥期间。依照本条的规定，债权人未受领的破产财产分配额，管理人应当提存。债权人自最后分配方案公告之日起满2个月仍未领取的，视为放弃受领分配的权利，管理人或者人民法院应当将提存的分配额分配给其他债权人。

第一百一十九条 【诉讼或仲裁未决债权的分配】破产财产分配时，对于诉讼或者仲裁未决的债权，管理人应当将其分配额提存。自破产程序终结之日起满二年仍不能受领分配的，人民法院应当将提存的分配额分配给其他债权人。

第三节 破产程序的终结

第一百二十条 【破产程序的终结及公告】破产人无财产可供分配的，管理人应当请求人民法院裁定终结破产程序。

管理人在最后分配完结后，应当及时向人民法院提交破产财产分配报告，并提请人民法院裁定终结破产程序。

人民法院应当自收到管理人终结破产程序的请求之日起十五日

371

内作出是否终结破产程序的裁定。裁定终结的，应当予以公告。

注释 [破产程序终结的情形]

在破产清算程序中，破产程序终结可分为两种情况：一是破产程序因破产财产分配完毕而终结；二是破产程序因无可供分配的财产而终结。

（1）破产程序因破产财产分配完毕而终结。债务人被依法宣告破产后，应由管理人依法对破产财产进行清理、变价，按照经债权人会议讨论通过并经法院裁定认可的破产财产分配方案向各破产债权人进行分配，以清偿债务。破产财产分配完毕后，即应终结破产程序。按照本条的规定，管理人在最后分配完结后，应当及时向人民法院提交破产财产分配报告，并提请人民法院裁定终结破产程序。人民法院自接到管理人提请终结破产程序的请求之日起15日内作出是否终结破产案件的裁定，裁定终结的，应予公告。

（2）因无可供分配的财产而终结。破产程序中，债务人的财产由管理人接管，如果管理人发现债务人的财产数量很少，尚不足以清偿破产费用和共益债务，已无财产可用来进行破产分配以清偿破产债权的，再进行破产程序已无实际意义，应当提请人民法院裁定终结破产程序；人民法院在接到管理人提出的请求后，应当在15日内作出终结破产程序的裁定并公告。

参见 《企业破产法》第43、105、108条

第一百二十一条 【破产人的注销登记】管理人应当自破产程序终结之日起十日内，持人民法院终结破产程序的裁定，向破产人的原登记机关办理注销登记。

第一百二十二条 【管理人执行职务的终止】管理人于办理注销登记完毕的次日终止执行职务。但是，存在诉讼或者仲裁未决情况的除外。

参见 《最高人民法院关于审理企业破产案件指定管理人的规定》第29条

第一百二十三条 【破产程序终结后的追加分配】自破产程序

依照本法第四十三条第四款或者第一百二十条的规定终结之日起二年内,有下列情形之一的,债权人可以请求人民法院按照破产财产分配方案进行追加分配:

(一)发现有依照本法第三十一条、第三十二条、第三十三条、第三十六条规定应当追回的财产的;

(二)发现破产人有应当供分配的其他财产的。

有前款规定情形,但财产数量不足以支付分配费用的,不再进行追加分配,由人民法院将其上交国库。

注释 在破产财产最后分配完结后,管理人即应向法院提交破产财产分配报告,提请法院终结破产程序。在破产程序终结后2年内,如果有本应属于破产财产范围内的财产而应当分配给债权人的,应当进行追加分配。

第一百二十四条 【对未受偿债权的清偿责任】 破产人的保证人和其他连带债务人,在破产程序终结后,对债权人依照破产清算程序未受清偿的债权,依法继续承担清偿责任。

第十一章 法律责任

第一百二十五条 【破产企业董事、监事和高级管理人员的法律责任】 企业董事、监事或者高级管理人员违反忠实义务、勤勉义务,致使所在企业破产的,依法承担民事责任。

有前款规定情形的人员,自破产程序终结之日起三年内不得担任任何企业的董事、监事、高级管理人员。

第一百二十六条 【有义务列席债权人会议的债务人的有关人员的法律责任】 有义务列席债权人会议的债务人的有关人员,经人民法院传唤,无正当理由拒不列席债权人会议的,人民法院可以拘传,并依法处以罚款。债务人的有关人员违反本法规定,拒不陈述、回答,或者作虚假陈述、回答的,人民法院可以依法处以罚款。

第一百二十七条 【不履行法定义务的直接责任人员的法律责

任】债务人违反本法规定，拒不向人民法院提交或者提交不真实的财产状况说明、债务清册、债权清册、有关财务会计报告以及职工工资的支付情况和社会保险费用的缴纳情况的，人民法院可以对直接责任人员依法处以罚款。

债务人违反本法规定，拒不向管理人移交财产、印章和账簿、文书等资料的，或者伪造、销毁有关财产证据材料而使财产状况不明的，人民法院可以对直接责任人员依法处以罚款。

第一百二十八条　【债务人的法定代表人和其他直接责任人员的法律责任】 债务人有本法第三十一条、第三十二条、第三十三条规定的行为，损害债权人利益的，债务人的法定代表人和其他直接责任人员依法承担赔偿责任。

> **注释**　［恶意逃债行为］
> 为了防止恶意逃债，或者故意损害债权人合法利益，本法第31至33条明确规定，人民法院受理破产申请前1年内，涉及债务人财产的下列行为，管理人有权请求人民法院予以撤销：(1) 无偿转让财产的；(2) 以明显不合理的价格进行交易的；(3) 对没有财产担保的债务提供财产担保的；(4) 对未到期的债务提前清偿的；(5) 放弃债权的。人民法院受理破产申请前6个月内，债务人有法定破产情形，仍对个别债权人进行清偿的，管理人有权请求人民法院予以撤销。为逃避债务而隐匿、转移债务人财产，以及虚构债务或者承认不真实的债务的，该行为无效。
>
> 上述行为，属于明显违法行为。因此，实施这些行为，损害债权人利益的，应当依法承担赔偿责任。该赔偿责任由债务人的法定代表人和其他直接责任人员承担。

第一百二十九条　【债务人的有关人员擅自离开住所地的法律责任】 债务人的有关人员违反本法规定，擅自离开住所地的，人民法院可以予以训诫、拘留，可以依法并处罚款。

第一百三十条　【管理人的法律责任】 管理人未依照本法规定勤勉尽责，忠实执行职务的，人民法院可以依法处以罚款；给债权人、债务人或者第三人造成损失的，依法承担赔偿责任。

参见　《最高人民法院关于审理企业破产案件指定管理人的规定》第39条

第一百三十一条　【刑事责任】违反本法规定，构成犯罪的，依法追究刑事责任。

第十二章　附　　则

第一百三十二条　【别除权适用的例外】本法施行后，破产人在本法公布之日前所欠职工的工资和医疗、伤残补助、抚恤费用，所欠的应当划入职工个人账户的基本养老保险、基本医疗保险费用，以及法律、行政法规规定应当支付给职工的补偿金，依照本法第一百一十三条的规定清偿后不足以清偿的部分，以本法第一百零九条规定的特定财产优先于对该特定财产享有担保权的权利人受偿。

注释　对于担保债权和职工债权的清偿顺序问题，本法采取了"新老划断"的办法，规定在本法公布以前形成的职工债权优先于担保债权，破产人无担保财产不足清偿职工工资的，要从有担保的财产中清偿。而本法公布后形成的拖欠，则是担保权优先受偿，职工债权只能通过无担保的财产清偿。

这一独创性规定，具有处理中国特色问题的智慧，对于复杂的职工债权问题的处理，既要考虑中国的现实情况，又要把它纳入到市场经济法律的整体框架来考虑，职工的社会保障问题在今后则应更多地靠完善社会保障制度来解决。

参见　《企业破产法》第109、113条

案例　昆明某厂破产管理人申请宣告破产案（云南省昆明市中级人民法院民事裁定书〔2004〕昆民破字第7-12号）

案件适用要点：若破产企业经过清算，其破产财产不足以支付破产费用的，管理人依据本法第132条的规定，将抵押物变现后优先用于清偿本法公布之日前破产人所欠职工的工资和医疗、伤残补助、抚恤费用，所欠的应当划入职工个人账户的基本养老保险、基本医疗保险费用，以及法律、行政法规规定应当支付给职工的补偿金。

第一百三十三条 【本法施行前国务院规定范围内企业破产的特别规定】在本法施行前国务院规定的期限和范围内的国有企业实施破产的特殊事宜,按照国务院有关规定办理。

第一百三十四条 【金融机构破产的特别规定】商业银行、证券公司、保险公司等金融机构有本法第二条规定情形的,国务院金融监督管理机构可以向人民法院提出对该金融机构进行重整或者破产清算的申请。国务院金融监督管理机构依法对出现重大经营风险的金融机构采取接管、托管等措施的,可以向人民法院申请中止以该金融机构为被告或者被执行人的民事诉讼程序或者执行程序。

金融机构实施破产的,国务院可以依据本法和其他有关法律的规定制定实施办法。

第一百三十五条 【企业法人以外组织破产的准用规定】其他法律规定企业法人以外的组织的清算,属于破产清算的,参照适用本法规定的程序。

第一百三十六条 【施行日期】本法自 2007 年 6 月 1 日起施行,《中华人民共和国企业破产法(试行)》同时废止。

最高人民法院关于适用 《中华人民共和国企业破产法》 若干问题的规定(一)

(2011 年 8 月 29 日最高人民法院审判委员会第 1527 次会议通过 2011 年 9 月 9 日最高人民法院公告公布 自 2011 年 9 月 26 日起施行 法释〔2011〕22 号)

为正确适用《中华人民共和国企业破产法》,结合审判实践,就人民法院依法受理企业破产案件适用法律问题作出如下规定。

第一条 债务人不能清偿到期债务并且具有下列情形之一的，人民法院应当认定其具备破产原因：

（一）资产不足以清偿全部债务；

（二）明显缺乏清偿能力。

相关当事人以对债务人的债务负有连带责任的人未丧失清偿能力为由，主张债务人不具备破产原因的，人民法院应不予支持。

第二条 下列情形同时存在的，人民法院应当认定债务人不能清偿到期债务：

（一）债权债务关系依法成立；

（二）债务履行期限已经届满；

（三）债务人未完全清偿债务。

第三条 债务人的资产负债表，或者审计报告、资产评估报告等显示其全部资产不足以偿付全部负债的，人民法院应当认定债务人资产不足以清偿全部债务，但有相反证据足以证明债务人资产能够偿付全部负债的除外。

第四条 债务人账面资产虽大于负债，但存在下列情形之一的，人民法院应当认定其明显缺乏清偿能力：

（一）因资金严重不足或者财产不能变现等原因，无法清偿债务；

（二）法定代表人下落不明且无其他人员负责管理财产，无法清偿债务；

（三）经人民法院强制执行，无法清偿债务；

（四）长期亏损且经营扭亏困难，无法清偿债务；

（五）导致债务人丧失清偿能力的其他情形。

第五条 企业法人已解散但未清算或者未在合理期限内清算完毕，债权人申请债务人破产清算的，除债务人在法定异议期限内举证证明其未出现破产原因外，人民法院应当受理。

第六条 债权人申请债务人破产的，应当提交债务人不能清偿到期债务的有关证据。债务人对债权人的申请未在法定期限内向人民法院提出异议，或者异议不成立的，人民法院应当依法裁定受理破产申请。

受理破产申请后,人民法院应当责令债务人依法提交其财产状况说明、债务清册、债权清册、财务会计报告等有关材料,债务人拒不提交的,人民法院可以对债务人的直接责任人员采取罚款等强制措施。

第七条 人民法院收到破产申请时,应当向申请人出具收到申请及所附证据的书面凭证。

人民法院收到破产申请后应当及时对申请人的主体资格、债务人的主体资格和破产原因,以及有关材料和证据等进行审查,并依据企业破产法第十条的规定作出是否受理的裁定。

人民法院认为申请人应当补充、补正相关材料的,应当自收到破产申请之日起五日内告知申请人。当事人补充、补正相关材料的期间不计入企业破产法第十条规定的期限。

第八条 破产案件的诉讼费用,应根据企业破产法第四十三条的规定,从债务人财产中拨付。相关当事人以申请人未预先交纳诉讼费用为由,对破产申请提出异议的,人民法院不予支持。

第九条 申请人向人民法院提出破产申请,人民法院未接收其申请,或者未按本规定第七条执行的,申请人可以向上一级人民法院提出破产申请。

上一级人民法院接到破产申请后,应当责令下级法院依法审查并及时作出是否受理的裁定;下级法院仍不作出是否受理裁定的,上一级人民法院可以径行作出裁定。

上一级人民法院裁定受理破产申请的,可以同时指令下级人民法院审理该案件。

最高人民法院关于适用《中华人民共和国企业破产法》若干问题的规定（二）

（2013年7月29日最高人民法院审判委员会第1586次会议通过　根据2020年12月23日最高人民法院审判委员会第1823次会议通过的《最高人民法院关于修改〈最高人民法院关于破产企业国有划拨土地使用权应否列入破产财产等问题的批复〉等二十九件商事类司法解释的决定》修正　2020年12月29日最高人民法院公告公布　自2021年1月1日起施行　法释〔2020〕18号）

根据《中华人民共和国民法典》《中华人民共和国企业破产法》等相关法律，结合审判实践，就人民法院审理企业破产案件中认定债务人财产相关的法律适用问题，制定本规定。

第一条　除债务人所有的货币、实物外，债务人依法享有的可以用货币估价并可以依法转让的债权、股权、知识产权、用益物权等财产和财产权益，人民法院均应认定为债务人财产。

第二条　下列财产不应认定为债务人财产：

（一）债务人基于仓储、保管、承揽、代销、借用、寄存、租赁等合同或者其他法律关系占有、使用的他人财产；

（二）债务人在所有权保留买卖中尚未取得所有权的财产；

（三）所有权专属于国家且不得转让的财产；

（四）其他依照法律、行政法规不属于债务人的财产。

第三条　债务人已依法设定担保物权的特定财产，人民法院应当认定为债务人财产。

对债务人的特定财产在担保物权消灭或者实现担保物权后的剩

余部分，在破产程序中可用以清偿破产费用、共益债务和其他破产债权。

第四条 债务人对按份享有所有权的共有财产的相关份额，或者共同享有所有权的共有财产的相应财产权利，以及依法分割共有财产所得部分，人民法院均应认定为债务人财产。

人民法院宣告债务人破产清算，属于共有财产分割的法定事由。人民法院裁定债务人重整或者和解的，共有财产的分割应当依据民法典第三百零三条的规定进行；基于重整或者和解的需要必须分割共有财产，管理人请求分割的，人民法院应予准许。

因分割共有财产导致其他共有人损害产生的债务，其他共有人请求作为共益债务清偿的，人民法院应予支持。

第五条 破产申请受理后，有关债务人财产的执行程序未依照企业破产法第十九条的规定中止的，采取执行措施的相关单位应当依法予以纠正。依法执行回转的财产，人民法院应当认定为债务人财产。

第六条 破产申请受理后，对于可能因有关利益相关人的行为或者其他原因，影响破产程序依法进行的，受理破产申请的人民法院可以根据管理人的申请或者依职权，对债务人的全部或者部分财产采取保全措施。

第七条 对债务人财产已采取保全措施的相关单位，在知悉人民法院已裁定受理有关债务人的破产申请后，应当依照企业破产法第十九条的规定及时解除对债务人财产的保全措施。

第八条 人民法院受理破产申请后至破产宣告前裁定驳回破产申请，或者依据企业破产法第一百零八条的规定裁定终结破产程序的，应当及时通知原已采取保全措施并已依法解除保全措施的单位按照原保全顺位恢复相关保全措施。

在已依法解除保全的单位恢复保全措施或者表示不再恢复之前，受理破产申请的人民法院不得解除对债务人财产的保全措施。

第九条 管理人依据企业破产法第三十一条和第三十二条的规定提起诉讼，请求撤销涉及债务人财产的相关行为并由相对人返还债务人财产的，人民法院应予支持。

管理人因过错未依法行使撤销权导致债务人财产不当减损，债权人提起诉讼主张管理人对其损失承担相应赔偿责任的，人民法院应予支持。

第十条 债务人经过行政清理程序转入破产程序的，企业破产法第三十一条和第三十二条规定的可撤销行为的起算点，为行政监管机构作出撤销决定之日。

债务人经过强制清算程序转入破产程序的，企业破产法第三十一条和第三十二条规定的可撤销行为的起算点，为人民法院裁定受理强制清算申请之日。

第十一条 人民法院根据管理人的请求撤销涉及债务人财产的以明显不合理价格进行的交易的，买卖双方应当依法返还从对方获取的财产或者价款。

因撤销该交易，对于债务人应返还受让人已支付价款所产生的债务，受让人请求作为共益债务清偿的，人民法院应予支持。

第十二条 破产申请受理前一年内债务人提前清偿的未到期债务，在破产申请受理前已经到期，管理人请求撤销该清偿行为的，人民法院不予支持。但是，该清偿行为发生在破产申请受理前六个月内且债务人有企业破产法第二条第一款规定情形的除外。

第十三条 破产申请受理后，管理人未依据企业破产法第三十一条的规定请求撤销债务人无偿转让财产、以明显不合理价格交易、放弃债权行为的，债权人依据民法典第五百三十八条、第五百三十九条等规定提起诉讼，请求撤销债务人上述行为并将因此追回的财产归入债务人财产的，人民法院应予受理。

相对人以债权人行使撤销权的范围超出债权人的债权抗辩的，人民法院不予支持。

第十四条 债务人对以自有财产设定担保物权的债权进行的个别清偿，管理人依据企业破产法第三十二条的规定请求撤销的，人民法院不予支持。但是，债务清偿时担保财产的价值低于债权额的除外。

第十五条 债务人经诉讼、仲裁、执行程序对债权人进行的个别清偿，管理人依据企业破产法第三十二条的规定请求撤销的，人民法院不予支持。但是，债务人与债权人恶意串通损害其他债权人利益的除外。

第十六条 债务人对债权人进行的以下个别清偿，管理人依据企业破产法第三十二条的规定请求撤销的，人民法院不予支持：

（一）债务人为维系基本生产需要而支付水费、电费等的；

（二）债务人支付劳动报酬、人身损害赔偿金的；

（三）使债务人财产受益的其他个别清偿。

第十七条 管理人依据企业破产法第三十三条的规定提起诉讼，主张被隐匿、转移财产的实际占有人返还债务人财产，或者主张债务人虚构债务或者承认不真实债务的行为无效并返还债务人财产的，人民法院应予支持。

第十八条 管理人代表债务人依据企业破产法第一百二十八条的规定，以债务人的法定代表人和其他直接责任人员对所涉债务人财产的相关行为存在故意或者重大过失，造成债务人财产损失为由提起诉讼，主张上述责任人员承担相应赔偿责任的，人民法院应予支持。

第十九条 债务人对外享有债权的诉讼时效，自人民法院受理破产申请之日起中断。

债务人无正当理由未对其到期债权及时行使权利，导致其对外债权在破产申请受理前一年内超过诉讼时效期间的，人民法院受理破产申请之日起重新计算上述债权的诉讼时效期间。

第二十条 管理人代表债务人提起诉讼，主张出资人向债务人依法缴付未履行的出资或者返还抽逃的出资本息，出资人以认缴出资尚未届至公司章程规定的缴纳期限或者违反出资义务已经超过诉讼时效为由抗辩的，人民法院不予支持。

管理人依据公司法的相关规定代表债务人提起诉讼，主张公司的发起人和负有监督股东履行出资义务的董事、高级管理人员，或者协助抽逃出资的其他股东、董事、高级管理人员、实际控制人等，对股东违反出资义务或者抽逃出资承担相应责任，并将财产归入债务人财产的，人民法院应予支持。

第二十一条 破产申请受理前,债权人就债务人财产提起下列诉讼,破产申请受理时案件尚未审结的,人民法院应当中止审理:

(一)主张次债务人代替债务人直接向其偿还债务的;

(二)主张债务人的出资人、发起人和负有监督股东履行出资义务的董事、高级管理人员,或者协助抽逃出资的其他股东、董事、高级管理人员、实际控制人等直接向其承担出资不实或者抽逃出资责任的;

(三)以债务人的股东与债务人法人人格严重混同为由,主张债务人的股东直接向其偿还债务人对其所负债务的;

(四)其他就债务人财产提起的个别清偿诉讼。

债务人破产宣告后,人民法院应当依照企业破产法第四十四条的规定判决驳回债权人的诉讼请求。但是,债权人一审中变更其诉讼请求为追收的相关财产归入债务人财产的除外。

债务人破产宣告前,人民法院依据企业破产法第十二条或者第一百零八条的规定裁定驳回破产申请或者终结破产程序的,上述中止审理的案件应当依法恢复审理。

第二十二条 破产申请受理前,债权人就债务人财产向人民法院提起本规定第二十一条第一款所列诉讼,人民法院已经作出生效民事判决书或者调解书但尚未执行完毕的,破产申请受理后,相关执行行为应当依据企业破产法第十九条的规定中止,债权人应当依法向管理人申报相关债权。

第二十三条 破产申请受理后,债权人就债务人财产向人民法院提起本规定第二十一条第一款所列诉讼的,人民法院不予受理。

债权人通过债权人会议或者债权人委员会,要求管理人依法向次债务人、债务人的出资人等追收债务人财产,管理人无正当理由拒绝追收,债权人会议依据企业破产法第二十二条的规定,申请人民法院更换管理人的,人民法院应予支持。

管理人不予追收,个别债权人代表全体债权人提起相关诉讼,主张次债务人或者债务人的出资人等向债务人清偿或者返还债务人财产,或者依法申请合并破产的,人民法院应予受理。

第二十四条　债务人有企业破产法第二条第一款规定的情形时，债务人的董事、监事和高级管理人员利用职权获取的以下收入，人民法院应当认定为企业破产法第三十六条规定的非正常收入：

（一）绩效奖金；

（二）普遍拖欠职工工资情况下获取的工资性收入；

（三）其他非正常收入。

债务人的董事、监事和高级管理人员拒不向管理人返还上述债务人财产，管理人主张上述人员予以返还的，人民法院应予支持。

债务人的董事、监事和高级管理人员因返还第一款第（一）项、第（三）项非正常收入形成的债权，可以作为普通破产债权清偿。因返还第一款第（二）项非正常收入形成的债权，依据企业破产法第一百一十三条第三款的规定，按照该企业职工平均工资计算的部分作为拖欠职工工资清偿；高出该企业职工平均工资计算的部分，可以作为普通破产债权清偿。

第二十五条　管理人拟通过清偿债务或者提供担保取回质物、留置物，或者与质权人、留置权人协议以质物、留置物折价清偿债务等方式，进行对债权人利益有重大影响的财产处分行为的，应当及时报告债权人委员会。未设立债权人委员会的，管理人应当及时报告人民法院。

第二十六条　权利人依据企业破产法第三十八条的规定行使取回权，应当在破产财产变价方案或者和解协议、重整计划草案提交债权人会议表决前向管理人提出。权利人在上述期限后主张取回相关财产的，应当承担延迟行使取回权增加的相关费用。

第二十七条　权利人依据企业破产法第三十八条的规定向管理人主张取回相关财产，管理人不予认可，权利人以债务人为被告向人民法院提起诉讼请求行使取回权的，人民法院应予受理。

权利人依据人民法院或者仲裁机关的相关生效法律文书向管理人主张取回所涉争议财产，管理人以生效法律文书错误为由拒绝其行使取回权的，人民法院不予支持。

第二十八条　权利人行使取回权时未依法向管理人支付相关的

加工费、保管费、托运费、委托费、代销费等费用，管理人拒绝其取回相关财产的，人民法院应予支持。

第二十九条　对债务人占有的权属不清的鲜活易腐等不易保管的财产或者不及时变现价值将严重贬损的财产，管理人及时变价并提存变价款后，有关权利人就该变价款行使取回权的，人民法院应予支持。

第三十条　债务人占有的他人财产被违法转让给第三人，依据民法典第三百一十一条的规定第三人已善意取得财产所有权，原权利人无法取回该财产的，人民法院应当按照以下规定处理：

（一）转让行为发生在破产申请受理前的，原权利人因财产损失形成的债权，作为普通破产债权清偿；

（二）转让行为发生在破产申请受理后的，因管理人或者相关人员执行职务导致原权利人损害产生的债务，作为共益债务清偿。

第三十一条　债务人占有的他人财产被违法转让给第三人，第三人已向债务人支付了转让价款，但依据民法典第三百一十一条的规定未取得财产所有权，原权利人依法追回转让财产的，对因第三人已支付对价而产生的债务，人民法院应当按照以下规定处理：

（一）转让行为发生在破产申请受理前的，作为普通破产债权清偿；

（二）转让行为发生在破产申请受理后的，作为共益债务清偿。

第三十二条　债务人占有的他人财产毁损、灭失，因此获得的保险金、赔偿金、代偿物尚未交付给债务人，或者代偿物虽已交付给债务人但能与债务人财产予以区分的，权利人主张取回就此获得的保险金、赔偿金、代偿物的，人民法院应予支持。

保险金、赔偿金已经交付给债务人，或者代偿物已经交付给债务人且不能与债务人财产予以区分的，人民法院应当按照以下规定处理：

（一）财产毁损、灭失发生在破产申请受理前的，权利人因财产损失形成的债权，作为普通破产债权清偿；

（二）财产毁损、灭失发生在破产申请受理后的，因管理人或者相关人员执行职务导致权利人损害产生的债务，作为共益债务清偿。

债务人占有的他人财产毁损、灭失，没有获得相应的保险金、赔偿金、代偿物，或者保险金、赔偿金、代偿物不足以弥补其损失的部分，人民法院应当按照本条第二款的规定处理。

第三十三条 管理人或者相关人员在执行职务过程中，因故意或者重大过失不当转让他人财产或者造成他人财产毁损、灭失，导致他人损害产生的债务作为共益债务，由债务人财产随时清偿不足弥补损失，权利人向管理人或者相关人员主张承担补充赔偿责任的，人民法院应予支持。

上述债务作为共益债务由债务人财产随时清偿后，债权人以管理人或者相关人员执行职务不当导致债务人财产减少给其造成损失为由提起诉讼，主张管理人或者相关人员承担相应赔偿责任的，人民法院应予支持。

第三十四条 买卖合同双方当事人在合同中约定标的物所有权保留，在标的物所有权未依法转移给买受人前，一方当事人破产的，该买卖合同属于双方均未履行完毕的合同，管理人有权依据企业破产法第十八条的规定决定解除或者继续履行合同。

第三十五条 出卖人破产，其管理人决定继续履行所有权保留买卖合同的，买受人应当按照原买卖合同的约定支付价款或者履行其他义务。

买受人未依约支付价款或者履行完毕其他义务，或者将标的物出卖、出质或者作出其他不当处分，给出卖人造成损害，出卖人管理人依法主张取回标的物的，人民法院应予支持。但是，买受人已经支付标的物总价款百分之七十五以上或者第三人善意取得标的物所有权或者其他物权的除外。

因本条第二款规定未能取回标的物，出卖人管理人依法主张买受人继续支付价款、履行完毕其他义务，以及承担相应赔偿责任的，人民法院应予支持。

第三十六条 出卖人破产，其管理人决定解除所有权保留买卖合同，并依据企业破产法第十七条的规定要求买受人向其交付买卖标的物的，人民法院应予支持。

买受人以其不存在未依约支付价款或者履行完毕其他义务，或者将标的物出卖、出质或者作出其他不当处分情形抗辩的，人民法院不予支持。

买受人依法履行合同义务并依据本条第一款将买卖标的物交付出卖人管理人后，买受人已支付价款损失形成的债权作为共益债务清偿。但是，买受人违反合同约定，出卖人管理人主张上述债权作为普通破产债权清偿的，人民法院应予支持。

第三十七条 买受人破产，其管理人决定继续履行所有权保留买卖合同的，原买卖合同中约定的买受人支付价款或者履行其他义务的期限在破产申请受理时视为到期，买受人管理人应当及时向出卖人支付价款或者履行其他义务。

买受人管理人无正当理由未及时支付价款或者履行完毕其他义务，或者将标的物出卖、出质或者作出其他不当处分，给出卖人造成损害，出卖人依据民法典第六百四十一条等规定主张取回标的物的，人民法院应予支持。但是，买受人已支付标的物总价款百分之七十五以上或者第三人善意取得标的物所有权或者其他物权的除外。

因本条第二款规定未能取回标的物，出卖人依法主张买受人继续支付价款、履行完毕其他义务，以及承担相应赔偿责任的，人民法院应予支持。对因买受人未支付价款或者未履行完毕其他义务，以及买受人管理人将标的物出卖、出质或者作出其他不当处分导致出卖人损害产生的债务，出卖人主张作为共益债务清偿的，人民法院应予支持。

第三十八条 买受人破产，其管理人决定解除所有权保留买卖合同，出卖人依据企业破产法第三十八条的规定主张取回买卖标的物的，人民法院应予支持。

出卖人取回买卖标的物，买受人管理人主张出卖人返还已支付价款的，人民法院应予支持。取回的标的物价值明显减少给出卖人造成损失的，出卖人可从买受人已支付价款中优先予以抵扣后，将剩余部分返还给买受人；对买受人已支付价款不足以弥补出卖人标的物价值减损损失形成的债权，出卖人主张作为共益债务清偿的，人民法院应予支持。

第三十九条 出卖人依据企业破产法第三十九条的规定，通过通知承运人或者实际占有人中止运输、返还货物、变更到达地，或者将货物交给其他收货人等方式，对在运途中标的物主张了取回权但未能实现，或者在货物未达管理人前已向管理人主张取回在运途中标的物，在买卖标的物到达管理人后，出卖人向管理人主张取回的，管理人应予准许。

出卖人对在运途中标的物未及时行使取回权，在买卖标的物到达管理人后向管理人行使在运途中标的物取回权的，管理人不应准许。

第四十条 债务人重整期间，权利人要求取回债务人合法占有的权利人的财产，不符合双方事先约定条件的，人民法院不予支持。但是，因管理人或者自行管理的债务人违反约定，可能导致取回物被转让、毁损、灭失或者价值明显减少的除外。

第四十一条 债权人依据企业破产法第四十条的规定行使抵销权，应当向管理人提出抵销主张。

管理人不得主动抵销债务人与债权人的互负债务，但抵销使债务人财产受益的除外。

第四十二条 管理人收到债权人提出的主张债务抵销的通知后，经审查无异议的，抵销自管理人收到通知之日起生效。

管理人对抵销主张有异议的，应当在约定的异议期限内或者自收到主张债务抵销的通知之日起三个月内向人民法院提起诉讼。无正当理由逾期提起的，人民法院不予支持。

人民法院判决驳回管理人提起的抵销无效诉讼请求的，该抵销自管理人收到主张债务抵销的通知之日起生效。

第四十三条 债权人主张抵销，管理人以下列理由提出异议的，人民法院不予支持：

（一）破产申请受理时，债务人对债权人负有的债务尚未到期；

（二）破产申请受理时，债权人对债务人负有的债务尚未到期；

（三）双方互负债务标的物种类、品质不同。

第四十四条 破产申请受理前六个月内，债务人有企业破产法第二条第一款规定的情形，债务人与个别债权人以抵销方式对个别债权人清偿，其抵销的债权债务属于企业破产法第四十条第（二）、（三）项规定的情形之一，管理人在破产申请受理之日起三个月内向人民法院提起诉讼，主张该抵销无效的，人民法院应予支持。

第四十五条 企业破产法第四十条所列不得抵销情形的债权人，主张以其对债务人特定财产享有优先受偿权的债权，与债务人对其不享有优先受偿权的债权抵销，债务人管理人以抵销存在企业破产法第四十条规定的情形提出异议的，人民法院不予支持。但是，用以抵销的债权大于债权人享有优先受偿权财产价值的除外。

第四十六条 债务人的股东主张以下列债务与债务人对其负有的债务抵销，债务人管理人提出异议的，人民法院应予支持：

（一）债务人股东因欠缴债务人的出资或者抽逃出资对债务人所负的债务；

（二）债务人股东滥用股东权利或者关联关系损害公司利益对债务人所负的债务。

第四十七条 人民法院受理破产申请后，当事人提起的有关债务人的民事诉讼案件，应当依据企业破产法第二十一条的规定，由受理破产申请的人民法院管辖。

受理破产申请的人民法院管辖的有关债务人的第一审民事案件，可以依据民事诉讼法第三十八条的规定，由上级人民法院提审，或者报请上级人民法院批准后交下级人民法院审理。

受理破产申请的人民法院，如对有关债务人的海事纠纷、专利纠纷、证券市场因虚假陈述引发的民事赔偿纠纷等案件不能行使管辖权的，可以依据民事诉讼法第三十七条的规定，由上级人民法院指定管辖。

第四十八条 本规定施行前本院发布的有关企业破产的司法解释，与本规定相抵触的，自本规定施行之日起不再适用。

最高人民法院关于适用《中华人民共和国企业破产法》若干问题的规定（三）

（2019年2月25日最高人民法院审判委员会第1762次会议通过 根据2020年12月23日最高人民法院审判委员会第1823次会议通过的《最高人民法院关于修改〈最高人民法院关于破产企业国有划拨土地使用权应否列入破产财产等问题的批复〉等二十九件商事类司法解释的决定》修正 2020年12月29日最高人民法院公告公布 自2021年1月1日起施行 法释〔2020〕18号）

为正确适用《中华人民共和国企业破产法》，结合审判实践，就人民法院审理企业破产案件中有关债权人权利行使等相关法律适用问题，制定本规定。

第一条 人民法院裁定受理破产申请的，此前债务人尚未支付的公司强制清算费用、未终结的执行程序中产生的评估费、公告费、保管费等执行费用，可以参照企业破产法关于破产费用的规定，由债务人财产随时清偿。

此前债务人尚未支付的案件受理费、执行申请费，可以作为破产债权清偿。

第二条 破产申请受理后，经债权人会议决议通过，或者第一次债权人会议召开前经人民法院许可，管理人或者自行管理的债务人可以为债务人继续营业而借款。提供借款的债权人主张参照企业破产法第四十二条第四项的规定优先于普通破产债权清偿的，人民法院应予支持，但其主张优先于此前已就债务人特定财产享有担保的债权清偿的，人民法院不予支持。

管理人或者自行管理的债务人可以为前述借款设定抵押担保，抵押物在破产申请受理前已为其他债权人设定抵押的，债权人主张按照民法典第四百一十四条规定的顺序清偿，人民法院应予支持。

第三条 破产申请受理后，债务人欠缴款项产生的滞纳金，包括债务人未履行生效法律文书应当加倍支付的迟延利息和劳动保险金的滞纳金，债权人作为破产债权申报的，人民法院不予确认。

第四条 保证人被裁定进入破产程序的，债权人有权申报其对保证人的保证债权。

主债务未到期的，保证债权在保证人破产申请受理时视为到期。一般保证的保证人主张行使先诉抗辩权的，人民法院不予支持，但债权人在一般保证人破产程序中的分配额应予提存，待一般保证人应承担的保证责任确定后再按照破产清偿比例予以分配。

保证人被确定应当承担保证责任的，保证人的管理人可以就保证人实际承担的清偿额向主债务人或其他债务人行使求偿权。

第五条 债务人、保证人均被裁定进入破产程序的，债权人有权向债务人、保证人分别申报债权。

债权人向债务人、保证人均申报全部债权的，从一方破产程序中获得清偿后，其对另一方的债权额不作调整，但债权人的受偿额不得超出其债权总额。保证人履行保证责任后不再享有求偿权。

第六条 管理人应当依照企业破产法第五十七条的规定对所申报的债权进行登记造册，详尽记载申报人的姓名、单位、代理人、申报债权额、担保情况、证据、联系方式等事项，形成债权申报登记册。

管理人应当依照企业破产法第五十七条的规定对债权的性质、数额、担保财产、是否超过诉讼时效期间、是否超过强制执行期间等情况进行审查、编制债权表并提交债权人会议核查。

债权表、债权申报登记册及债权申报材料在破产期间由管理人保管，债权人、债务人、债务人职工及其他利害关系人有权查阅。

第七条　已经生效法律文书确定的债权，管理人应当予以确认。

管理人认为债权人据以申报债权的生效法律文书确定的债权错误，或者有证据证明债权人与债务人恶意通过诉讼、仲裁或者公证机关赋予强制执行力公证文书的形式虚构债权债务的，应当依法通过审判监督程序向作出该判决、裁定、调解书的人民法院或者上一级人民法院申请撤销生效法律文书，或者向受理破产申请的人民法院申请撤销或者不予执行仲裁裁决、不予执行公证债权文书后，重新确定债权。

第八条　债务人、债权人对债权表记载的债权有异议的，应当说明理由和法律依据。经管理人解释或调整后，异议人仍然不服的，或者管理人不予解释或调整的，异议人应当在债权人会议核查结束后十五日内向人民法院提起债权确认的诉讼。当事人之间在破产申请受理前订立有仲裁条款或仲裁协议的，应当向选定的仲裁机构申请确认债权债务关系。

第九条　债务人对债权表记载的债权有异议向人民法院提起诉讼的，应将被异议债权人列为被告。债权人对债权表记载的他人债权有异议的，应将被异议债权人列为被告；债权人对债权表记载的本人债权有异议的，应将债务人列为被告。

对同一笔债权存在多个异议人，其他异议人申请参加诉讼的，应当列为共同原告。

第十条　单个债权人有权查阅债务人财产状况报告、债权人会议决议、债权人委员会决议、管理人监督报告等参与破产程序所必需的债务人财务和经营信息资料。管理人无正当理由不予提供的，债权人可以请求人民法院作出决定；人民法院应当在五日内作出决定。

上述信息资料涉及商业秘密的，债权人应当依法承担保密义务或者签署保密协议；涉及国家秘密的应当依照相关法律规定处理。

第十一条　债权人会议的决议除现场表决外，可以由管理人事先将相关决议事项告知债权人，采取通信、网络投票等非现场方式进行表决。采取非现场方式进行表决的，管理人应当在债权人会议召开后的三日内，以信函、电子邮件、公告等方式将表决结果告知参与表决的债权人。

根据企业破产法第八十二条规定，对重整计划草案进行分组表决时，权益因重整计划草案受到调整或者影响的债权人或者股东，有权参加表决；权益未受到调整或者影响的债权人或者股东，参照企业破产法第八十三条的规定，不参加重整计划草案的表决。

第十二条 债权人会议的决议具有以下情形之一，损害债权人利益，债权人申请撤销的，人民法院应予支持：

（一）债权人会议的召开违反法定程序；

（二）债权人会议的表决违反法定程序；

（三）债权人会议的决议内容违法；

（四）债权人会议的决议超出债权人会议的职权范围。

人民法院可以裁定撤销全部或者部分事项决议，责令债权人会议依法重新作出决议。

债权人申请撤销债权人会议决议的，应当提出书面申请。债权人会议采取通信、网络投票等非现场方式进行表决的，债权人申请撤销的期限自债权人收到通知之日起算。

第十三条 债权人会议可以依照企业破产法第六十八条第一款第四项的规定，委托债权人委员会行使企业破产法第六十一条第一款第二、三、五项规定的债权人会议职权。债权人会议不得作出概括性授权，委托其行使债权人会议所有职权。

第十四条 债权人委员会决定所议事项应获得全体成员过半数通过，并作成议事记录。债权人委员会成员对所议事项的决议有不同意见的，应当在记录中载明。

债权人委员会行使职权应当接受债权人会议的监督，以适当的方式向债权人会议及时汇报工作，并接受人民法院的指导。

第十五条 管理人处分企业破产法第六十九条规定的债务人重大财产的，应当事先制作财产管理或者变价方案并提交债权人会议进行表决，债权人会议表决未通过的，管理人不得处分。

管理人实施处分前，应当根据企业破产法第六十九条的规定，提前十日书面报告债权人委员会或者人民法院。债权人委员会可以依照企业破产法第六十八条第二款的规定，要求管理人对处分行为作出相应说明或者提供有关文件依据。

债权人委员会认为管理人实施的处分行为不符合债权人会议通过的财产管理或变价方案的，有权要求管理人纠正。管理人拒绝纠正的，债权人委员会可以请求人民法院作出决定。

人民法院认为管理人实施的处分行为不符合债权人会议通过的财产管理或变价方案的，应当责令管理人停止处分行为。管理人应当予以纠正，或者提交债权人会议重新表决通过后实施。

第十六条 本规定自2019年3月28日起实施。

实施前本院发布的有关企业破产的司法解释，与本规定相抵触的，自本规定实施之日起不再适用。

实用附录

企业破产重整制度与和解制度的比较

	重 整	和 解
提起期间	（1）直接申请； （2）人民法院受理破产申请后、宣告债务人破产前	（1）直接申请； （2）人民法院受理破产申请后、宣告债务人破产前
提起人	（1）债权人； （2）债务人； （3）出资额占债务人注册资本10%以上的出资人	只有债务人可以提起
表决通过	经出席会议的同一表决组的债权人过半数同意重整计划草案，并且其所代表的债权额占该组债权总额的2/3以上，即为该组通过。各表决组均通过重整计划草案时，即为重整计划通过	由出席会议的有表决权的债权人过半数同意，并且其所代表的债权额占无财产担保债权总额的2/3以上
表决生效	须经人民法院批准	须经人民法院认可
未放弃对债务人特定财产享有担保权的债权人是否享有表决权	享有	不享有
对未放弃对债务人特定财产享有担保权的债权人的效力	有效	无效（和解债权人中不包括该等债权人）
债权人对债务人的保证人和其他连带债务人所享有的权利是否受影响	不受影响	不受影响

图书在版编目（CIP）数据

商法 / 中国法治出版社编. -- 8 版. -- 北京：中国法治出版社, 2025.3. --（实用版法规专辑系列）.
ISBN 978-7-5216-5077-8

Ⅰ.D923.999

中国国家版本馆 CIP 数据核字第 2025RZ2642 号

| 策划编辑：舒丹 | 责任编辑：赵燕 | 封面设计：杨泽江 |

商法（实用版法规专辑系列）
SHANGFA (SHIYONGBAN FAGUI ZHUANJI XILIE)

经销/新华书店
印刷/保定市中画美凯印刷有限公司
开本/850 毫米×1168 毫米　32 开　　　　　印张/ 12.875　字数/ 307 千
版次/2025 年 3 月第 8 版　　　　　　　　　2025 年 3 月第 1 次印刷

中国法治出版社出版
书号 ISBN 978-7-5216-5077-8　　　　　　　　　　　定价：32.00 元
北京市西城区西便门西里甲 16 号西便门办公区
邮政编码：100053　　　　　　　　　　　传真：010-63141600
网址：http://www.zgfzs.com　　　　　　编辑部电话：010-63141669
市场营销部电话：010-63141612　　　　　印务部电话：010-63141606
（如有印装质量问题，请与本社印务部联系。）